上海地情普及系列·《上海滩》丛书

纪念上海解放70周年

———
上海通志馆
《上海滩》杂志编辑部 编

上海大学出版社

图书在版编目(CIP)数据

五月黎明：纪念上海解放70周年/上海通志馆，《上海滩》杂志编辑部编.—上海：上海大学出版社，2019.4(2019.5重印)

(上海地情普及系列.《上海滩》丛书)

ISBN 978-7-5671-3502-4

Ⅰ.①五… Ⅱ.①上… ②上… Ⅲ.①第三次国内革命战争-史料-上海 Ⅳ.①K266.606

中国版本图书馆CIP数据核字（2019）第059006号

责任编辑　陈　强
装帧设计　缪炎栩
技术编辑　金　鑫　钱宇坤

五月黎明
——纪念上海解放70周年

上海通志馆
《上海滩》杂志编辑部 编

上海大学出版社出版发行
（上海市上大路99号　邮政编码200444）
（http://www.shupress.cn　发行热线021-66135112）
出版人　戴骏豪

*

南京展望文化发展有限公司排版
上海华教印务有限公司印刷　各地新华书店经销
开本710mm×960mm　1/16　印张22　字数311千
2019年4月第1版　2019年5月第2次印刷
ISBN 978-7-5671-3502-4/K·196　定价　45.00元

《上海滩》丛书前言

去年，我们编辑出版了一套四册《上海滩》丛书，受到了读者的欢迎。今年，我们将继续编辑出版新的一套四册《上海滩》丛书，以满足读者的需求。今年新出的四本书分别是《五月黎明——纪念上海解放70周年》《丰碑无名——上海隐蔽战线斗争纪实》《城市之根——上海老城厢忆往》《海派之源——江南文化在上海》。

20世纪的前50年，在中国发生了四件大事：一是1911年辛亥革命爆发，推翻了腐朽的封建王朝。二是1919年爆发了五四运动，使中国革命由旧民主主义革命转变为新民主主义革命，促进了新文化运动的深入发展及马克思主义同中国工人运动相结合，为中国共产党的成立作了思想上和干部上的准备。三是1921年中国共产党成立了。从此，中国人民在中国共产党的坚强领导下，经过土地革命、抗日战争和解放战争夺取了全国革命胜利。第四件大事就是1949年10月1日中华人民共和国成立。中国人民从此站起来了！而在此数月前的5月27日，上海已获得解放。而这距今已整整70年。

当时的上海不仅是中国最大的现代化城市，而且也是名列世界前茅的国际大都市。上海，对新生的人民政权恢复和发展国民经济有着非常重要的意义。因此，如何使上海尽量少受战火的破坏，党中央早有谋划。我们在《五月黎明——纪念上海解放70周年》一书中，收录了当年上海军管会财经战线领导、著名经济学家许涤新撰写的文章，回忆当年毛泽东、周恩来等中央领导作出的有关"不要让国民党在上海搞焦土政策，尽可能完好地保存这座全国最大的工业城市"的重要指示但同时强调要有思想准备，"一面要准备最艰难的处境，一面要争取良好的局面"。之后，在解放上海和接管上海的斗争中，我军指战员坚决贯彻执行党中央的指示，宁愿多流血牺牲也不使用重武器；上海地下党组织广大党员群众，密切配合解放军，带路，送情报，同时开展护厂斗争，打击敌特破坏活动，维持社会治安，使上海顺利获得解放。多年来，我们《上海滩》杂志非常重视组织发表有关上海解放和接管上海的文章，这次我们精选了其中部分文章，颇具史料价值，尤其是一些亲历者的回忆更加弥足珍贵。

在长期的革命斗争中，中国共产党不仅领导了艰苦卓绝的武装斗争，而且还领导了隐蔽战线这一特殊的斗争。我们党有一大批信仰坚定、对党忠诚、英勇机智、不怕牺牲的同志，奉党之命，隐姓埋名，有的还背负骂名，忍辱负重，长期潜伏在上海及其他地区的敌人营垒中，冒着随时被捕和牺牲的危险，传递出数不清的重要情报，为抗击凶残的日本侵略者，为推翻腐朽的蒋家王朝作出了巨大贡献。

我们非常敬仰这些无名英雄！由此我们在《上海滩》创刊之初，就非常注意收集发表这类文章，记录这些无名英雄们的非凡事迹。他们极富传奇色彩的战斗故事，吸引了大批读者，在庆祝中华人民共和国成立70周年暨纪念上海解放70周年之际，我们从《上海滩》杂志中，遴选了三十余篇讲述这些无名英雄传奇故事的精彩文章，编成《丰碑无名——上海隐蔽战线斗争纪实》一书，献给广大读者，同时表达我们对这些无名英雄的敬仰之情。

上海解放70年来，受到了党和国家许多领导人的关心，毛泽东同志经常到上海视察并召开重要会议；邓小平同志曾经连续七年在上海过春节，对上海改革开放作了一系列重要指示，给上海广大干部群众以巨大鼓舞；习近平总书记不仅在上海担任过领导工作，而且还于2018年11月专门在上海考察，对上海工作作出了重要指示，提出了新的要求，而且还专门询问了上海老城厢的近况，并对旧区改造提出明确要求。不久，李强书记在实地调研老城厢时指出："旧区改造事关民生改善、事关城市安全，必须高度重视。"上海市政协则组成了以主席董云虎、副主席赵雯为正副组长的课题组，人口资源环境建设委员会牵头协调，汇聚各方力量，攻坚克难，以尽快为老城厢待改造旧区的数万居民改善生活条件、解决拎马桶问题。于是，上海老城厢成为沪上干部群众关心的一个热门话题。

据上海地方志记载：上海老城厢是一座千年古城。它由今天的人民路、中华路合围而成。早在唐代，这里就出现了上海早期居民群落，北宋天圣元年（1023）前设征收酒税的机构——上海务，北宋熙宁七年（1074）设上海镇，元至元二十八年（1291）设上海县。历经宋、元、明、清诸朝，老城厢已经成为上海政治、经济、文化中心。尽管到了民国时期，老城厢已不再是上海的中心，但它作为上海城市之根的地位不会改变。尤其是老城厢留下的独特的文化遗产异常珍贵，极富研究价值。它就像一座中国城市发展活的历史博物馆。了解上海，不能不了解老城厢，研究上海，也不能不研究老城厢。《上海滩》创刊三十多年来非常重视组织编发有关上海老城厢的文章，从上海设县筑城，到百业发展；从原先有"东方威尼斯"之称的城内水网纵横、舟楫交通，到填河筑路、运输通畅；从办学育人，到名家辈出……各类文章竟有百十余篇之多。此次，我们从中遴选出三十篇左右，编成《城市之根——上海老城厢忆往》一书，以供广大读者和专家阅读研究。

前面在说到上海老城厢的文化价值时，我们自然会想到，老城厢还是江南文化的滋生地，是江南文化的重要组成部分，因此也是研究江南文化的重要基础。

江南文化与红色文化、海派文化一样，是上海文化的重要组成部分。江南文化在上海城市文化发展中起着非常重要的作用。

《上海滩》杂志组织刊发有关江南文化方面的文章，是题中应有之义，是我们应当承担的责任。因此创刊以来，《上海滩》组织刊发了数百篇有关江南文化内容的稿件，内容涉及历史地理、人文教育、文学艺术、非遗文化、古镇园林以及衣食住行等各方面。这次我们特地从《上海滩》杂志中遴选了数十篇有关江南文化的文章，分门别类，编成《海派之源——江南文化在上海》一书，奉献给广大读者。

在此，我们要感谢上海大学出版社的领导和编辑同志，去年在他们的大力支持下,我们编辑出版的《上海滩》丛书,得到了广大读者的喜爱。我们希望今年新编的这套《上海滩》丛书,也能受到广大读者的喜爱。

上海市地方志编纂委员会办公室副主任
王依群　上海市地方史志学会会长
《上海滩》杂志主编

目录

1/ 党中央谋划接管大上海

12/ 新上海的序幕

17/ 陈老总接管上海二三事

22/ 华中党校上海队纪实

32/ 周而复在上海黎明前后

42/ 为了人民的上海

52/ 解放上海亲历记

57/ 进军大上海

71/ 解放军睡马路的幕后故事

75/ 解放崇明岛亲历记

82/ 长兴岛智取蒋军残敌

86/ 金山解放纪实

92/ 玉佛寺里的解放军

98/ 威震上海的浦东解放军

104/ 解放大上海的历史见证——记上海解放纪念馆

115/ 张澜、罗隆基虹桥脱险再揭秘

128/ 我在上海率军起义前后

130/ 策反刘昌义

136/ 代理一天警察局长

138/ 义务警察中的党支部

143/ 1949："第六军"在悄悄行动

151/ 策反蒋军机动车队

159/ 战斗在大特务毛森周围

173/ 中共地下组织在迎接上海解放的日子里

181/ 秘密印刷"约法八章"

184/ 春潮暗涌迎解放

192/ 两幅领袖画的诞生

196/ 钱文湘：牺牲在黎明前夕

205/ 难忘黎明前的战斗

216/ 父母在黎明前被捕之后

234/ 我们在黎明前越狱

252/ 新上海的神勇卫士

261/ 解放上海的最后一战——铁瑛将军谈取缔上海证券交易所始末

268/ 1949：中国银行接管纪事

273/ 妓女大收容目击记

282/ 陈毅批准枪决的军代表

290/ 《白毛女》进军大上海

299/ 打着腰鼓进上海

304/ 二进上海

309/ 上海激战三昼夜

312/ 台湾归来迎解放

320/ 天亮前的小故事

323/ 参加学生运动迎接上海解放

331/ 蒋介石在上海的最后十天

338/ 后记

党中央谋划接管大上海

许涤新

从香港赶赴天津

汽笛长鸣,卓芬及其他送客的人都下船去了,"东方号"离开香港,破浪前进。

"东方号"是只有三千吨的小型轮船,它挂着巴拿马国旗,船中装满了货物。舱内有几个作为旅客居住的小房:靠近船头的餐厅设备相当好,站在餐厅里,就可以遥望海天一色的天际。这次船上的旅客,只有几个人,那就是汉年、我、老夏(夏衍)及其女儿阿谜(现在,她不但结了婚,有了孩子,而且在中国人民大学毕业之后留校教学,升到教授了),达德学院的一位副教授及其夫人,还有两位年轻的越南女青年。潘汉年与老夏父女住在一起,我在隔壁同达德学院的教授夫妇住在一起。那两位越南女青年只在餐厅中见面,她们住在哪一间,我就不知道了。

我在离港前一天,把《广义政治经济学》两卷的稿子,交给"三联书店"的史枚同志,但第二卷缺"资本主义总危机"一章。我向老史说明,待我在路上抽空写出。因此,我的简单的行李,除了衣服被褥之外,还带了一些有关资本主义总危机的材料。卧室很小,没法工作,见到餐厅宽大舒适感到十分高兴,要补写稿子,有条件了。于是,我就利用大家到卧室休息时,埋头把这一章写出来。老潘出来散步时,看见我伏在桌上写书,大笑起来,说我是书呆子。我对他说:"一部书只缺一章,如果不赶快写出来,到了北平,到了上海,我估计会忙得不可开交,哪里有时间去搞这一章。此时不写,更待何时?"老潘听后点点头。我在"东方号"上终于把这一章写完了。

到北平的时候，碰到龚澎同志，我就把这一章的原稿，托她替我带回香港交给三联书店。可能因为工作太忙，她没有把稿子送给"三联书店"。当我跟部队进入上海之后一个月，"三联书店"通知我，本书的原稿已送到上海排印，但"资本主义总危机"一章，还是空白。没办法，只好在烘炉似的工作环境中，咬着牙根，挤出时间，把这一章，再写一次。由于这个缘故，这本书拖到1950年6月才在上海初版出书。

我在"东方号"上用在写书的时间并不多。在饭后，其他的人都回卧室休息了，只有我和汉年、夏衍，经常一面望着餐厅外边的海天景色，一面讲起故事来了。具体谈什么呢？现在不全记起了。汉年谈得最多，我谈得最少，因为他们两人都是我的前辈，走上革命的道路比我早，知道的事情比我多；还因为当时我还在考虑"资本主义总危机"如何写法。汉年是在1933年秋进入中央苏区的，他是亲身经历过第五次反"围剿"的失败，亲身经历过艰难辛苦的长征的。他的谈话重点是在批评王明的"左"倾路线，批评第五次反"围剿"的硬拼干法。他有一次谈到几个去过莫斯科的负责人，听到上海地下组织连续三次遭到大破坏，而农村武装斗争又是如此艰难，曾经提出一种想法，要把党中央搬到南洋，特别是新加坡，从国外秘密地向国内发出指示。毛泽东同志坚决反对这种想法，认为这是取消党中央的一种做法；南洋并不太平，南洋并不是不反共，把党中央搬到南洋，那是寄人篱下，使党完全处于被动的地位，而且离开了中国，脱离了人民群众，又怎能发出正确的指示。毛泽东同志又说，离开了工农武装，放弃了革命根据地，那是很危险的，只要有工农武装，只要建立起革命根据地，党中央不但有立足之地，而且能保证革命的胜利。恩来同志也同意这一意见，认为设在上海的中央局也在两年间遭到三次大破坏，难道把中央搬到南洋就平安无事？这样，要党中央搬到国外的想法就被否定了。汉年在谈话中，对于毛泽东同志是十分尊重的，汉年也谈到苏区"肃反"扩大化的问题，不少好同志，在"肃反"中丧失了生命。后来延安整风运动中，毛泽东同志提出"一个不杀、大部不抓"，正是对过去苏区"肃反"扩大化的教训的总结。老夏说的多半是在日本和上海左翼文化运动中的情况。我谈了自己在上海中央局第三次大破坏中被捕的经过。老潘颇感兴趣,因为那时他已经在中央苏区工作,对上海地下组织第三次大破坏的情况不大了解。每天三餐我们三人都经常在饭后摆起龙门阵来。这次海程实在太有味道:一面看看有时波涛起伏、有时平静如镜的大海,一面娓娓而谈,没有一点拘束,加上全国解放在望,心花大开。此情此景,在数十年后的今天,还是深深地涌现在我的脑海里。可惜的是认清了肃反扩大化的破坏性的汉年,在五年后,就被这种破坏性的肃反扩大化所吞噬了!

许涤新(20世纪50年代初期)

我们于1949年4月28日离开香港,5月4日的傍晚,抵达塘沽,一共航行了七个昼夜。到码头来接我们的是冯铉同志。汉年同他是老相识,老夏和我跟冯则是初见面。我们在海员俱乐部吃了饭,在一家破旧的招待所住了一夜。次晨,乘汽车到天津,住在镇南道的原美军招待所。从塘沽到天津的路并不长,但是这条公路的路面,崎岖不平,因而汽车颠簸不止。漫天的灰土,不断地向车里进攻,弄得我们几个人,满头满身都是灰尘了。到了天津镇南道的原美军招待站,才把身上头上的灰尘洗去。吃饭、休息之后,到附近散步,天津的街头是一幅败落不堪的图景。这难道不是国民党的搜刮摧毁所致吗?

听取毛泽东周恩来同志的指示

在天津住了一天,次日乘火车到了新生的古都——北平。这是我第一次来到这个经历辽、金、元、明、清五个朝代的封建都城。现在解放了，它将成为人民的都城，它将放射着青春的光芒。

到了北平火车站，冯铉同志把我们送到了弓弦胡同15号李克农同志的住处，汉年和老夏早就同克农熟悉。我同他见面是在皖南事变后的重庆八路军驻渝办事处。在那个黑云压城城欲摧的日子，他不但没有一点沉闷的样子，反而是有说有笑，使人感到他是一位充满着乐观的"年青"人。一见面，他就和我们紧紧握手，坐下来就大谈起来了。他是闻名的情报工作者，汉年也是情报工作的老手，之所以由冯铉接船并把我们送到弓弦胡同李克农的住处，就是这个缘故。但在我们初到时，却上天下地无所不谈。他像说故事一样，谈他三次到北平的不同处境："第一次是在地下工作时期，我化了装，小心翼翼地进入北平的。第二次是在1945年冬到1946年夏，我是以军调部的中共代表的资格，进入北平的。那时候，我同国民党人员几乎天天见面，经常争得面红耳赤。第三次就是北平的和平解放，我就是以主人翁的资格进驻北平的。革命在前进，局势在改变，这是谁也阻挡不住的。"这位为党、为革命而深入虎穴的老战士，是值得我们怀念的！

我们在李公馆过了一夜。次日李维汉和廖承志同志接踵而至，谈得很欢！他们看见我们从香港带来的芒果，大叫"好东西"，笑嘻嘻地各自把芒果装进口袋而去。在上海马思南路我们就在李维汉的领导下工作。他是相当严肃的，就在会客时，有时大笑也只是一种姿态；在他的脸上见到笑嘻嘻，对我来说恐怕只有在克农同志住处这一次。以严肃出名的维汉同志并不是没有感情。1954年冬他到莫斯科治耳癌，一年之后，他回来了，医生还要他停止工作。在"三年困难"期间，他在休养之余，经常到东四礼士胡同我的宿舍聊天，有时叫孙起孟同志来参加，谈谈对资改造的工作。他的工作经验，他的理论水平，加上他的富有感情的言谈，使我认识到自己过去对他的看法有片面性。

在北京第二天，我们便离开弓弦胡同，住进北京饭店三楼（现在的中楼），汉年住的是303室，我和老夏住在汉年的隔壁，可能是304室。汉年在我们三人中是头头，因为他对各方面都比我们了解得多。老夏可能好些，而我则感到公事、私事、大事、小事千头万绪。特别是怎样去看望中央领导人，接受他们的指示，这一类公事、大事的安排，我们都请汉年去联系。正如老夏在他的《懒寻旧梦录》里所说："过了一天，汉年就初步拟定了一个日程。他说，毛主席、刘少奇、朱德同志都在香山，工作很忙，所以接见的日期要挤时间，由中央办公厅决定后临时通知。恩来同志则在城里，明后天就可能约见，所以还有一天我们可以自由活动。"这一天，我先去中央统战部看李维汉同志。他约我过两天参加统战部的部务会议。接着，我到北京市政府去找叶剑英市长。未见到叶市长时，先看到市府秘书长薛子正同志。见到子正，事情就好办了。他立刻把我领到市长办公室去。叶市长一见到我欣然站起同我热烈握手。那时已近中午，他对我说："看来你还未吃午饭吧，到我家里去。"那时的北平市政府就是现中南海的西华厅；而叶市长的家则在府右街的斜对面。坐上汽车，一下子就到。他叫秘书打电话给柯伯年马上来一齐吃饭。柏年很快就到。叶市长对我们说："大革命失败，广东的干部损失惨重。我不久就要离京到华南去，干部现在成为我们脑子中的大问题，你看香港有什么人才可吸引到广东来？还有你自己，能不能回广东去？"我说："方方同志曾要留我在广东，但中央的电报，可能是去上海。到底是否到上海，现在也未完全定下来，因为我同潘、夏二人都未见到恩来同志。"叶市长说："方方既然留你不住，我也难于勉强。"关于香港能到广州的人才，我就把几位同志，如蔡家荏、古念良、赵元浩、麦扬、陈文川、孙孺和李健行等人，写了一张名单，并写了这些同志在财经工作方面的理论和实际的水平。叶市长很高兴，认为"人才是难得的。你以后如想得起，可以写信告诉我"。我同柯柏年同志在吃完午餐之后，便向叶市长告辞了。

记不起是哪一天（大约是5月9日）的傍晚，我在北京饭店三楼304室看完日报之后，正在沙发上休息，忽然床头的电话响了，汉年通知我："总司令今晚要请我们吃饭，你马上过来；至于老夏，我已派车去接他了。"我到老潘的房子时，克农同志已在，接着总司令就来了。我早就听到这位弃官留学、参加革命的大将军的名字。在重庆《新华日报》工作时，看过他的照片，读过他的雄壮的诗篇，就是没有机会见他。如果当时我能到延安，一定早就会见到他本人，但是，《新华日报》有几个人因工作关系，在抗日战争的八年间，始终没法离开重庆，那就是潘梓年、熊瑾玎、章汉夫、华岗和我。这一次，终于见到总司令本人了。他一进门，汉年给我们介绍。他就用相当重的四川口音，慈祥地对我们说："你们的名字，我早就知道，因为你们经常在报上发表文章，南方局向中央的工作报告中，也经常提到你们。你们在白区奋斗，是辛苦了。现在全国快要解放了，更需要你们继续努力。"他在北京饭店请我们几个人，吃了一顿很好的西餐。总司令对人很和蔼，从他的举止，真看不出他就是名震全球、叱咤风云、指挥百万大军的伟大名将。席间并不拘束，而是谈笑风生，特别是克农同志，他说了不少笑话，引得大家哈哈大笑。

5月10日，我在北京饭店113室客厅，邀民建会的章乃器、包达三、张炯伯、胡子婴、盛丕华等人座谈接管上海的问题，千家驹也来参加，大家谈了不少情况，也提了不少建议，可惜内容已记不清楚了。

11日晨，恩来同志的秘书通知我们三人到当时设在后圆恩寺胡同的华北局，列席会议。这次华北局的会议是由恩来同志主持的，主题是听取刘少奇同志在天津对资本主义工业的调查报告和对几个大资本家的统战工作的经验总结。在少奇同志讲话之前，恩来同志叫汉年报告了三年来在香港的工作，夏衍同志做了一些补充。恩来同志问我："你还有什么话说？"我说："我们在港的资金不多，不能大数量的进货，因而展不开！"他把我的"大数量"三个字，听成"打苏联"。他大笑起来问我："为什么要打苏联？"汉年替我纠正我的发音。恩来同志对我笑着说："你在香港住了三年，连普通话也退步了，真是想不到的事。难道广东人就讲不好普通话？全国快要解放了，你要做更多的工作，普通话说不好，对工作是有影响的啊！"接着刘少奇同志便讲了他的天津之行，讲得很生动，对工商界的统战工作，讲得很深刻。

恩来同志在次日通知我们，要在当天夜里到颐年堂谈工作。那时，毛泽东同志还住在香山的双清别墅,他进城之后,恩来同志才搬到西华厅办公。那天晚上,我们吃饭后就到颐年堂去。工作人员把我们三人安排在右侧的会客室等候。那时恩来同志正在北屋中间的会客厅同朱总司令和彭德怀、贺龙诸同志谈话,一直到10时以后才叫我们到北屋去。恩来同志对接管上海的工作,作了具体的指示。他强调要有思想准备:"准备停在黄浦江上的英舰队向我们开炮,准备国民党的破坏,准备上海全市断水断电,准备各种在意料之外的困难。一面要准备最艰难的处境,一面要争取良好的局面。你们要把我的这个意思,告诉陈老总。"他并告诉我们:中央决定汉年任上海市委常委兼上海市常务副市长,分管政治和统战工作;夏衍任市委常委兼宣传部长,负责接管文教系统的工作,我则任上海市委委员,主要任务是协助曾山同志搞好财经方面的接管工作。谈到凌晨,才把我们送回北京饭店。因为疲劳过度,我的精神不集中,把眼镜放在床上就睡去,次日起床发觉眼镜的一块玻璃被压碎了。原想吃过饭后就到东安市场的眼镜店配玻璃,但是杨尚昆同志和几位老同志,其中有陈沂,先后来看我们,没法走开,并且接到通知,下午要上山去看毛泽东同志和刘少奇同志,只好借阿谜的眼镜暂时使用。

下午2时左右,王拓同志陪同我们上香山。龚澎刚从香港来,改穿了解放军军装,要同我们一道上山。车子走得不快,到了香山的时候,太阳已经西斜了。我们首先到双清别墅,毛泽东同志接见我们。因为在重庆谈判时龚澎当过他的翻译,他看到龚澎如此装束笑着说:"你穿上军装不是变成一名男子汉吗?是不是?"汇报香港工作,主要是由汉年说的。毛泽东同志边听边点头。当时正是英国兵舰紫石英号在南京江面肇事之后,所以他问起港英当局对我们的态度。我们回答,在国共和谈破裂之前,港英当局有一种"划江而治"的幻想,所以他们想尽办法,要把李任潮(李济深)留在香港,后来我军大举渡江,直接解放了南京,他们的态度有了一些改变,我们公开举行庆祝解放南京的宴会,他们不但没有干涉,而且让一些"太平绅士"也来参加。毛主席笑着说:"英国人比美国人老练,他们是不会把棋走死的。现在我军乘胜追击,上海已在我们的包围之中。"我们请他指示接管上海的方针政策，他说，总的方针，中央已给陈、饶发了电报，重要的一点是不让国民党搞焦土政策，尽可能完好地保存这个现在全国最大的工业城市；至于具体的政策，可以按恩来同志给你们的指示办理。毛主席情绪很好，在谈了总的指示之后，又对各人谈了几句。他问我："你不是劳动大学易培基的学生吗？"我答"是。"他又说："你们三人都在上海做过地下工作，可以说是老上海了，应该把接管工作做好啊。"我刚上香山时，心里有两种感觉：一是高兴毛主席能接见我们，一是担心毛泽东同志会提出一些我们回答不了的问题。但是，经过一个多小时的谈话之后，这种紧张的情绪就消失了。

在香山，快吃夜饭时，我们还见了总司令和贺龙同志。我对贺龙同志说："你和叶挺同志的起义大军，进入潮汕虽只有一个星期，但是潮汕人民特别是工人、农民和革命知识分子是永远在怀念恩来同志和你们的！"贺龙同志问我："你是潮汕人吗？"我说："是。就是因为我是潮汕人，我才敢说这句话。"贺龙同志口含烟斗，态度极其潇洒。这一次夜餐，吃的还是西餐。老夏因为在1935年2月上海地下党组织第三次大破坏后，为了逃避敌人的注意，他在史沫特莱所住的那层楼上，吃了三个多月的西餐，吃腻了，吃怕了。那晚在香山，一进餐厅，看来是要吃西餐，我暗暗对老夏开玩笑："老夏，今晚西餐看来你又要艰难过关了。"

次日一早就接到通知，说恩来同志当天晚上要在中南海开会，我们三人都要参加，所以吃了早饭就赶回北京饭店。但会议在晚上9时，我就趁空到东安市场修眼镜。那时北京的人口并不多，东安市场相当安静，我一下子就把眼镜玻璃配好了。下午无事，我到附近逛旧书店，有好几部线装的诗集，连史纸的，很想买，但想到要赶到"三野"进上海，只好压下买书的念头。晚八时，我和汉年、老夏一起到中南海的勤政殿，茅盾、萨空了、胡愈之已先到，接着周扬、袁牧之、钱杏村、郑振铎相继到来，都是熟人。但谈的是文艺、新闻的问题，我是搞经济学的，因为在《新华日报》工作过，新闻事业还懂得一点，而对文艺则完全是外行，插不上嘴。他们这些行家争着发表意见，一直开到天快亮。

次日，李维汉同志的秘书通知我去参加会议。那时中央统战部设在中南海里面，记得会议就在颐年堂的一个客厅举行。李老要我谈香港和上海工商界情况，我见连贯同志在座，就要求他先讲。老连说完之后，我就把香港工商界的帮派和代表人物以及情况，作了一个简单的汇报。李维汉同志很注意港商与上海、广州等工商界的关系，我也作了一个概括的说明。他对我说："你到上海搞接管，同资本家必定有接触，切不可忘记有团结、有斗争的统一战线工作原则。"

记不清是哪一天的上午，恩来同志的秘书叫我到中南海，是在颐年堂的一间小会客室里，恩来同志问我："将来成立中央人民政府需要经济方面具有威望的人才，你搞了几年的工商统战工作，应该有所了解。"在那时我对这个问题是没有准备的，考虑了一下，在党外，提出章乃器，在党内提出沙千里、陈维稷和王新元。恩来同志说："乃器同千里，都是救国会七君子，乃器搞过银行和商业，又有名望，当然可以考虑；千里是律师，你怎么把他提到经济界来？"我说："千里在重庆的时候，既执律师业，又同几位朋友，办了工厂，他对经济，可不是外行。"恩来同志点点头。他知道王新元在贵州实业公司和纱厂搞过业务，但不知道那时他在什么地方，我说王新元现在在青岛一个纱厂负责。那时青岛还未解放，我只能把王的名字提出来。恩来同志又问我关于陈维稷的情况，我又把陈是纺织业的专家、交通大学教授的情况向恩来同志汇报。他把我所提的这几个人的名字记在本子上。谈话快结束时，陈云同志来了，恩来同志为我介绍。这是我第一次见到陈云同志。他问我："你是不是要到上海协助曾山搞接管国民党官僚资本企业的？"我说："接管企业，我全没经验，在香港读到你在东北接管企业和城市工作的总结，得益很多。"陈云同志说："上海的情况比东北复杂得多，我的关于东北接管的经验，也只能供你参考。"恩来同志对我说："陈云同志对接管，对财经工作，有丰富的经验，你到上海接管国民党的官僚资本企业，要好好体会并执行陈云同志所提出的原则。"

同民主人士融洽无间

在北平一个多星期里，我们三人不但向党的领导汇报工作情况，而且还要拜会从香港到解放区来的民主人士。汉年把拜访李济深摆在第一位，那次见面颇为严肃，主要是由老潘同他对谈，我们两人只在谈话过程中插了几句。看望郭沫若同志的时候，因为是熟人，谈得随便。还有黄炎培、陈叔通、马寅初、马叙伦、盛丕华、包达三、黄延芳，以及梁希、施复亮等人，他们都住在北京饭店里，所以我们三人就各自去串门拜访了。同梁希先生是初见面，他是南京中央大学的教授。他对我说："你们在香港出版的《群众》，差不多每期我都读了。我们中大几位亲密的教授，都是从《群众》了解整个战局和政局的变化的。"他问《群众》是不是还要在香港办下去，我说："我现在不敢肯定，也有可能由于全国解放，需要把干部调回内地工作，而向香港读者宣布自己已经完成历史任务。"

金山同袁牧之来访夏衍，我也同他们见了面，金山谈了许多国共谈判中的花絮。我不懂戏剧，同他们几位在一道时，提到戏剧问题，我只能成为听众。20世纪30年代初期，我参加"文委"和"文总"的工作时，同金山颇有接触。那时他是一位又瘦又黑的小伙子，这次见面，他已经变成一个准胖子了。他约我如有时间到他的房间聊天。因为克农同志说他在这次谈判中立了功，所以，我就在次日的下午到他的房间去了。他告诉我，在百万雄师渡大江的时候，国民党和谈代表团的代表和顾问，就知大局已定，没法再谈，张治中先生宣布解散代表团。但是这么一来，各人怎么办呢？张治中还有一个念头要回去。恩来同志对他说："西安事变的时候，因为事出仓促，张学良身陷虎穴，今天我们决不能再让另一位姓张的朋友再演这样的悲剧。"恩来同志希望代表团其他的成员也留在北平，一齐进入新中国，这样，人心就大定了。我问他："你当了国民党和谈代表团的顾问，有什么滋味？"他笑着说："什么滋味都尝到了，到了解放区，当然兴奋，但是谈到顾问本身，那就没有什么味道了。代表团除代表外还有四位顾问,在谈判过程中,解放军势如破竹地急速前进,代表们还有什么划江为界可谈?我们四位顾问也只能在不顾不问地过日子。为了消遣日子,我们自嘲地说四名顾问是一顾倾国,二顾倾城,三顾频烦,四顾茫茫。我就是茫茫的第四顾问。"我不觉大笑起来,他也哈哈大笑。我说:"你是有名的演员和编导,新中国正需要你,怎会四顾茫茫呢?"

在北平的一个多星期,是在兴奋而紧张的日子里度过的。庆祝五一劳动节的标语,到处可见,杭州的解放,是在我们到达北平之前三天。解放武汉的消息,是在我们到达北平之后。我在北京饭店的楼上看见大队的群众高举红旗敲锣打鼓,在长安街上游行庆祝。我虽然没有同他们一道游行,但是,内心的喜悦是没法形容的。天真是要亮了!

(这是许涤新回忆录中的一章,标题为编者所加)

新上海的序幕

周而复

在海滨中国大酒店参加了香港文化界纪念五四运动30周年酒会的第三天，我和李达、姜椿芳、舒绣文以及于立群和她的孩子等一百多人，乘了一条挂着挪威国旗的货船从香港起航，经过海上风浪的颠簸生活，到达天津记得大约是1949年5月10日。次日就分别去了北平。我和姜椿芳他们由组织上安排住在翠明庄。第三天晚上，我到中南海向周恩来汇报香港文艺界情况。恩来同志告诉我，上海即将解放，准备派我去上海工作，因为我30年代和40年代都在上海工作，情况比较熟悉，至于做什么工作，听候组织通知。谈完以后，恩来同志又和舒绣文同志谈了香港电影界的情况，征求她对自己工作的意见。在即将成为新中国首都的北平，恩来同志和分别了一段时间又相见的老同志，十分热情，他取出和邓大姐合影的照片，签名后分别赠送给舒绣文和我。那一片深情，我至今还感到春风般的温煦。

当时，我只从文艺创作考虑，希望到上海当一名新闻记者，以便广泛接触各个方面，准备写一部反映上海重大变化的长篇小说。过了一两天，夏衍同志告诉我，周恩来同志分配他担任中共上海市委常委和宣传部部长，已经和组织上谈好了，要我去上海市委宣传部工作，并且要搬到北京饭店和他们住在一起，我遵命搬到北京饭店三楼。

住在三楼的时候，除了夏衍以外，准备去上海工作的还有潘汉年、许涤新。5月16日上午我们到了前门火车站，登上一列专车（当时北平和南京还没有通车），这节头等客车挂在一列货车后面运行。同行的有盛丕华、包达三、黄延芳和盛丕华的儿子盛康年。还有一位青年，叫杨秘书，不知何许人也，他不大说话。

20世纪50年代初的上海外滩旧貌换新颜

　　盛丕华是进步民主人士，原红棉酒家的老板，参与民主运动，一些进步活动常秘密在红棉酒家举行。因此，我们叫盛康年为"小开"。盛丕华到上海以后，不久担任副市长。包达三和贾延芳都是进步民主人士，老上海。为了安全，中央还派了一个警卫班沿途保护，李克农同志亲自到车站送行，胖乎乎的圆脸上浮着微笑，挥手向我们告别。

　　这列专车经津浦线南下，铁路刚刚修复不久，车行不快，还有些颠簸，逢站不停，第二天下午开到济南，才停了下来。月台上山东省省长康生等十多个人迎接我们。潘汉年首先下车，康生和他热烈拥抱，潘汉年把同行的人一一向康生介绍。

　　晚上，康生设盛宴招待民主人士和我们，那位杨秘书被康生拉在身边，异常亲热，引起我的注意。饭后，康生请大家看京剧。第二天上车，继续南下。潘汉年上车后，低声揭开谜底：那位杨秘书并不姓杨，是毛岸英，毛主席的儿子。怪不得康生对他那么亲热哩！车到邹县，停了下来。我们下车在亚圣故里散步，盛康年取出照相机，要我们在孟子石碑前面摄影留念。这张经过"文革"幸存下来的照片，上面有许涤新、盛康年、毛岸英、陈坚和我。39年后，我才从方卓芬手里看到，可是许涤新、盛康年、毛岸英都先后谢世，陈坚久无消息，我也是"何山老翁鬓垂雪"了。

到了南京，我们住在原国民党的华侨招待所。南京市市长是刘伯承，柯庆施是副市长，主要由柯庆施接待我们。第二天，我和许涤新，还有南京市委统战部部长陈同生一同去汤山游览。虽然我出生于南京，中学时代基本在南京度过，但从未去过汤山，因为汤山是军事基地，是禁区，是蒋介石经常出入的地方，我辈小民只有望山兴叹。其实汤山只是地名，温泉就在地下，并无大山。南京解放了，区区小民才有幸到了汤山。附近军事学校破烂不堪，温泉倒还有人，我们痛痛快快地洗了一个澡，浑身旅途疲乏顿时消除。兴冲冲乘车回到南京，主人还要招待我们多住几天，我们人在南京，心却已飞到丹阳去了。

丹阳是个小县城，当时是中共中央华东局和第三野战军司令部所在地，陈毅司令员在这儿，华东局组织部宣传部也在这儿，统战部当时还没有成立，调集接管上海的干部云集在这儿。在丹阳住下来后，我走到街上一看，到处都碰到老朋友、老同志，他们已学习了接管上海的方针政策，也已知道人事安排，已在考虑自己担任工作范围以内的事了，个个精神抖擞，意气风发，摩拳擦掌，准备接管。我们学习之余，有时上小饭馆吃饭，正好鲥鱼上市，大嚼一番，似乎比其他地方的更味美而鲜嫩。

一天，潘汉年对我说："华东局决定你到上海市人民政府工作，担任上海市军管会和人民政府交际处副处长，处长管易文尚未到达，由我负责。"我感到惶悚，多年来从事新闻与文艺创作，没有搞过交际工作，恐怕不能胜任。他对我勉励再三，答应先担任一个短时间，然后再安排其他工作。我服从组织分配，没有提意见。

1939年8月，我穿上八路军总政治部给我的军装。我在1942年冬回到延安文艺界抗敌协会才脱下军装，现在又穿上，再次入伍了。

接管军事、财经、文教、新闻出版等部门的同志分别随大军走了，夏衍是文教接管委员会副主任，许涤新是财经接管委员会副主任。5月25日下午，我随华东局机关出发，经无锡，过南翔，晚上进入上海，在梵皇渡路（今万航渡路）圣约翰大学住了下来。

上海那两天正下大雨，愚园路上积水盈尺，可以行舟。我一早起来就带着警卫员，乘上吉普车巡视上海街头，上海人民欢迎解放军的热烈情景，令人鼓舞。车子开到外白渡桥给沙包堵住了——苏州河以北还没有解放，枪声阵阵，硝烟弥漫。

当天下午，华东局机关进驻亚尔培路（今陕西南路）三井花园即原来蒋介石的励志社，潘汉年带我住进外滩华懋饭店（即今和平饭店）。这时地下党负责同志刘晓派了梅达君来，任命他为市人民政府交际处副处长。他是老上海，在安徽当过国民党的县长，国民党那一套他也了解。

5月26日晚上，三井花园的大客厅里挤满了人，有穿军装的，有穿西装的，有穿便服的。一见面彼此就热烈拥抱，有的高兴得流下了热泪，欢笑的声音四溢。夜空布满繁星，来自解放区的干部和上海地下党的战士，就如那满天星斗，闪烁着耀眼的光彩。这是一个激动人心的时刻：他们会师了。

一位身材魁梧的军人站起来讲话，他穿了一件洗得几乎发白的黄色军装，脱了军帽，光着脑袋，发表了燃烧着革命热情的讲话，他就是第三野战军司令员陈毅。他赞扬地下党在上海多年工作的成就，及他们在解放上海战斗中的重要贡献，他的讲话常给热烈的掌声打断。饶漱石在会上也讲了话。

根据陈毅同志先接后管的指示，各路接管大军第二天纷纷出发了。

5月28日下午2时，中国人民解放军上海军事管制委员会主任兼市长陈毅亲自接管上海市政府。上海解放前夕，国民党上海市代理市长是赵祖康。

赵祖康学土木工程，心怀"交通救国""工程建国"的想法，原任国民党上海市政府工务局局长。早在1949年2月4日，就和上海地下党李小姐（王月英）和钱先生（田绥祥）有了联系，他们要他做了一些迎接解放的准备工作。4月14日，原国民党上海市市长吴国桢去了台湾，由原市府秘书长陈良继任市长。5月24日,陈良也走了,要赵祖康代理。赵祖康事先得到中共地下组织的指示,接受了代理市长的职务。这天,担任了三天半代理市长的赵祖康,由军管会代表熊中节引进了市长办公室办理移交。

市长办公室是半圆形的,尾端是市长秘书办公桌,顶端是市长办公桌和皮椅子,斜对办公桌贴墙有一排椅子,正对办公桌贴墙有一排沙发。军管会主任兼市长陈毅同志带我们走进办公室,他环视了一下,坐在办公室后面的椅子上,副市长曾山、潘汉年、韦悫,还有刘晓以及上海市警备司令部司令员宋时轮和市人民政府秘书长周林和我,坐在正面的沙发上。陈毅市长微笑着和赵祖康握手并让座,赵祖康坐在斜对面的椅子上。陈市长问赵祖康,5月24日晚间,国民党市长陈良和淞沪警备司令陈大庆是怎样逃跑的,赵如实说了。于是举行接管仪式,代市长赵祖康把旧市府印信双手呈送给陈市长。陈市长接过象征权力的印信说:"赵祖康先生率领旧市府人员悬挂白旗,向人民解放军交出了旧市府的关防印信,保存了文书档案,这种行动深堪嘉许。希望今后努力配合,做好市政府的接管工作,并请赵先生在工务局担任领导……"

接着陈市长到二楼小礼堂,出席旧市政府职工欢迎大会。小礼堂里挤满了人,一见陈市长走进来,立即响起雷鸣般的热烈掌声,表示欢迎。陈市长微微举起右手,向大家致意。上海市人民政府秘书长周林主持会议,介绍并请军管会主任兼市长陈毅同志讲话。

陈市长在讲话中要大家深切了解这次解放军胜利的意义,希望大家加强学习,学好为人民服务的本领,固守岗位,安心工作,协助接收,将来量才录用。陈市长接管旧市政府,立即宣布赵祖康负责工务局工作。这对留用人员等于吃了一颗定心丸,为他们树立了榜样,指出了留用人员的努力方向,极大地鼓舞了人心,把绝大多数人的怀疑、恐惧、顾虑一扫而光。

上海市人民政府这个上海政权首脑机关的顺利接管,就为整个上海接管工作铺平了道路。

陈毅同志亲手埋葬了旧上海,揭开了新上海的序幕。

陈老总接管上海二三事

朱华荣

1949年5月25日傍晚,盘踞上海中心城区的国民党残余部队被我第三野战军聂凤智部全歼后,上海全境解放指日可待。喜讯传到江苏嘉定南翔,早已在此集结待命的南下接管团在上海市军管会主任兼市长陈毅率领下立即赶到上海。办公处设在中正南二路(今瑞金二路)之三井花园(即今瑞金

陈毅与第一届上海市人民政府委员在就职典礼上合影。前排左起:郭化若、吴蕴初、刘晓、包达三、沈尹默、盛丕华、陈毅、潘汉年、汤桂芬、刘长胜、黎玉、赵祖康、项叔翔。后排左起:胡子婴、张耀祥、王芸生、冯雪峰、夏衍、许涤新、苏延宾、郭棣活、申葆文、荣毅仁、周林、扬帆、张祺、朱俊欣、马纯古

宾馆）。

军管会下设军、政、财、文四个委员会。前三个委员会分别由粟裕、周林、曾山负责。文管会的情况则较为复杂，它涵盖了文艺、教育、科技、新闻、出版等多个领域，其中最棘手的是文艺。其具体表现有二：一是自解放区来的文艺工作者与原国统区的文化人之间隔阂较深；二是同一区域的文人之间由于思想倾向、艺术流派的不同以及长期来积聚的个人恩恩怨怨，也影响到接管工作的顺利展开。故文管会主任一职，陈毅决定由他亲自兼任。事实上，陈毅对文化人的生活习性也比较了解。早在20世纪20年代初，他就以诗人的身份经王统照先生介绍参加了"文学研究会"。当然，文管会的实际工作则由副主任夏衍负责。

5月26日晚8时，陈毅召集四个委员会负责人开会。军、政、财三个委员会的负责人依次作了详尽汇报并一一听取陈毅的指示后，轮到文管会夏衍打算开口时，陈毅却抢先发话："现在时间不早了，文管会的事明天单独谈。今天不谈不是不重视，是我对这方面的事有兴趣。"

次日上午，陈毅在听了夏衍的工作汇报后，详细阐述了中央对文教系统接管工作的指示并反复叮咛："你们的工作对象都是高级知识分子、社会贤达，他们在国内乃至海外都有影响。故情况不清楚不要乱管，先要和他们交朋友。不要粗暴，不要居高临下……"

当夏衍告辞时，陈毅又将周恩来的嘱咐强调了一遍："一定要礼贤下士。像梅兰芳、周信芳、袁雪芬这样的大名人，我们一定要亲自上门拜访，万不可约他们到办公室来谈话。"

5月28日，是上海全境解放的第二天。是日下午，陈毅在市长办公室正式接管国民党上海市政府。他端坐在市长办公桌旁的椅子上，军帽置于案旁，高额疏发，脸色红润，一派儒将之风。在陈毅的两旁分别坐着潘汉年、曾山、韦悫三位副市长，淞沪警备区司令员宋时轮以及周林、周而复等多位领导。

接管仪式简单而庄严。当国民政府上海市代理市长兼工务局长赵祖康先生在熊中节同志陪同下步入市长办公室时,陈毅起立,戴好军帽,客气地与赵祖康握手并招呼他面对而坐。在赵祖康一一将所保存档案并与军管会商洽移交的情况汇报完后,陈毅当即说道:"赵祖康先生率领旧市政府人员悬挂白旗……保存了文书档案,这种行动深堪嘉许,希望今后努力配合,做好军管会的接管工作……"话毕,陈毅与大家一起步入小会议室,向早已等候的三百多位旧市府工作人员作了讲话。他说:"你们没有去台湾,很好,我们表示欢迎。"接着,他要求大家各安职守,努力学习,改造世界观,为建设新上海作贡献。散会后,陈毅又单独留下赵祖康谈话,恳切说服尚有疑虑的赵祖康担任人民政府的工务局长。他的一句"赵先生,我们是一定能很好合作的",令赵祖康感动不已,也体现了陈老总的博大胸怀。

陈毅对赵祖康的及时挽留之举,极大地鼓舞了在旧市府工作的各方面专家,对他们日后能安心地留在人民政府内发挥一技之长,起了非常积极的作用。

之后几天,陈毅亲自探访了京剧大师梅兰芳、物理学家吴有训等各界名人。尤其是位于马思南路(今思南路)上的梅宅,他去过多次,有一次还欣然挥毫为梅兰芳所作的国画扇面题诗一首。

复旦大学校门扎了彩楼,庆祝军管会前来接管

五月黎明

爆竹与军乐声中，红旗在上海市人民政府大厦升起

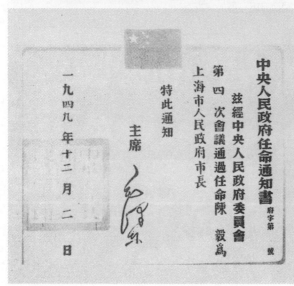

陈毅市长的任命书

解放军战士守卫在外白渡桥畔

在听取了许多知名人士的意见后,陈毅果断决定将"接、管、清、改"的四字接管政策分阶段实施,即先实行"接、管","清、改"工作则暂缓实施。他明确地要求文管会的所有队员:决不可图快,务必要慎重。除了有血债的人,艺人们戏照演,电影院、游乐场照样开放。他还郑重地告诫大家:若不如此,上海几万艺人将会失去饭碗,甚至还会上街游行闹事,沪上五百万人民和三十万外侨的正常生活将发生混乱。这绝非耸人听闻!

事实证明,陈毅市长的决策是正确的,对稳定上海的社会秩序,使国民党统治下的旧上海平稳地过渡到共产党领导的新上海,起到了至关重要的作用。

华中党校上海队纪实

谈正鸥

1948年春夏，解放战争的形势已发生重大转折，蒋介石政权处于风雨飘摇中。中共中央为保护和培训干部，并为将来接管上海做准备，决定在华中解放区的华中党校内设立上海队（或称新一队），有计划地从上海撤退了一批已经暴露或有危险的地下党员和党外积极分子。于是在华中党校里，出现了几百名操着上海口音的共产党员。

奉命撤离上海城　机智通过封锁线

1948年10月23日，由我介绍入党的贝群因擅自出借《朱德自传》而被捕，但没有出卖组织和同志。随后的几天里，联市联谊会、进修班同学会、图书馆有21人相继被捕，其中4名为共产党员，17名为党外积极分子。根据组织通知，大家分头找关系躲起来。我先在河南路金隆街哥哥处住了一夜，然后撤到浦东乡下。

11月初，党的联系人张先浩突然来通知说，经组织决定要我北撤。我提出，我与奚家威已于8月份订婚，能否一同去？张先浩表示可以考虑，但须经老胡批准，并要我速回上海，与交通接上关系。离沪前，老胡在四川路桥青年会西餐厅请我吃饭，同意我爱人同行，并定下了我们两人在解放区使用的

上海解放时的谈正鸥

名字。他还特别叮嘱,解放区生活十分艰苦,要有足够的思想准备。

按组织规定,所有撤出上海的同志,不能事先告知亲属,更不能透露真实去向。我在临上火车前,才将一封告别信投进了车站附近的邮筒。我告诉父母,我要去北平做事,目的还是"想多跑一个码头,多赚些钱"。

1948年11月14日10时,姚英杰(原名姚良如)、田尔(原名郑基)、叶镇(原名谈正鸥)、毛正民(原名柳彭年)、沈沉

谈正鸥临上火车前寄给父母的信

(原名张明安)、言怡(原名奚家威)、余百世(原名徐永年)在北站相会,随即挤上同节车厢,彼此看得见,但不打招呼。火车十分拥挤,只能相互倚靠着站到第二天凌晨4时,到镇江站下了车。然后快速地赶上过长江的第一班轮渡,到六圩上岸后,乘公共汽车到扬州东门外,下车后在车站外吃早点。田尔关照必须多吃一点。我们吃了一碗粥、两只大饼,吃不完的藏在口袋里。

餐后分成三组,田尔、姚英杰在前,我、言怡、余百世居中。我和言怡称夫妻,称余百世为小舅子。田尔还雇了一辆独轮车,言怡坐在一边,另一边是香烟肥皂等,像是回娘家的模样。毛正民与沈沉殿后。为了避免检查,不进出扬州城,而是沿城墙,经黄金坝向北到槐子桥。这是一个比较大的据点,据田尔讲,国民党军队有一个团的兵力,通过时一定要谨慎应对。那天正逢赶集日,来往人多,三组人都比较顺利地通过了国民党军队的

岗哨。

再走若干里路,有一个集子叫方巷,街上有十多家商铺,国民党无驻军,也没有我们的地方武装,如果双方都来巡逻,就要发生遭遇战,因而被称为"拉锯地区"。虽然我们都饥肠辘辘,却不敢坐下来吃饭,生怕国民党军队突然来袭。田尔在肉庄里割了一点肉,就快速离开。又走了十多里路,天快黑了到达公道桥。那里称桥却没有桥,有只小船把我们送过河。河那边比较安全些,田尔设了一个秘密交通站,进去后不能大声说话。赵振和夫妇早已把开水、饭菜烧好,再加上买的肉,大家饱餐了一顿,随即在老赵家统铺上和衣而睡,以防不测。

第二天,天还没亮,我们吃完早餐后,告别了老赵家。到了送驾桥交通站后,田尔、毛正民、沈沉三人留下,他们还要回上海继续接北撤的同志进解放区,我们四个人由交通站一站一站地传送下去。

趁夜偷渡高邮湖　　编组落户大伍庄

我们第一个目的地是淮宝县大伍庄。凡是运河以西进解放区的同志,都要到大伍庄去集合,由地方武装护送过运河。渡高邮湖,可以少走陆路,但湖里有国民党巡逻艇日夜巡逻,所以一般都利用夜色渡湖。在高邮湖边上一个记不起名字的交通站,聚集了十多人,正好可以坐满一条渔船。渔民中的党员和积极分子负责掌舵,他们熟悉高邮湖的地形和深浅。事先交代过,渡高邮湖时要蜷缩在鱼舱里,不能大小便。行船途中,忽闻远处传来快艇的轮机声,船老大赶紧把渔船驶进芦苇荡中躲起来,待汽艇驶过后,我们的小船才继续前进。

已是清晨,只见高邮湖湖边滩上,当地农民搭了不少鸭棚,母鸭生蛋后即到湖边吃小鱼小虾充饥,而农家妇女、小孩则提了篮子来捡自己鸭棚里的鸭蛋;早晨是从事捕鱼的最好时间,渔民们已开始撒网起网,为中午或晚上的餐桌准备食材。我们就在高邮湖早晨的繁忙景象中,抵达了一个新的交通站。

大伍庄属于淮宝县，与县委所在村相近，可住一百多人。为了保密，我们以江淮剧团第三大队名义路过这里，聚集到一定人数后，再根据情况偷渡运河。淮宝县政府派了一名管理员和勤务员，为我们提供给养。我们抵达后，每人发了两斤重的棉被和床单，还发了一套棉军装。然后编成小组，分别住在农民家里，按人头供给细粮粗粮、油盐和蔬菜。小组以两人为一档，轮流煮饭烧菜。晚上睡在哪里则由房东指定，多数在灶头和柴间边，少数是堂屋。一个小组睡一排，以中间线为界，男的向东，女的向西；下面铺了稻草，再铺床单，盖两斤重的棉被，像沙丁鱼一样。农民很珍惜牛，一般到了冬天，晚上都把牛拴在偏间。有时会遇到牛撒尿，尿到我们地铺边上，这事好多同志都遇到过。

清晨起来折叠好棉被，到小河边敲开冰块，刷牙洗脸。逢到轮值天，煮胡萝卜、大米粥，打扫场地，灌满水缸，排队做徒手操。早餐大多是咸菜萝卜干，星期天偶尔吃一点花生等；中午基本是青菜或萝卜，烧菜用油很少，只能用鸡毛在油罐头中蘸一点油洒在锅里；晚上多数也是吃粥和咸菜萝卜干。为了照顾上海来的同志，大部分时间吃白米饭，偶尔搭配点杂粮。高邮湖的湖荡港汊有利于捕鱼。有时渔民把小鱼杂鱼以几分钱一斤卖给我们，我们连油和酱油也买不起，只能清水煮，吃起来也很鲜美。星期天中午，一个小组可分到一大盆猪肉。

大伍庄的生活虽然艰苦，但我们精神上是愉快的。上午学习读报、讨论形势，下午唱歌、跳集体舞。只要天气好，就把睡觉用的稻草搬到场地晒晒。到了星期天，则把背包带拉起来晒棉被和洗衣服。

夜渡高邮湖时，我结识了马来亚共产党员王平。王平出生在广东，在马来亚长大，1936年入党，做过马来亚地委书记和新加坡市委委员。他在马来亚被捕入狱，刑满出狱后，被驱逐出境后至香港，港英当局不接受，于是随船到了上海租界。后来通过侨胞中的进步人士介绍，中共接纳了他，分配他在新四军驻上海办事处工作，负责接待归国参加抗战的南洋华侨。通过他的安排先后进入根据地的达四十余人。太平洋战争爆发后，王平还被日本宪兵队逮捕过，经受住了严峻的考验。

在大伍庄，我们最爱听王平讲在马来亚从事地下斗争的故事。比如他们在马来亚也经常举行"飞行集会"，在最热闹的广场上，由两个人搬来一只凳子，让领导人站上去作演讲。当警察得到消息赶来抓捕时，演讲者赶紧下来，混在人群中溜走。有时警察来抓人时，挤在人群中伪装吃甘蔗的人，把甘蔗作为棍棒，趁机袭击警察。

在党校喜迎新春　转移前房东赠别

1948年11月下旬，我们在大伍庄时，曾两次由淮宝县地方武装护送，想在晚上偷渡运河，都没有成功。原因是淮海战役正酣，运河旁一条公路是国民党的后勤补给线，国民党军队对这条公路巡逻频繁。1948年12月3日，淮安解放。号称江淮剧团第三大队的61位同志，在大队长王平率领下，在白天渡过运河，向合德镇方向前进。当我们赶到阜宁县的益林镇时，获悉华中党校已转移到淮安县，于是调头向西，于1949年1月初到达淮安县河下镇，历时约50天，终于找到了华中党校。

当我们向党校报到时，最早到的人已经学习了一个多月。根据华中工委书记、党校校长陈丕显的指示，上海队已派出了36位同志到蚌埠参加铁路、电信、邮局等单位接管工作。属于店职员系统的王平、姚英杰、周衍和我等都分在14队学习。

来到党校不久，正值农历春节，放假三天。校部和各队都想尽办法改善伙食。特别是年初一中午，各小组都分两桌吃饭，主桌由小组长、学习干事、生活干事款待房东。房东来了，献茶敬烟，开席后以酒相待。菜肴有炒鸡蛋、清蒸鱼、红烧肉，最后来一只全鸡汤。以后两天也少不了水饺等。

1949年2月1日（年初四），因解放军一个师来河下镇休整，我们一清早即转移到淮阴县的铜元镇。我们的邻组在转移前，收到房东一首送别词，十分感人。其词曰:"前者送别曾赠词,今也赠词再送别。敬祝诸君,前程无极,同跻革命,咸谱英烈。此地非阳关,未春柳难折;赠梅何处有,请君江南觅。望诸君治舟楫,渡江,渡江,共把反动灭。努力!努力!!向前毋中歇!!!"

1949年2月9日,我们从铜元镇移居到淮阴城内原建设大学校址。在这里,每个小组拥有自己的房间,北窗下一排地铺,离不开稻草作垫被,两斤重的棉被折得方方正正,进门向阳处放一只八仙桌,作为学习讨论、进餐之用。有公共大厕所,几百人的粪便可以卖给农民,其收入可用以改善伙食。1949年3月3日,14队用伙食节余的钱,拍了一张集体照,这张照片后来在有关文章和书籍中被广泛使用。

学习政策明方向　　自我鉴定照镜子

1949年1月下旬在河下镇时,副校长许亚作了《对土改应有的认识》的报告。过去上海的同志对土改知道的很少,听了报告,经过多次讨论,认

华中党校上海队学员在淮阴合影

1949年,陈丕显在作报告

识有所提高。1948年11月我们到达苏北解放区时,正是淮海战役最激烈的时候,我亲眼看到农村妇女们都忙着为前线磨面粉、做大饼、蒸包子,苏北的独轮车大多被动员起来为前线送粮食、运弹药。这是用落后的运输工具支援现代化战争,也是经过土改后农民积极性提高的表现。

2月11日,两淮市委书记林修德作了《新解放区城市接管政策》的报告。通过学习,我们意识到在保护民族工商业问题上要克服偏激情绪。因为民族资产阶级有两面性,当城市解放后,他们可能会抽逃资金、投机倒把、偷工减料等,在这方面要对他们进行斗争、教育,同时我们也要团结、鼓励他们恢复生产,改善经营,与国营企业共同发展新民主主义经济。

2月16日晚上,陈丕显给我们讲了"目前形势和党在1949年的任务"。当他讲到经过辽沈、淮海、平津三大战役的决战,我人民解放军全歼国民党正规军150万人时,全场爆发出雷鸣般的经久不息的掌声。

2月27日,校党委委员胡叔度作了"自我鉴定"的动员报告,要求每个学员对自己的主要优缺点作全面检查,从政治到生活各方面都不放过。上海来的学员几乎是第一次作自我鉴定,大家都非常认真,不但自己写,还同熟悉的同志交换意见。这些鉴定文字在小组会上宣读后,经过整理,誊写在校部统一印发的《自我鉴定》本子上,经全组同志签名盖章,交到支部、上海工委审阅。这次自我鉴定好似整风,照了镜子洗了脸,学员用共产党员的标准严格要求自己,精神面貌大有改观。

3月中旬,原江苏省委委员王尧山带领华东局南下干部到达淮阴,把华中党校上海队改编为华东局南下干部第二纵队(代号为青州纵队独立支队第五大队）。田辛为总支书记，杨雪林为大队长，把原工人队改为第一中队，原店职员队改为第二中队，原学生队改为第三中队，原13队人员大部分到各中队，少数人留在大队部工作。整个第五大队于3月15日离开淮阴，除少数体弱同志乘船外，大部分沿着运河线公路南下，经过淮安、宝应，于3月19日到达高邮。

到高邮观看演习　赴扬州准备渡江

3月30日，解放军炮兵部队要进行榴弹炮演习，地点在高邮湖西门宝塔广场，请上海队全体队员去参观。我们都很兴奋，早早起身吃早餐，然后列队出发。

到了宝塔广场，看到排列整齐的四门大炮。先由炮兵连长讲大炮的来源，这些美国制造的榴弹炮，在济南战役中缴获了十二门，淮海战役缴获了一百十几门，现在我们第三野战军就拥有榴弹炮一百多门。这类炮的特点：第一，炮座能分能合，由十轮大卡车拖着走，运动速度快；第二，炮的轮胎是橡胶的，运动时炮上仪表受到震动小；第三，炮口可上下左右转动；第四，每枚炮弹重40磅，射程可达10公里，还可当高射炮打飞机。

介绍完情况后，连长叫我们站到测量器后面去。接着，副连长负责发令开炮，但要先听测量员的报告，如仰（抬高）多少、左右多少。测量员还需通过电话与前方联系。每门榴弹炮配备9名战士，各司其职，纪律严明，动作也很敏捷。四门大炮联合发炮，命中目标与否，都有信息返回。那时炮弹很贵重，演习时只能打空炮。

演习结束后，部分学员围着战士提问，才知道我军炮兵大部分集中在长江边，任务是打击长江中的敌舰和掩护大军渡江。如果南京国民政府不接受和谈条件，那只有用大炮来说话了。

就在离开淮阴前一天，我们听了陈丕显书记作的《关于加强纪律性》的报告。到达高邮后，3月21日又听了党校熊忠宇副书记《怎样解决个人利益

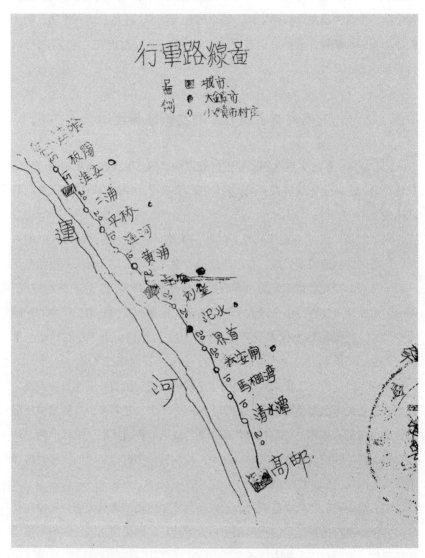

华中党校上海队从淮阴出发前往高邮时,发给每位学员的《行军路线图》

与党的利益的矛盾》的报告。在即将分配工作的前夕，我们上海队学员都认识到个人服从组织的重要性，大家都表示一定服从分配，党叫干啥就干啥，决不讨价还价。

  4月20日深夜至第二天凌晨，解放军百万雄师强渡长江。4月27日，我们离开高邮，住进了扬州城南一个记不起名字的村庄里。令我们惊讶的是，这个庄子里的老人过去都是上海理发沐浴行业的师傅。解放前，这些师傅没有基本工资，或基本工资很低，按每个人收入多少实行分成和拆账，农忙时还可回乡收割和抢种。现在他们都上了年纪，到上海挣钱的事只能让下一代去做了。但他们对上海仍十分留恋，也都希望上海早点解放。5月1日清晨，我们告别了老乡，渡江奔赴丹阳。

周而复在上海黎明前后

陈邦本

风雨夜挺进大上海

周而复（1949年）

1949年5月10日，周而复奉命从香港率一百多位民主党派和文化界人士到达北平。周恩来副主席听取汇报后，对周而复说："上海即将解放，准备派你去上海工作。因为你曾数度在上海工作过，情况比较熟悉，至于做什么工作，听候组织通知。你自己对工作有什么希望也可以向组织提出。"周而复想从事文学创作，于是便对周恩来说："如果有可能的话，我愿意到新华社当记者，到上海工作。"周恩来告诉他："现在胡乔木同志负责新华社工作，你可以找乔木同志商量，看他有什么意见。"

第二天，周而复拜访胡乔木。胡乔木告诉他：中央决定夏衍担任中共上海市委宣传部部长，夏衍提名要你去市委宣传部工作，他正在寻找你的住处。

周而复一回到翠明庄住处，就接到夏衍打来的电话，要他立即搬到北京饭店去，那里住着准备去上海工作的干部。周而复刚刚踏入北京饭店，夏衍就高兴地告诉他："你和我一起到中共上海市委宣传部工作。"他让周而复对进入上海后宣传部如何开展工作的问题先考虑起来。

在北平等候南下的几天里，马叙伦书赠周而复一帧作于3月25日的诗，

1949年5月,周而复(右一)、许涤新(右二)、毛岸英(右三)等人在南下途中

其中写道:"江南百姓皆昂首,何为迟余解困穷。"这是江南人民的共同愿望。是啊,4月20日夜百万雄师横渡长江,23日南京解放,宣告了国民党反动统治的覆灭。现在上海人民正昂首盼望解放军的到来。于是,周而复和潘汉年、夏衍、许涤新、杨秘书(毛岸英)以及民主人士盛丕华、黄延芳、包达三、盛丕华之子盛康年等奉命乘火车迅速南下,于5月23日傍晚抵达丹阳中共华东局和三野司令部驻地。

5月25日下午,周而复随陈毅司令员和曾山、张鼎承、魏文伯等华东局领导同志乘火车,由丹阳向上海进发。火车过常州、无锡,到望亭已是半夜了,忽然雷雨大作。但在不远处与铁道并行的公路上,人民解放军几路纵队正浩浩荡荡地在雨中行进。这初夏的雷雨仿佛是天公给勇士们的洗礼。我们的队伍正以雷霆万钧之势向前奔驰。

火车到达南翔车站后,大家下车改乘刚从国民党那里缴获来的美军中型吉普,在泥泞路上缓慢行驶。直到半夜一两点钟,这支特殊的部队才由上海西郊进入市区,在梵皇渡路(今万航渡路)圣约翰大学宿营。周而复躺在床铺上却怎么也睡不着,多少往事在脑海中翻腾。

上海,自1842年夏天英国"复仇号"军舰闯入吴淞口开始,逐步成了帝国主义侵略掠夺中国的桥头堡、冒险家的乐园。中国人民为了独立和自由，经历了一百多年前仆后继的英勇斗争，如今上海就要回到人民的怀抱了。周而复想起自己三次来上海的经历，不禁感慨万千。第一次来上海是20世纪30年代初到光华大学读书，探求人生道路，后来在鲁迅的旗帜下，参加了左翼文艺活动。第二次是1946年，受周恩来副主席派遣，以新华日报社、新华社特派员身份到北平国共和谈"军调处执行部"工作，然后孤身去东北采访，在风雨如晦中又来到上海马思南路周公馆，从事联络进步文化人士的工作。这第三次却是以胜利者的身份进入上海。他急切想看望黎明中的上海人民。

第二天，即5月26日清晨，雨停了，天际刚露出微明，周而复就起床了，带着警卫员，坐上吉普车从圣约翰大学出来，左转弯绕过兆丰公园到愚园路。由于连续下大雨，愚园路的积水已没过膝盖，汽车只能在水中前行。

一会儿，吉普车已从静安寺路开到南京路外滩，他看到了我军正向苏州河北岸的残敌发起进攻，也看到了上海人民热烈欢迎解放军的动人情景，看到了人们发自肺腑的笑容。

陪陈毅接管旧市府

5月27日，上海战役全部胜利结束。市军管会决定，于5月28日下午2时，由中国人民解放军上海军事管制委员会主任、上海市市长陈毅前往江西中路215号接管国民党上海市政府。

接管仪式在二楼145室市长办公室举行。这是间80平方米的半圆形办公室，进门左侧顶端放着市长办公桌和皮椅子，办公桌对面靠墙有一排皮沙发，右侧靠墙放着一排木质皮垫靠背椅子。

1时55分，副市长曾山、潘汉年、韦悫，还有中共上海市委第二书记刘晓，警备司令部司令员宋时轮，上海市人民政府秘书长周林，以及沙千里、

1949年5月26日早晨，我军向苏州河北残敌发起进攻

刘丹走进145室，在沙发上就座。2时正，周而复陪同陈毅市长走进办公室。陈毅先在门口稍稍停顿了一下，环视室内陈设，和先到的曾山等同志打招呼，然后大踏步走到办公桌后面的棕黄色皮转椅上坐下。周而复坐在周林旁边的沙发上。这时由军管会代表熊中节把国民党上海市代理市长赵祖康引进了市长办公室。陈毅市长站起身微笑地和赵祖康先生握手后，请他在左侧那排椅子上坐下，赵祖康恭恭敬敬地坐在椅子的边缘。

陈毅随和地问赵祖康：陈良（国民党上海市市长）和陈大庆（国民党淞沪警备司令）是怎样逃跑的？赵祖康如实作了回答。

赵祖康是著名土木工程师，原任国民党上海市政府工务局局长。1949年2月4日，中共地下组织派人同他联系，劝他留在上海，迎接解放。4月14日，原国民党上海市市长吴国桢逃往台湾，由原市政府秘书长陈良继任市长。5月24日，陈良也要走了，要赵祖康代理市长。陈良说，共军已逼近上海，已形成攻城态势，国军恐难坚守；共军占领后对工程技术人员还会留用的，所以请赵先生代理市长，其任务是"维持治安"和"办理移交"。赵祖康因事前得到了中共地下组织的指示，便接受了代理市长的职务。5月25日早晨，他率领旧市政府工作人员在市府办公大楼上向人民解放军举起了投诚的白旗。27日，周林率军管会干部进驻市府大厦。现在，担任了三天半代理市长的赵祖康正式"办理移交"。他双手捧起旧市政府的印信,庄重地交给陈毅市长。

陈毅市长接下旧市政府的印信后,当即命人封存,作为历史的陈迹,将移送历史博物馆收藏。随后,陈毅市长用洪亮的声音开始讲话:"赵祖康先生率领旧市政府人员悬挂白旗,向人民解放军交出旧市政府的关防印信,保存了文书档案,这些行动深堪嘉许。期望今后努力配合,做好市政府的接管工作,并请赵先生在工务局担任领导。"

接着,陈毅市长来到会议室,同等候在这里的旧市政府所属各局(处)长以及我们接管旧市政府各局(处)的负责人见面。陈毅市长说:"上海市的解放是一个伟大的历史变革。几十年来在国民党反动派统治下的上海,今天已成为人民的城市了……"

这时,大门外旧上海市政府的牌子被摘下,挂上了崭新的白底黑字的"上海市人民政府"的牌子,宣告了国民党政权的灭亡和人民新政权的诞生。顿时鞭炮齐鸣,锣鼓四起,市民们拥向市政府大门口,热烈欢呼:共产党万岁!人民解放军万岁!

"文学家"受命搞统战

第二天清晨,潘汉年来到周而复办公室,告诉他:华东局在丹阳时,决定成立华东局统一战线工作部,陈毅兼任部长,潘汉年兼任副部长,因时间仓促,工作班子还未搭起来。接着以征询的口吻说:"在丹阳时我说过,你先到交际处工作一段时间后,再换其他工作。"

周而复从小就热爱文学,很想将来能成为一名文学家。于是,他坦诚地向潘汉年说出了自己的想法:"我仍然希望从事文化工作,特别是文学创作和新闻记者的工作。"潘汉年让他再考虑考虑。

仅隔一天,陈毅约他到市长办公室谈话。陈毅开门见山地对他说:"而复,我们想调你做统战工作。"接着说:"大城市解放后,统一战线工作极为重要。华东局在入城前决定成立统战部,需要熟悉上海情况、民主党派、各界知名人士的同志参加这项工作。你以前多次在上海工作过,对上海情况比较熟悉,又在香港工作过,和各民主党派负责人、各界知名人士都有交往,做统战工作比较合适。所以,准备派给你新任务,到统战部工作,你有何意见?"

为了调他做统战工作,陈毅竟亲自约他谈话,这使周而复心里很感动。他没吭声,只是聆听。陈毅觉察到他有点犹豫,便继续开导他:"你过去从事文艺工作,想搞创作。现在需要你担任统战工作,并不妨碍你今后从事文艺工作。你担任统战工作,可以接触、了解、观察、分析各阶级、各阶层人士,这对文艺创作不但不妨碍,而且有帮助。作家不是要深入生活吗?不深入生活、熟悉生活,是写不出优秀的文学作品的。参加一些实际工作,这比临时到一个地方去体验生活要好得多。"

周而复感到陈毅是十分了解他的,话说得又这样恳切,觉得自己不应该再过分强调个人兴趣,而应该服从工作需要。但是,他又担心自己未必就能做好这项工作,怕辜负党的信任和重托。

陈毅知道了他的想法后,笑着说:"华东局统战部管华东地区的统战工作政策方针,兼管上海统战工作(当时上海市委尚未成立统战部——笔者注)。我兼任部长,只管大事;汉年兼任副部长,但他是常务副市长,主要工作在市府;你担任华东局统战部秘书长,部里日常工作由你负责,放手去做,有什么问题我负责,不要有什么顾虑。"陈毅的信任和鼓励,使周而复消除了顾虑。

周而复墨迹

周而复三访张元济

偌大个上海刚接管下来,百废待兴,大量事情急待去做。周而复走马上任后的第一项重要工作,就是陪陈毅市长拜访文化、科技界的知名人士。陈毅市长首先来到虹口区海伦路504号,看望沈尹默。

沈尹默是新文化运动的倡导者之一,曾担任《新青年》编辑、北京大学校长,又是著名诗人和书法家。沈尹默对陈毅市长在百忙中登门看望自己,十分感动。陈毅市长说:"党和政府需要像您这样的知识分子。我进城后,访问知识分子,你是第一个。"接着,周而复又陪同陈毅看望了任鸿隽、秉志等,还到枫林桥原国民党中央研究院,同学术界、科技界著名人士张元济、竺可桢、茅以升、秉志、顾颉刚、罗宗洛、周仁、冯德培、王家楫、王应睐、赵九章等见面座谈。张元济代表大家讲话,控诉国民党反动派迫害学界知名人士的罪行,并表示学术界、科技界和全市人民一道,要实事求是地努力,协助人民政府建设新上海。

事隔不久,张元济患瘫痪症。周而复向陈毅报告后,陈毅市长便和他一起到上方花园张老先生家中探望。张先生躺在床上,见陈毅市长亲自来探望,激动得热泪盈眶。陈毅和周而复坐在张老先生病榻旁,亲切地询问病情,并安慰他,政府会想尽办法给他治病的。随后,周而复根据陈毅市长指示,请卫生部门组织名医为张老先生会诊,在他们的帮助下,张元济的病情开始好转。当周而复再次代表陈毅市长去探望时,张老已恢复了口语表达能力,也能坐起来,还可以写字了。后来为邀请张元济出席第一届全国政协会议,周而复三访张元济,向他传达中央指示。张元济十分激动地说:"人逢喜事精神爽,我的健康状况好转多了,遵示赴平。"

显真诚休会听意见

周而复一直铭记周恩来副主席要"广交朋友"的教诲,平时十分注意结交各路朋友,倾听他们的意见。而一些党外人士也都愿意将心里话告诉他。

一天,周而复正在主持一个会议,民盟的陈仁炳来到统战部,要找领导同志提意见。他知道后，立刻暂停会议，到会客室热情接待。陈仁炳心直口快，一口气讲了统战工作存在的许多问题。在座的工作人员感到他言过其实，不耐烦了。可是，周而复却始终笑脸相待。等他讲完以后，周而复首先感谢他对统战工作上的缺点错误能坦诚提出批评，又对他的某些误解进行了解释，然后引用了毛主席《七律·和柳亚子先生》中的诗句"牢骚太盛防肠断，风物长宜放眼量"，劝他多到工厂、农村去看看新气象。陈仁炳微微点头，态度变得和蔼了，并说："刚才有些话说漏了嘴，别无他意，请见谅。"周而复笑着说："你在大学的大课堂讲课，养成了声高气扬的习惯。你能把自己的想法当面说出来，说明你相信朋友，有什么可计较的？"周而复送他到楼梯口，陈仁炳愉快而归。

事后，周而复嘱咐在场的干部把陈仁炳谈话中的正确意见整理出来，转有关部门，并督促改进。他还介绍大家读茅盾的短篇小说《春天》。他说，许多朋友曾以不同方式参加过推翻国民党反动统治的斗争，希望有个新中国。现在新中国诞生了，中国发生了巨变，他们又感到有些不习惯，这不足为奇，要耐心做工作。这正是我们的任务之一。

又有一次，胡子婴来到统战部找周而复反映情况。胡子婴穿着入时，油头粉面，衣服上还喷了香水。她到过的电梯里、会客室里都有一股较浓的香味。有人看不惯，认为这样的人进出机关影响不好。

周而复听到这些话后，严肃地指出："我们的工作是团结一切可以团结的人。建设新中国，各种人都来是好事情，有什么影响不好？这位穿花衣裳的女士，解放前积极支持民主运动，是我们的老朋友；现在又团结工商界朋友响应政府号召，到共产党机关里来研究工作，有的同志却说'看不惯''影响不好'，这种看法是错误的。"他说，提意见的人肯定是很革命的，不过连穿花衣裳都害怕，还有什么无产阶级要解放全人类的气概！

为了更多地接触和倾听社会各界人士的意见，除了登门拜访外，周而复还组织了一系列知名人士座谈会，使各界人士充分了解党的方针、政策，与党和政府同心协力，为恢复上海国民经济献计献策。

"七一"前拜访宋庆龄

晚年周而复

1949年6月30日下午6时,华东局统战部在逸园饭店大礼堂隆重举行中国共产党诞生28周年纪念大会。前来参加的有上海工、农、商、学、兵以及民主党派代表,文化界、科技界、工商界知名人士,少数民族、华侨和宗教团体的代表。尤其引人注目的是,宋庆龄也应邀前来出席此次盛会。

会前,周而复专程到林森中路1803号(今淮海中路1843号)拜见宋庆龄。此前他曾见到过宋庆龄两次,第一次是1936年在鲁迅的追悼会上,第二次是1945年秋天在重庆,但相互间没有交谈过。这次是受陈毅市长委托专门来邀请她出席"七一"纪念会的。当周而复乘车到达时,宋庆龄已经在楼下会客室等候。周而复先向宋庆龄表示问候,接着就汇报"七一"纪念会的内容安排,并呈上请柬。宋庆龄听着汇报,连连点头说:"好,好的。"虽然她当时身体不适,还是欣然同意出席,并说:"我也很想和同志们见见面。这是个难得的机会,我也讲几句吧。"为此她认真准备了贺辞。

庆祝会上,陈毅代表中共中央华东局发表讲话。他回顾党的历史说:"过去的二十八年中,我们遇到困难最多,但敝党与中国人民能团结奋斗,便战胜了困难,争取到胜利。今后敝党在建设新中国的过程中,当然仍旧要和中国各界人士团结一致,共同奋斗。"

当周而复宣布孙夫人宋庆龄同志讲话时,全场响起热烈掌声。她因身体不适，贺辞由邓颖超代为宣读：

这是中国人民生活中一个伟大的时期。我们的完全胜利已在眼前。向人民的胜利致敬！

这是我们祖国的新光明。自由诞生了。党的光辉照耀到反动势力所笼罩的每一个角落。向人民的自由致敬！

这是胜利的高潮，荡漾到每一个口岸。各国人民运动风起云涌，把我们的力量和他们的合在一起，加强这勇敢的战斗。向全世界民主斗争中的同志致敬！

欢迎我们的领导者——这诞生在上海，生长在江西的丛山里，在二万五千里长征的艰难困苦中百炼成钢，在农村的泥土地成熟的领导者。向中国共产党致敬！……

宋庆龄的诗一般的贺辞，代表了各民主党派和各界人士的心声。

周而复在《上海人民站起来了》一文中，曾谈到当时的情景："陈毅同志亲自领导的统一战线工作，经过一个月多一点时间的努力，各民主党派各界人民都同中共中央华东局和中共上海市委团结在一起，结成坚强的统一战线。六月三十日显示了这个统一战线的伟大阵营。"

周而复在新上海工作了整整十年，先后担任中共中央华东局统战部秘书长、第一副部长，市委宣传部副部长等职务。1959年由陈毅副总理提议周而复调往北京工作。

周而复对上海怀有特殊的感情。他以在上海十多年的工作和生活的积累，创作了170万字的长篇小说《上海的早晨》，为历史留下了关于建国初期上海城市的回忆，从而也奠定了他在中国文坛的地位。

为了人民的上海

迟浩田

1997年5月27日,是上海解放48周年。作为当年参加解放上海作战的一名老战士,每当日历翻到这一天,我的心情就难以平静,深深地怀念与上海人民并肩战斗的日日夜夜,深深地怀念直接指挥这次战役的老一辈革命家和老首长,深深地怀念为解放上海英勇牺牲的战友们。

把人民的上海完整地交给上海人民

解放上海,不仅是一场伟大的军事战役,而且是一场伟大的政治斗争。上海是当时世界东方的金融、贸易、信息中心,是亚洲第一大城市,战略地位十分重要。毛主席在党的七届二中全会上指出:"进入上海,中国革命要过一大难关。"为什么是一大难关呢?难就难在要从国民党手中夺回上海,完整地交给人民。这个"完整"可不简单。一方面,上海人口稠密,大厦林立,工商企业集中,外侨也很多;另一方面,上海是国民党反动派长江防线上的重点,猬集了二十多万军队,修筑了大量永久性防御工事。汤恩伯曾向蒋介石夸口:"上海的防御设施比斯大林格勒还要坚固百分之三十三。"单纯从军事力量对比看,上海当时已成为孤岛,我军占有绝对优势。如果采取强大火力攻

迟浩田

击，几个小时就可以把上海变为废墟。但是，我们不能这样打。因为在这个城市里，有五百万父老乡亲，有巨大的物质财富，这是劳动人民的血汗，是进行新中国建设的重要物质基础。我们既要在军事上消灭敌人，拿下上海，又要保证上海人民的生命和财产安全，这是一个两难的选择啊！但是，必须两者兼顾，这是对我们军队的一次严峻考验。

党中央、中央军委和华东局、总前委高瞻远瞩，从政治、军事、经济和国际形势诸方面通盘考虑解放上海的战略问题。军委明确提出，战役指导要立足于大胜、全胜。陈毅和邓小平同志据此告诫参战部队各级指挥员，单纯军事上占领是小胜，只有完整地把上海交给人民才是大胜、全胜。陈毅同志形象地说，解放上海就像"瓷器店里捉老鼠"。既要捕住"老鼠"，又要保住"瓷器"，使"瓷器店"完整无损，做到两全其美。总前委经过反复权衡，采取了重点攻打吴淞、引敌出城、外围作战、断敌海上退路的作战方式。这种打法，把攻击的重点放在吴淞，暂不攻击市区。这样，既可以封锁敌人海上退路，又能迅速切断敌人抢运上海物资的通道。如果敌人要坚守下去，必将为保护其唯一的海上退路而集中力量在吴淞周围与我军决战，这就可以避免在市区进行大规模的战斗，使城市少受破坏，达到完整接管的目的。果然，随着解放军在月浦等地步步推进，在浦东直逼高桥，汤恩伯终于沉不住气了，将驻守市区的第75军调到浦东，结果被我军歼灭。我军在外围的钳形攻势，又迫使大量敌军缩守于吴淞口两侧地区以保其出海逃生之路。上海市区的国民党军大减，为攻取市区、减少损失造成了有利态势。

为把上海完整地交给上海人民，我军官兵英勇作战，甘洒热血，宁可自己多付出牺牲，也要保护人民，保全城市。总前委规定：进入市区作战尽可能不使用重炮攻击。陈毅同志提出"三个不打"，即：看不见敌人不打，打不中敌人不打，有人民群众不打；并提出，为了保护上海的楼群，让大炮休息；为了保护上海人民，让炸药靠边。由于没有炮火攻击和掩护，部队正面进攻伤亡很大，少数同志埋怨说："哪里有陆军作战不让用大炮的道理？这好比拳击，只让用右手不让用左手，这意味着我们的战士要付出巨大的牺牲。"

在向苏州河北岸推进中,敌人凭借高楼大厦,居高临下构成凶猛的火力网,严密地封锁了河面和街道、建筑;敌人在北岸各桥头均设有碉堡,并有坦克流动巡守。部队多次用轻武器攻击桥头,都受到挫折,伤亡很大。指战员们被激怒了,有个单位把山炮营拉上来,瞄准了百老汇大厦(今上海大厦),请求批准开炮。有位营长报告说:首长,请批准我们打两发炮弹就行了……面对这一情况,处在第一线的部队指挥员心情十分沉重。一边是年轻战友的生命,一边是上海人民的生命和财产,这架天平究竟倾向哪一边啊!从当时的实际情况看,不使用炮火要夺下桥头,的确是十分困难的。但是,一旦批准打炮,整个北上海的建筑群,很可能顷刻间化为灰烬。怎么办?部队党委立即召开紧急会议,统一思想。有的同志尖锐地指出:"前面的战士在流血,不能再拖延了!我们倒要问问首长,是爱无产阶级的战士,还是爱官僚资产阶级的楼房;是我们干部战士的鲜血和生命重要,还是官僚资产阶级的楼房重要?!"当时,部队领导向大家说,现在我们争论的焦点,不在于战士重要还是楼房重要。第一位的问题,是苏州河北岸有上百万人民群众,一炮打过去,会伤亡多少人?不打炮,我们要多伤亡一些战士;打了炮,会伤亡多得多的人民群众。我们也跟大家一样,爱惜战士的生命;大家也跟我们一样,爱惜上海人民的生命。爱战士与爱上海人民,在本质上是一致的,但作为人民军队的指挥员,无论在什么情况下,最优先考虑的必须是人民群众的安危。说到底,我们为渡长江、战上海而流血,而牺牲,不正是为了解放上海人民,为了保障上海人民生命财产的安全吗?要算账的话,首先要算这个大账。再说,现在那些楼房还被敌人占领着,再过几个小时,我们从敌人手里夺回来,它就不再属于资产阶级,而是属于人民。我们没有任何权利毁坏它,必须尽最大努力去保全它。经过反复讨论,部队进一步统一了思想,纷纷表示要坚决履行把上海完整地交给人民的诺言。于是,部队很快改变了战术。一部分部队在苏州河正面佯攻,另一部分主力拉到侧翼,天黑后涉过河去,沿苏州河北岸,从西向东袭击,抄敌人的后路。战斗中,桥头堡里的敌人疯狂地扫射着,浓烈的硝烟味呛得人透不过气来,无私无畏的人民战士早已把生命置之度外。虽然没有大炮掩护,他们仍然穿行在密集的弹雨下,时而匍匐前进,时而疾速滚进。在外滩上,在苏州河桥头,我们有许多战友光荣地牺牲了。他们用鲜血和生命实现了党中央、中央军委和总前委的战略意图,向人民交了一份合格的答卷。

陈毅:"说不入民宅,就是不准入,天王老子也不行!"

解放军部队进入上海市区后,霏霏细雨下个不停,马路上雨水流淌。由于连日战斗,战士们极度疲劳。但是,为了不惊扰市民,夜里指战员们就地和衣而卧,怀里抱着枪,靠在一起,熟睡在湿漉漉的人行道上。有的被冻醒了,就抱枪而立,等候着黎明的降临。拂晓,市民们打开门窗,看到马路便道上,睡满了解放军,深受感动,许多人流下了热泪。市民纷纷请战士们进自家房子,但谁也没有进去。上海人民在马路上认识了自己的子弟兵,由此产生了特殊的亲情,子弟兵也以此奉献给了上海父老乡亲第一个"礼物"。当时,世界许多大通讯社纷纷报道解放军战士露宿街头的场景,许多报纸将解放军战士冒雨酣睡街头的照片刊登在显要位置。我国著名科学家竺可桢曾经目睹了这一场景,并在日记中详细地作了记载。攻城部队不入民宅,不是偶然的,而是有着统一的、严格的纪律。进入上海三个月前,陈毅同志就曾对这一条进行了细致的研究。他说:"历来军队入了城,往市民家里一住,干好事的不多。我们部队进去住哪里?要考虑。"他听说史书上有过军队"不入民宅"的记载,就要求反复查找。后来,《入城守则》草案便列上了这一条。对此,有些干部想不通,说遇到下雨、有病号怎么办?陈毅坚持说:"这一条一定要无条件执行,说不入民宅,就是不准入,天王老子也不行!这是我们人民解放军送给上海人民的'见面礼'!"总前委讨论了《入城守则》草案,一致肯定"不入民宅"的规定完全必要。毛主席得知后连声赞扬:"很好,很好,很好,很好。"部队攻入市区后,不扰市民,不入民宅;

骡马辎重和伙房不进市区，指战员用钢盔盛饭就餐，任何人都不私受馈赠，不私取公物，等等。各级领导干部在遵守纪律方面更为人表率，军指挥所也不进高楼大厦，军长、政委蹲在马路边上指挥作战。有的西方新闻社讲，胜利之师睡马路，自古以来都没过。市民齐赞人民解放军是"毛泽东、朱德的代表"，是"仁义之师"，真正无愧于无产阶级军队的英雄本色。

有一个连队在战斗中发现一座楼房被敌炮弹击中起火，几十名群众被困在楼上。该连指战员冒着敌人的炮火搬来梯子，将群众从窗口一个一个救出来，转移到了安全地带，指导员为此负伤，一位战士在楼上被烈火围困，英勇牺牲。部队指战员不但用生命保护人民群众的安全，而且还千方百计保护人民群众的财产。一次战斗中，一伙敌人趁机敲诈一个商店老板十根金条。后来，我们的部队抓获了这一伙敌人，查清这件事，将那十根金条送还商店老板。老板连声赞叹说："了不起，了不起！解放军真是太好了，金条都不要！"上海刚解放不久，突然一场台风袭来，造成了三十多年未有过的巨灾。海塘决堤，郊区几十万人遭灾，市区内水深数尺，树倒房塌。部队火速出动，抢救灾民脱险，捐献衣物，送去米面。为救济失业工人，部队指战员每人捐献一斤粮食和一天的菜金。在市郊宝山县，由于坏人造谣和威胁，一些群众不敢接近我军。部队发扬在老区"地面干净水满缸，助民劳动不怕脏"的传统，以打击匪特的实际行动来感化群众，用给村民写信的方式来沟通思想，军民关系很快融洽了，暗藏的坏人也被揭发出来。群众相互传颂说：国民党兵来了，家家遭殃，鸡犬不宁，如今解放军来了，是军民互爱，歌舞升平，真是两种军队两重天，换了人间。

我军指战员对上海人民的深厚感情，不仅在生死关头、关键时刻，而且也在平时的一举一动中反映出来。为了不给群众添麻烦，总前委对进城部队的行动，作了具体细致的规定。如所有部队一律不准在市区内购买物品，包括香烟、肥皂之类的日用品，以免影响市民的生活秩序，饭菜必须在郊外营地做好送来，大小便一律在临时改装过的大篷车内进行。我军严格遵守纪律的模范行动，使上海人民深受感动，民众纷纷以各种方式进行慰劳，表达对人民子弟兵的感激之情。有一个商人夜里主动送烧饼慰劳在他家门口值勤的战士,被婉言谢绝后,又送给新接岗的战士,又被谢绝,连送三四次,直到天明,没有一个人接受。当时,部队后勤供应还比较困难,战士们有时一天只能吃到一餐,可是对自己警卫的食品仓库里堆积如山的饼干、白糖和其他食品,都自觉不动。有一个班单独执行警卫音乐专科学校的任务。开始,战士们每天都是吃干粮、喝生水、啃咸菜、睡地铺。教师们诚恳地要他们到床上睡,他们不去;教师们送来开水,并疼爱地对战士们说:"喝自来水容易生病!"战士们笑着回答:"为了解放全中国,我们喝过山水、井水、河水、江水,如今喝自来水是改善生活了!"有位战士写了一首打油诗:"想上海,进上海,进了上海得到两条破麻袋,又是铺,又是盖,晚上睡觉怪凉快!"生动地反映了我们干部战士为维护人民群众的利益甘于吃苦的崇高精神。

上海地下党积极配合解放军作战

正如江泽民主席精辟指出的那样,上海战役的胜利,是中共上海地方组织积极配合人民解放军作战的胜利,是上海人民大团结的胜利。

上海是一个有着光荣革命传统的城市。在解放上海的过程中,中共地下组织根据党中央关于发动群众、配合解放军解放和接管上海的指示,为迎接解放进行了全面部署,领导全市人民开展了迎接解放的各项工作,有力地配合了我军的军事行动。地下组织通过各种渠道,收集了《上海防区布防图》等大量敌军情报,及时派人穿过敌人防区送交解放军。同时,设立了党的地下武装总指挥部,对原有护厂队、护校队、纠察队统一编制,并成立了地下武装——人民保安队,在全市范围内开展护厂、护校、反破坏、反迁移的斗争。地下组织把分散在国民党市政机关、官僚资本企业、市政公用事业等系统的党员组织起来,一面做管理、技术人员的工作,一面对各类财产、档案加以清理、登记,使绝大部分管理、技术人员留了下来,使绝大部分物资、设备、资金和档案完整地保留下来。邮政、电信、公交、水电等部门的中共地下组织，在领导工人护厂护台护车的同时，坚守岗位，照常工作。5月24日，上海市区解放，还处在敌占区水厂、电厂的中共地下组织，领导工人们一边与据守工厂的敌人周旋斗争，一边克服困难坚持正常生产，始终未中断对已解放市区的水电供应。为了瓦解、策反敌军，上海地下组织专门成立了策反委员会，做了大量工作。市区解放后，苏州河北岸的敌人还在负隅顽抗，策反委员会的同志知道情况后，主动协助解放军，通过关系与国民党京沪杭警备副司令刘昌义取得了联系，给他分析局势，指明出路，迫使他同意率部放下武器，使解放军迅速撕开了国民党军队苏州河北岸的防线，继续横扫顽抗之敌。当解放军进入市区后，许多地下党员冒着生命危险为解放军引路、当向导，协助解放军救护伤员，维持地方秩序，宣传党和解放军的政策规定。市区刚解放，党领导的上海人民团体联合会暨366个团体就发表了欢迎解放军的宣言，要求各行各业协助军管会，迅速恢复生产、恢复营业、恢复上课。上海这样一个国际大都市，能被迅速、完整地解放，并立即恢复正常的生活秩序，如果没有地下党组织强有力的工作，是难以想象的。江泽民主席曾经指出："在中共地下组织的配合下，甚至在战火纷飞中，电灯依然通明，电话依然畅通，煤气、自来水依然供应，公共交通依然运行不断。这是城市攻坚战的奇迹。"

在迎接解放的日子里，上海人民积极支持、协助解放军作战，为打败敌人、保全上海作出了巨大的贡献。上海外围战时，占据杨树浦发电厂的敌人，在锅炉房顶上架设了火炮，对解放军进攻构成了很大威胁。工人们发现后非常着急，找到敌军连长，吓唬说万一炮弹击中锅炉引起爆炸，方圆数里内将全部化为灰烬。敌人害怕了，赶快撤下了火炮。许多工厂部门的工程技术人员收藏了档案、图纸，保护了贵重设备，完整地交给人民；许多工商界人士想方设法摆脱国民党的威逼胁迫，留在了上海，准备为人民的事业效力。上海一解放，人民保安队、工人纠察队就与解放军组成联合警卫指挥部，维护社会治安，不少工厂的门岗一边是解放军，一边是工人。解放军进驻上海市区后，上海各大中院校学生自动组织慰问队，分头给解放军送水、送烟、送花、表演秧歌、活报剧,街上贴满了欢迎解放军的标语,人们欢呼着涌向街头,庆祝解放。

数十万解放区民工支援上海战役

上海的解放,也离不开老解放区人民的无私支援。苏鲁皖老解放区广大翻身农民,为了保卫家乡,保卫胜利成果,克服困难,竭尽全力支援前线。上海战役前夕,苏北、皖北、山东随军支前民工达数十万人,筹集粮食1.2亿斤、食油700万斤。真正做到了部队要人有人,要粮有粮,要物有物,部队打到哪里,人民就支援到哪里。浩浩荡荡的支前大军,推着小车、挑着担子、抬着担架,绵延不断地行进在江南的小道上,绘成了一幅波澜壮阔的人民战争画卷,给广大指战员以极大的鼓舞。负责运送伤员的民工团,为了救护伤员,专门组织民工向解放军医护人员学习了包扎等护理常识,差不多每副担架的民工都有一套自制的护理伤员的器具,用于喂饭喂水、接尿接屎。江南的五月,天气多阴雨,担架六团为每副担架都打了一领苇席,给伤员遮雨。运粮的民工团,普遍开展了"不撒一粒粮,不淋湿一粒粮"的爱粮运动。遇到下雨,民工们宁可自己淋着,也要把蓑衣、雨衣等盖在粮食上。配属部队在火线运送弹药粮食的民工团,部队冲到哪,他们就跟到哪,保证了战斗的需要。陈毅元帅曾经说过,淮海战役的胜利,是人民群众用小车推出来的。上海的解放,也同样可以说,是解放区人民用小车推、用担架抬、用肩膀扛出来的。

携手迎接新上海的曙光

进城后,人民军队和人民政府面临的困难是非常严峻的。工业已陷入半解体状态,市民生活极度困难,敌对势力异常猖狂,治安情况十分混乱,社会秩序很不安定。一旦接管搞不好,城市停工停电停水,经济大混乱,社大动荡，上海就会变成一座"死城"，我们在上海就站不住脚。因此，我军在完整地把城市交给人民之后，立刻以极大的热情，与上海人民一道开始了整治、重建上海的伟大斗争。

打击投机，安定人民生活。国民党逃跑之前，从上海运走黄金277.5万两、外币1 537.4万美元、银元1 520万元，而把一钱不值的巨额金圆券塞到市民手中，致使物价飞涨，人民苦不堪言。为扭转这一局面，军管会决定查封大投机商操纵银元市场的活动中心——证券交易所。6月10日上午，部队和公安人员分五路出动，包围了八层高的证券大楼，对楼内进行证券交易和投机活动的2 000多人逐个清理盘查，正当商人先后释放，250名投机主犯被扣押，市民莫不拍手称快。这场干净漂亮的突击战，霎时传遍上海，震动全国。第二天，银元市价从2 000元猛泻到1 200元，大米跌价一成。第三天米价再跌一成，食油跌一成半，提着米袋、拎着油瓶的上海市民笑逐颜开。"银元之战"，成了人民政府与上海旧经济势力交锋中取胜的第一个回合。

同甘共苦，粉碎海上封锁。上海解放后，帝国主义和国民党残余势力并不甘心他们的失败。6月23日，蒋介石对我实行海上封锁，企图以此阻止我内外交通，断绝重要物资供给，破坏上海的生产建设。为了取得这场斗争的胜利，解放军指战员发扬艰苦奋斗的光荣传统，开展整编节约运动，大力减少开支，克服眼前困难。陈毅市长身体力行，在国民党特务伺机刺杀他的紧张情况下，将自己的警卫人员从16名减为6名。他带头在机关食堂改吃大灶，所有高级军政干部无一例外。仅7月份，解放军指战员就省下20万石军粮，全部用于支援反封锁斗争，上海各界群众深受鼓舞。通过人民军队和上海人民的共同努力，上海工业终于从萧条困难中挣扎出来，走上了复苏，取得了反封锁斗争的胜利。

除旧布新，化腐朽为新生。上海虽然解放了，但繁衍在这片土地上的毒菌还在散播腐臭。十里洋场，赌场、按摩院数不胜数，大小妓院几百处；流氓帮会名目繁多，他们聚赌抽头，拐卖人口，贩卖毒品，偷盗绑票，无恶不作，成了上海底层社会的实际控制者。为了确保当时社会的安定，更为了新上海的明天，军管会在摸清情况的基础上，先后正法了一批如"江北大亨""码头春宝"等罪恶深重、民愤极大而又继续作恶的流氓恶霸，刑场周围数千群众燃放鞭炮庆贺，猖獗的流氓帮会迅速得到了清除。

　　一尘不染，永葆人民军队本色。部队刚进驻上海时，在一片欢迎解放军进城的欢腾景象中，也夹杂着一些低级庸俗的东西。战士在街上执勤，一些别有用心的坏人，故意从楼窗里把一包包钞票、香烟、糖果扔到他们脚下；晚上，一些打扮得妖里妖气的女人拦住他们，无耻地纠缠，妄图以此来腐蚀我们战士的革命意志，损害人民军队的尊严。但金钱美女毁不掉共产党领导的人民军队。战士们愤怒地踢开抛来的钞票，斥退无耻的引诱，表现出了人民战士的高尚气节，赢得了上海人民的衷心爱戴。短短的几个月，上海发生了翻天覆地的变化。没有了烟馆赌场，没有了舞女妓女，青、洪帮销声匿迹，社会风气日益健康向上；物价控制住了，工厂继续运转，资本主义工商业得到了初步改造。这些都为以后顺利进行社会主义改造奠定了坚实的基础。当时，波兰一家报纸说："解放了的上海，再也不是世界污水沟了。"印度《实业报》赞叹道："新的人民政府管理下的上海，是东方的骄傲！"

解放上海亲历记

刘庆泗

解放战争期间,我在华东野战军第26军新华社26支社任战地记者,经常深入部队,亲临火线与战士们并肩作战,获取了大量的第一手材料,写下了许多动人的战斗故事。这里讲述的是1949年解放上海时的三则小故事。

炮火中的人桥

两天来,前沿阵地的战斗并不十分激烈。敌人的重要据点杨行、刘行、真如已被我军包围。但是,从缴获的敌人的材料来看,汤恩伯对"保卫"上海似乎还有信心,说什么上海"稳如磐石"。这是打肿脸充胖子,实际上,他的20万残兵败将已成瓮中之鳖。

5月23日下午4时,团部来电话说,我东线兵团已攻占浦东高桥,卡住了敌人顺黄浦江向海上逃跑的通道;由沪杭线进军的兄弟部队,已攻下虹桥机场,步步进逼市郊。今夜可能发动总攻击,要配合兄弟部队拿下大场、真如,直逼江湾,向吴淞口进军,切断敌人的退路。为了扫清向敌人发起总攻击道路上的障碍,一连的任务是在泾河上架一座浮桥。

晚上7时半,二排在梁副指导员的率领下,冒雨出发了。天黑得伸手不见五指。1 000米外就是敌人的地堡群。他们踏着泥泞的田埂,一步一滑,摔倒了爬起来,悄悄地走到了离敌人的前沿工事只有300米远的泾河边。敌人最终发现了我们的行动,用猛烈的火力封锁河面。二排派出两名战士,到离浮桥100米远的白杨树旁燃起两堆火,吸引了敌人的火力。二排长余凯和五班班长任清奎抓住这个时机,迅速用绳索把桥一节节接好,战士林金跳下齐胸深的泾河，把桥徐徐地拉到水面。不到10分钟，浮桥架好了。

二排突击队跃上浮桥，向对岸冲去。刚过了一个排，浮桥就被敌人发现了，一发炮弹落在浮桥上，桥身被打断，有几节桥板被湍急的河水冲了下去。共产党员、五班长任清奎和四个战士立即相继跳下水去，重新把桥架好。突击队又过去了一部分，但桥又被敌炮打断了。这时，副指导员发出号召："会游泳的共产党员全部下水，用自己的肩膀当桥柱，搭成'人桥'，让突击队全部过去！"说罢，他首先跳下水去，二排会水的党员和许多战士都纷纷下水，把桥身扛在肩膀上。雨如瓢泼，河水不断上涨，敌人的炮火也越来越猛烈，但是，湍流中的"人桥"却岿然不动，突击队员一个接着一个踏着"人桥"冲过去了。突然，一颗子弹打穿了五班长任清奎的右肩，剧烈的疼痛使他几乎倒下去，但他知道任务还没有全部完成，他咬紧牙关，坚强地挺立在滔滔的波涛之中……

激战塘桥

5月24日清晨，固守塘桥据点的蒋军54军873团，为了挽救被歼灭的厄运，集中了所有的榴弹炮、野炮、山炮、重迫击炮等，加上重型轰炸机配合，对我们的阵地进行猛烈的轰击，这就是敌人叫嚣的所谓"绞杀战"。从拂晓一直打到上午10时，我们的野战工事遭到了很大破坏，弹坑像鱼鳞一样密布在我军阵地上。

战士们隐蔽在弹坑里，静待着敌人步兵的出动，但一直不见外面敌人有什么动静。一连的战士们说，敌人的炮火很活跃，步兵是草包，打炮的是给他当兵的壮胆。

10点半，蒋军约以两个营的兵力，向我一营阵地扑来。营机炮连的战士们看得清清楚楚，当敌人由交通沟向我方运动时，班长小葛主张立即开炮。连长制止说："等敌人爬上交通沟，在平地上狠狠打。"果然，一会儿敌人爬上来了，开始时鬼头鬼脑，走几步就趴倒观察，500米，200米，足足走了半个多小时。他们见我军阵地一枪不发,以为这里的解放军真的被他们消灭了,于是大胆地向前冲来。当敌人离我方阵地只有100米时,我们还是一枪不放。这样的沉寂,使敌人又犹豫起来。当敌人走到离我方阵地80米时,营指挥所上空才升起了反突击的信号弹,霎时间,手榴弹、小包炸药,各种武器一齐射向敌群。敌人被这突如其来的火力打懵了,有的被打跑了,有的就地卧倒,有的倒在地下再也爬不起来了。但也有一股敌人突破了一连的前沿阵地,占领了一段壕沟,企图等待后续部队的到来。一连周指导员见此情景,当机立断,组织二、三排的火力,压制敌人,随即带着一排的两个班,从北面冲过去。战士们端起刺刀,勇猛地冲向敌人。

营教导员右手用纱布吊在脖子上,左手提着枪,顺着交通沟,跑到一连的阵地上。他大声地喊道:"红军连的同志们,报告你们一个好消息:兄弟部队昨夜攻入市区,上海南市已全部解放。敌人不投降,就坚决消灭他!"这个消息比春雷还响,比重炮还有力,战士们奋勇跃出战壕,迅速消灭了突入一连阵地的敌人。全营战士以雷鸣电闪之势,冲向塘桥。塘桥的敌人在坦克掩护下向南逃去,我们的战士紧紧追赶,把敌人的重要据点——大场,重重包围了起来。

5月25日晚上9时,经过激战一整天的一营,奉命进行整顿。部队在露天休息,各连干部到营部开会。会上,教导员传达了上级的命令:自兄弟部队全部解放南市后,守敌已处于混乱状态,汤恩伯、陈大庆已于昨夜溜出上海,上海即将全面解放。今夜,我营要绕过大场,直奔江湾,配合兄弟部队解放上海苏州河以北地区。为了不使上海的建筑物遭到破坏、市民受到伤害,一律不得使用重武器,要短兵相接。要大力开展政治攻势,争取大批敌人放下武器。

12时,部队冒着蒙蒙细雨出发了。上海这座不夜城,远远看去,灯火还是那么通明。在我们的行列里,老杜更是激动得厉害。他终于走到了自己的家门口。他低声地告诉我:"越靠近上海,心里越急,恨不得一步就走到。"老杜的心情是可以理解的,在那不远的地方,有和他一起战斗过的工人兄弟。他虽然腿伤未愈，右臂上又扎紧了绷带，但在急行军中，他依然像健康人那样健步如飞！

韩营长血洒江湾

5月26日清晨4时，我227团一营接近了固守在东江湾东北体育场的蒋军青年军一个团。敌人似乎还在睡梦中，因为他们前天晚上才开过"保卫上海祝捷大会"。当官的说，大场、真如是钢铁阵地，解放军要想前进比登天还难。当枪声惊破了他们的美梦时，当官的还在大声喊道："不要慌！共军还在苏州河以南和真如以西，这是来换防的友军，不要发生误会。"我们的轻重火器猛烈地"发言"了，告诉他们不是"友军"，而是人民解放军来了。这时，敌人才如梦初醒，手忙脚乱地还击着。我们马上派一个刚捉到的俘虏，要他把一封劝降信送进去。大约半小时后，敌人仍没有投降的意思，并组织了两个连的兵力，向我三连阵地反扑过来。战士们恨极了，在教导员的指挥下，端起刺刀冲了过去，一部分敌人缴枪投降了，一部分狼狈逃窜了，另外留下了几十具尸体。

但是，前面还有四个地堡，敌人的重机枪仍在喷吐着火舌。部队第一次进攻受挫，领导上又把一连调上来，经过连续爆破和火炮轰击，敌人的地堡成了哑巴。营长韩耀亭继续指挥部队向前进击，突然，一颗罪恶的子弹飞来，他摇晃了一下身体，大声喊道："同志们！我们要坚决……攻进去……彻底完成解放上海……"声音渐渐地弱下去，接着人也倒了下去。通信员赶紧奔过去，把他扶在自己的身上，连声喊着："营长！营长！"他微睁两眼，胸口的鲜血不住地向外溢出。

这时，教导员也飞奔过来，蹲下身子俯视着他的脸。韩营长那失血过多的脸庞上，挂着一丝笑意，吃力地说："你们快攻进去！快！"说完，他双目紧闭，担架迅速把他抬走了。教导员的眼泪扑簌簌地流下来。他猛地站了起来，张大了那双布满血丝的眼睛，举起匣子枪，厉声喊着："同志们！共产

解放军战士将《入城守则和纪律》绘成图片，挂在背包上，一边行军一边学习

党员们！我们要坚决彻底消灭不缴枪的敌人，为韩营长报仇！"复仇的火焰燃烧着每一个战士，英勇的战士们一个接着一个冲了过去，消灭了残敌。

　　5月27日下午4时，上海外围和市区的敌人被全部肃清。4时30分，我们部队从五角场出发，在蒙蒙细雨中进入市区。当部队行进到南京路外滩时，沿途都是欢迎的人群，工人、学生扭着秧歌，敲起锣鼓，扛着红旗，在雨中欢迎我们。这时，一位白发苍苍的老人家，颤巍巍地从人群里挤过来，激动地拉着一位战士的手说："同志啊，今天可把你们盼来了！"他用手指着滚滚东去的黄浦江说："侵略者的军舰滚出去了，我们中国人从今以后可以直着腰杆走路了！"在他的眼睛里，闪动着兴奋的泪光。

进军大上海

望　阳

> 席卷神州解放风，
> 雄师百万下江东；
> 至今犹忆入城日，
> 夹道献花万巷空。
>
> ——集陈毅诗句

1949年5月24日。

夜幕降落。沉浸在迷蒙夜色的上海市区，东一片西一片地映射出耀眼的红光，不时响起的冷枪声震颤着这个东方大城。

第27军军长聂凤智走出临时设立在虹桥路的前沿指挥所，举首东眺：柔静的灯光照耀着鳞次栉比的高楼大厦和囪突库房。他知道再向前跨进几步，就可以置身于上海市区了。

在向市区发起总攻的前夕，他命令作战科长刘岩，再对各师的战斗准备做一次检查。军用地图上的道道红线，标示着第27军所属的第79、80、81师三个师，将北起苏州河南岸，南抵黄浦江左岸之正面，由西向东，分成多路向市区突击。下午就攻占了梵皇渡车站的"济南第一团"，战士们个个摩拳擦掌，心里充满激动和自豪！因为他们的任务是沿着南京路这条上海的大动脉，直取摩天高楼国际饭店和黄浦江外滩啊！

这时，上海海关大楼的钟声，清脆地响了九下，向市区的全线总攻开始了！

智取国际饭店

第27军79师所辖之"济南第一团"（第235团），作为前哨部队，神速地沿着愚园路、南京路向市中心穿插挺进。

当"济南第一团"的先头部队进抵静安寺一带时，已是深夜23点。静安警察分局的中共地下组织，在部队未到达前，就已将警察分局国民党骨干分子缴了枪，看押起来。其他人员列队、枪支弹药排放桌上，等待我军接收。"济南第一团"派参谋长单文忠，按静安警察分局的名册、清单，一一清点、验收，并留下特务连一个班维持治安。同时，团政治处主任王济生，又配合中共地下组织通过电话，向上海警察总局和其他警察分局，发出迅速缴枪投降的命令。

子夜，一营的前锋抵达国际饭店一带。营长董万华得知，在这一带约有一个团的敌人，妄图利用高层建筑进行固守。他迅速将此情况报告团指挥所，自己则率部队直取外滩。

二营长杜长德奉命带领二营，包围国际饭店，令敌人投降。但敌人拒降。五连长张天德带领一个由冲锋枪手编成的突击排，向敌人发起猛烈攻击，并迅速占领了国际饭店底楼。营长杜长德在指挥部队向敌人突击时，身负重伤。敌人据高固守，一时相持不下。

教导员王延之将当面敌情报告团指挥所，请求决策。团长王景昆命令二营，先将敌人稳住。并告知说，政委邵英和参谋长单文忠，将立即赶去二营，向敌人开展政治攻势。

原来在这之前，参谋长单文忠在接管了静安警察分局并向前追赶团指挥所的路上，巧逢中共上海地下组织派来与部队联系的同志。他们一起来到团指挥所。中共地下组织的同志向团首长介绍了固守在国际饭店、先施公司、永安公司、大新公司敌人的情况：这里的敌人系保安纵队的一部分，司令姓刘，住在国际饭店第18层。因他同汤恩伯有矛盾，中共上海地下组织曾对他进行过策反工作，有争取其投降的可能。

单文忠立即叫开一家店铺的门，查到电话号码，与国际饭店18楼上的敌指挥官直接通上了电话："解放军现在已攻进上海市区，你的部队已被我们团团围住。你必须命令你的部队马上停止抵抗，否则，你会知道等待你们的是什么后果！"

"是！是！"敌人在电话中连声答应，"请贵军派出代表，我们面谈好不好？"

团长和政委当即作出决定，同意谈判。并通知敌人，谈判地点设在国际饭店西侧的大光明电影院。

就这样，作为谈判代表的政委邵英和参谋长单文忠，带领着通讯参谋李文高、侦察参谋高永信和特务连指导员邵文海，从团指挥所径直来到二营。

他们来到二营后，立刻布置部队做好攻击准备，加强军事压力，然后就跨向大光明电影院二楼。敌指挥官亦按时下楼，应约谈判投降事宜。

在与敌人谈判之时，忽然由外滩方向隆隆地窜来了几辆装甲车，并向我二营猛烈开枪射击。谈判被迫临时停止。

已做好应急准备的二营，只一个反击，就消灭了敌人，缴获了装甲车。

这个突如其来的情况，加速了谈判的进程。为了防止敌人有诈，拖延时间，邵英和单文忠在向敌指挥官交代了政策之后，就直截了当地命令道："你必须通知你管辖的部队，马上停止抵抗，放下武器，在规定的时间之内，人员全部集中到国际饭店，枪支弹药送到先施公司。不得拖延时间。"

敌指挥官唯唯称是，再三表示，只要不侮辱人格，生命安全得到保障，他就立刻下命令放下武器，不再抵抗。只是请求人、枪集中的时间放宽一点。

邵英和单文忠答应了敌指挥官的要求，又派出参谋高永信和指导员邵文海去国际饭店楼上，监督敌人缴枪投降。

但敌指挥官回到国际饭店楼上已好长时间了，却仍不见有什么动静。

二营教导员王延之带领四连一个排冲上了四楼。只听见房间里的敌人正在高声吵嚷："不能交枪！要打！……"

王延之一脚踹开了房门，带着一个通讯班就冲了进去。十几支卡宾枪同时上了顶门火，对准了敌人。王延之威武地站立在敌人面前，他把左轮手枪向桌上用力一拍，厉声地说道：

"你们都放下武器，谁动就打死谁！"

敌人似被巨雷击顶，手脚无措，只得驯服地把枪放在地上。

国际饭店的敌人被王延之这一冲，就又加快了投降的速度。时间不长，登上18层监督敌人投降的高永信和邵文海给团指挥所打来了电话：敌指挥官已对他管辖的部队下达完缴枪投降的命令。并按照谈判的规定，将人、枪分别集中待命。

不久，高耸入云的国际饭店的几个窗口上，几面白旗在夜空飘摇。

为了掌握政策，迅速迫使敌人投降，团长和政委又派政治处主任王济生，乘电梯登上国际饭店。一营原留下的一个重机枪排，也登上24层顶楼，凌空架起重机枪。

25日凌晨，国际饭店的敌人全部缴械投降了。盘踞在永安、先施和大新等公司的敌人，也分别放下了武器，等待接管。

激战外滩公园

"济南第一团"的各个营经过一夜的神速冲击，到25日拂晓前，都胜利地夺取了预定的作战目标。此时，他们按照团长凌晨下达的命令，正分别地肃清仍聚集在外滩和靠苏州河南岸的残余敌人。

一营沿南京路直取外滩。外滩公园的残敌是刚从浦东败退下来的青年军37军的一部分，一律手持卡宾枪。他们隐蔽在工事里，向着南面开阔的马路疯狂扫射，以掩饰他们恐惧的心理。

三连指导员姜呼万隐蔽在外滩南京东路口，观察外滩公园里敌人的动静。要是在往常，只消几发炮弹，几包炸药，再加上一排手榴弹丢上去，就可以痛痛快快地冲上去捉俘虏。但是现在不行。上级的命令是，即使牺牲自己，也要保住上海免受战火的摧残！

于是，副连长孙宏英带领三排，冒着敌人扫射过来的子弹，冲到黄浦江边利用地形地物隐蔽起来。七班匍匐逼近到离敌人只有70米的地方，利用敌人丢下的麻包等障碍物作掩护，逼令敌人投降。

敌人停止了射击，扯起了用白布代替的白旗。

副连长急步向西穿过马路，告诉指导员说："敌人挂起了白旗，要投降！我带七班先上去，你随后跟进！"

姜呼万听后眉头一皱，感到有点蹊跷。

他立即随孙宏英来到黄浦江边的防波堤下。在这里，他可以把外滩公园敌人活动的情况，看得更清楚。

"不对，你看，敌人好似增多了，又调动得这样频繁？是不是在用挂白旗作掩护，实际上是在增强兵力？"指导员两只锐利的眼睛紧紧地盯着敌人，一边紧张地思忖着，一边说道："注意，不能上当！"

孙宏英再仔细一看，也觉得敌人当前的态势不寻常，他轻蔑地骂了一句："他妈的！这群残兵败将，投降倒投出'经验'来了！"当他一眼捕捉到七班正前方有一水泥结构的厕所时，就毫不犹豫地说："我带七班向前靠，先抢占厕所作依托，再看看敌人搞什么鬼把戏！"

七班战士看得十分清楚，他们离厕所还有60米的开阔地，如果没有炮火的掩护，不把敌人的火力压倒，要通过这一段毫无遮掩的马路，那是十分危险的！但是，为了保全上海，为了上海人民，他们宁愿去冒这危险。

似乎一切都在意料之中。

七班一群年轻勇敢的共产党员，直面敌人的机枪，离开工事，一跃而起，迅速地向前运动着，跃进着。也就在这时，垂死挣扎的凶残敌人，所有的机枪都狂叫起来……

也只是几分钟的时间，七班战士全都倒地，壮烈牺牲！

随后，敌人一颗手榴弹，又炸伤了指导员的脖颈。副连长和指导员率领着愤怒已极的三连战士，迂回到外滩公园西侧，乘敌不备，一个短促突击，消灭了几十个敌人，其余的都举手就擒。

至此，盘踞在苏州河南岸附近的残余敌人，悉数被歼。"济南第一团"沿苏州河一线，西迄西藏路桥，东抵外白渡桥，全线进入阵地，攻击矛头直指固守在北岸河畔高大建筑物里的敌人。

炮轰邮政大楼

"济南第一团"的指挥所设在西藏中路煤气公司附近的一个高楼旁，团长王景昆满身烟尘，急匆匆地从三个营的前沿阵地赶了回来。

在外白渡桥、北四川路桥、新老垃圾桥等桥梁两端，敌青年军204师用麻袋包筑成的地堡，不时地向南岸封锁扫射。在桥的正面还拉有铁丝网作障碍，而每个桥头又有数辆坦克在巡逻把守。再加上各个高大建筑物上的层层火力点飞射出的道道火舌，严密地封锁桥梁和河面，与桥梁上的地堡呼应、配合。

一营在消灭了外滩公园的敌人后，按原作战方案，立即回头向西，直取外白渡桥和北四川路桥。三连一排长林显信带领部队向桥上突击时，遭到桥上地堡和邮政大楼上敌人的猛烈扫射，几十名战士伤亡在桥上，一时之间连伤员也拖不下来。一营长董万华见此情景十分痛心，他满腔怒火地向正在肆虐的敌桥头堡和坦克扫了一眼，狠狠地说道："调七五山炮！"

七五山炮调来了，炮口对准了四川路桥的地堡。

"上级规定不准开炮打楼房、工厂，却没说不准打坦克、地堡。"董万华血红的眼睛难过地看着倒在桥坡上的战友，又指着还在疯狂射出子弹的地堡和坦克，厉声地对炮手下了命令："瞄准坦克、地堡给我打！"

于是，十几发炮弹，地堡迸裂，坦克"哑巴"。

只有一发炮弹不慎打偏了，给邮政大楼留下了一个使董万华至今都感到遗憾的"疤痕"。

这大概是上海市区战斗中唯一开花爆炸的十几发炮弹。师长肖镜海得知一营动用了炮火就在电话中严肃批评了董万华。

固守在邮政大楼的敌人，被董万华轰了几炮以后老实多了，他们明白，必须另找出路。

敌204师通讯营长邓德鑫及政工室主任李建白，终于设法找到了我地下组织，并在电话上与第27军前敌政治部主任常勇取得了联系，表示愿意向解放军缴械投降。

"好的，我们马上停止进攻。你们要立即投降，就地待命。我这就派前沿指挥官去接受你们的投降。"常勇在电话中说到这里，又平缓了一下口气说："我欢迎你们走上光明大道！"

随之，在邮政大楼的窗口上，先后飘起了白旗。

"济南第一团"第一营营长董万华，作为前敌政治部主任常勇的代表，带领他的通讯班，迅速地跨过了北四川路桥，登上了邮政大楼。

在这一带，大约有一个团的敌人，就地放下了武器。

董万华这时才走近邮政大楼的墙下，不无遗憾地看了看被一炮打偏而留下的这个"伤疤"。

夜涉苏州河　孤胆闯虎穴

七连——"济南英雄连"，与对面四行仓库和中国银行仓库等大楼上的敌人，已对峙十多个小时了，连长肖锡谦从敌人射出的道道火舌中，就已经觉察出敌人的恐惧不安，但他实在没有耐心再等下去了。指导员迟浩田，却不露声色，似乎成竹在胸。

时间已进入深夜。

"走，到外面去看看。"迟浩田对王其鹏和通讯员张瑞林说着，随即走了出去。

王其鹏在济南战役中,曾凭一把菜刀守住城头突破口,荣膺"济南英雄"称号。

他们沿苏州河南边,向西藏路桥面一边探察,一边缓缓地走着。

忽然,张瑞林发现,在他身边有一条通向苏州河的臭水沟。

"赶快下去看看。"迟浩田低声命令着。心中闪过一种他已考虑了好久的念头。

不一会,张瑞林爬了上来,报告说:"下面黑洞洞的,什么也看不见。"说完立即回到居民家里,向房主借了一个三节长的手电筒。

张瑞林拿着手电筒在头前引路。微弱的手电光照着臭水沟,像拉成一条淡黄色的长线,一晃一晃地,臭水沟细而狭,人下去要低头蜷身爬着走。污黑的烂泥、臭水,散发出刺鼻的气味,还在他们脸上、身上尽情地涂抹着——他们完全变成鬼一样的黑人,只有牙齿是白的。

他们爬到了头,下边就是苏州河。

张瑞林先轻步涉进水里,防止溅出水声。他走到河中心又折了回来。

"指导员,河水不深,只到我的胸,可以过去。"

"好,涉过河去!"迟浩田果断地向王其鹏挥了挥手。

"不入虎穴焉得虎子?这老虎屁股非要去摸摸不可。"他是在自语着,一只脚已经下了河。

于是,张瑞林在前,迟浩田居中,王其鹏殿后,涉水向河北岸走去。河水没及胸口,水面上隐现的是三个黑圆点在移动着。

在岸边不远处,他们利用地物隐蔽起来。忽然隐约发现一个敌人走了过来,迟浩田腾地而起,扑了过去,一只手抓住敌人,一只手用手枪抵住敌人的脑袋。王其鹏也趁势抓住敌人的另一只胳膊。

"不准动!不准出声!"

他们一起来到四行仓库的一扇大门下。

在楼下,他们又同样逮住一个敌人。

王其鹏和张瑞林一人一个地将敌人反剪着。迟浩田走在前面,他们上了楼。

楼上的电灯射着昏暗的灯光。迟浩田举目一看，一个房间里乱哄哄地坐满了敌人，他心中不禁一震。但他们在暗处，谁也没注意。

也就是几秒钟的时间，他们三人突然出现在房门口。迟浩田张开匣子枪的大机头，枪口直逼敌人。他连喊数声：

"不准动！谁动就先打死谁！"

这是从天上降下来的凶神恶煞？敌人惊慌了，谁也不敢动一动。屋子里突然沉静得像真空一样，但这种僵持也只有几秒钟的时间。

"吵嚷什么？什么人？"随着声音从房间里走出一个人。

迟浩田从这拉长腔调的声音中，从这个人仰着头的气度中，立刻判断出是个不小的官（后来知道是个上校副师长）。

一贯英勇机灵的张瑞林，也立刻做出同样反应。他几乎未加思索，就一个跳跃，扑了过去。他一手抓着这个人的衣领，一手把枪抵在他的胸口上，命令着："把手举起来！"

王其鹏也同时推开张瑞林丢下的那个敌人，向前靠了一步，枪口直逼此人。

这个副师长被这突如其来的情况震惊得瞠目结舌，不知所措，只得战战兢兢地举起双手。他不知道眼前站着的三个"黑人"是什么人。

"我们是解放军！"迟浩田向前跨了一步，这时才看清面前的敌人是个上校。他龇裂相向，厉声命令道："你赶快下命令，叫你的部队马上放下武器，否则，就先打死你！"

屋里的敌人仍然处在惊恐之中，一个个呆若木鸡。只有被张瑞林推在一旁的这个人，好像发现了什么似的，讨饶似的开了口：

"我听这位长官的口音是胶东人，我是青岛人——山东人不打山东人！"他面向迟浩田，紧张的神色中漾着一丝求情、讨好的微笑。

其他的人，有的似乎动了动身子。

敌人的这个细微动作却是提醒了迟浩田，这种僵局必须迅速结束。他灵机一动，接着这个人的话说道：

"好！我们不打放下武器的人！"他略带缓和的声调中又蕴含着一种逼人的强硬，"现在我命令你们，马上把枪都放下！你们已经被四面包围了，我们的大部队已经上来啦，缴枪才是活路！……"

那个青岛人和被王其鹏揪着的那个人，几乎同时在喊着："我们缴枪！我们缴枪！"

迟浩田绷紧着的心才松缓了一下。他随机应变，马上对张瑞林说道："你快下去通知部队，弟兄们都缴枪投降了，叫他们暂且不要上来，以免发生误会！"

王其鹏立刻会意，他丢下手中的敌人，来到上校跟前，接替了张瑞林。

这时大部分敌人都已放下武器。

迟浩田又转向还在愣怔着的上校："你马上命令你的部队全部放下武器，先把守在桥上的人撤下来！"

这位上校副师长只得唯命是从，先交出身上的手枪，然后顺从地转身走向内屋，拿起了电话耳机……

不多时，其他楼房窗口的枪声停止了，桥头堡的敌人也撤下去了。

正在前面监视敌人的七连长肖锡谦，发现指导员不见了，又见到当面敌人有点异样，就马上问房主。当房主告诉他指导员去了河边，尔后又见到桥头堡的敌人慌张撤走后，心中就明白大半。于是，他立即指挥部队神速地抢过了西藏路桥，直向四行仓库和中国银行仓库冲去……

固守在这里的是敌204师师部和三个营的兵力，约一千多人，在肖锡谦和迟浩田的指挥下，按军官、士兵分别各站一边。迟浩田威严地宣布道：

"欢迎你们放下武器，投向人民！"

迟浩田等三人孤胆闯虎穴，逼降一千多敌人，是罕见的智取战例。无怪乎政治部主任仲曦东十分风趣地说道："我倒要看看迟浩田，长得什么样的三头六臂，竟能不费一枪一弹，逼降一千多敌人！"

杨树浦——最后一战

1949年5月27日，这是上海战役最后结束的一天。

26日，经过一天的包抄、围剿，全歼苏州河以北市区的数万敌人后，27日凌晨，第79师之第236团、237团，就奉命前往杨树浦去包围消灭蒋介石在上海剩下的最后一股残余敌人。

固守在杨树浦发电厂和自来水厂一带的敌人，是国民党第21军属辖之第230师，八千多人。27日凌晨，我第236团、237团将敌人团团围住。前敌政治部主任常勇电话请示军部解决残敌的战术手段。

军长聂凤智和政委刘浩天，此时也正为此事在考虑决策，费尽踌躇。

残敌230师是国民党第21军军长王克俊的部队，半美械装备，多系青年。王克俊是四川人，21军也是四川部队，并非蒋介石嫡系。4月份，从长江防线逃来上海后，守备在江湾一带。汤恩伯在24日准备撤逃时，曾把21军交给刘昌义指挥，担任撤逃的掩护；又以调整部署为名，有意将非嫡系之21军与嫡系之52军换防，并在25日晨，接替了52军在月浦、杨行的防务。当时21军并未察觉汤恩伯逃跑的企图，还认真地加修工事，固守阵地，进行顽抗。到了25日晚上8时，忽以电话通知前线两个师的团以上主官速去吴淞军部参加紧急会议，部队暂由副主官指挥。这些主官抵吴淞后，王克俊就带领他们和军部登船逃跑了，而丢在前线的两个师的部队，却还蒙在鼓里。到26日，当我第27军席卷苏州河以北的残敌时，21军这两个师的部队，有的被歼灭，有的就集体缴械投降了。唯有230师，还困在东北一隅苟延残喘。

假如是往常，要以武力消灭这样一股已完全失去斗志，并成瓮中之鳖的敌人，那真是太容易了。但聂凤智考虑更多的却是如何保住发电厂和自来水厂。一旦不慎，破坏了发电厂和自来水厂，那将会给全上海带来不堪设想的后果啊！

所以，他迅即回复常勇：军事上施加压力，但只能引而不发。要求用政治攻势，瓦解敌人，特别要把发电厂和自来水厂保护好！

为了开展政治攻势，他和政委决定查找敌人的社会关系。但查了半天，翻遍了有关资料，也没有查到任何线索。

聂凤智知道，在战上海的最后一役中，他的决策如何，将牵动着能否既消灭敌人，又完整保全城市的全局。他和刘浩天反复琢磨、研究着，在屋里来回走动着，思索着。他的烟瘾本来就大，这时更一根接一根地吸着。从上海外围战打响后他就没能好好睡觉，而进入市区作战的三天，更觉负担沉重，连闭闭眼睛都没有。他清癯的脸上，两眼红肿，走起路来也有点摇摇晃晃的。

"你休息一下，我们想法再查查敌人的社会关系。"政委刘浩天担心他真的支持不住了，就连声地催促他休息。

聂凤智向椅子上一靠，就眯糊过去了。但他没有真睡，脑子里还在闪跃着"要查到社会关系！要查到……"的念头。

蒙眬间，他听到一个洪亮的声音在喊他的名字："聂凤智！"

声音好熟，是地道的四川口音。

但他太瞌睡了，身不由己，腿动不得，眼睁不开。

"军长几天没有睡了，刚闭了闭眼！"不知是谁说了一句。

"哦，睡吧，让他睡一会儿吧！"这四川口音的声音变小了，充满着温存、爱抚。

但聂凤智又分明地感触到，有一只手在抚摩着他。

他不禁一怔，以为是发生了什么情况，猛睁开眼，定神一看，原来是陈毅司令员站在他的面前。

他欣喜得"啊！"了一声，急忙站起身，紧紧地握着陈毅同志的手。

在这个急待作出决定的时刻，陈毅同志忽然到来，他顿时感到浑身一阵轻松。

"前面情况怎么样？"陈司令员没有寒暄，开门见山地问道。

政委刘浩天把当面敌情和我军的方案汇报后，又说道："现在我们还没有查到和敌人有联系的社会关系，所以难下决定。"

陈毅听后，眉头紧锁，想了一下后说道："如果是敌人的副师长许照在指挥，你们就可以去查找蒋子英的下落。"他用手指轻轻在桌上弹了两下，显得他对敌情了如指掌。接着又流利地说着，"蒋子英一直住在上海，过去曾在国民党陆军大学任过教授，许照是他很要好的学生。此人历史上有过罪恶活动，这正是他立功赎罪的时机。"

听着陈毅司令员的介绍，大家感到一股信心和力量在心中升腾。他们立刻打开那本记载着上海守敌内部人事关系的大册子，从中果然查出了蒋子英的住址门牌和电话号码。

聂凤智的精神大振。在电话中，聂凤智向蒋子英介绍了自己的身份，说明了眼前上海大局已定，胜利在即的形势，接着又单刀直入地提出："为了保全杨树浦水电厂，为了保护人民的生命财产，也为了敌人士兵的生命安全，我们不愿诉诸武力。杨树浦守敌许照和你有师生之谊，希望你能审时度势，劝说许照放下武器，以求生路，不要自绝于人民。"他还将我党对放下武器人员的宽大政策，作了解释。

蒋子英对这个突如其来的电话，开始甚是紧张、惊讶，而待他听完了聂凤智平静温和的话以后，就连声答应："我尽力为之，我尽力为之。"

上海姑娘把彩花挂到了解放军的枪上

小学生为解放军戴上红星章

此时，我236团、237团正对敌人实行团团包围。敌人惶恐混乱，犹如热锅上的蚂蚁。

在我强大的政治攻势和军事压力之下，国民党第21军第230师副师长许照，在工人的逼迫之下，从发电厂给第27军前敌政治部主任常勇打来电话，表示230师全部放下武器，八千多人缴械投降。

当常勇把这一胜利消息电话报告聂凤智以后，聂凤智看了看表，正是5月27日下午7时整。

经过三天三夜的市区战斗，到此时大上海全部解放了。昔日"冒险家的乐园"，现在它已完整地回到人民手中，并以崭新的姿态，挺立在祖国东海之滨。

此时，聂凤智真想驱车走遍上海每条大街小巷，仔细地看看那些战斗过的地方，然后就舒舒坦坦地睡上两天两夜。他风趣地把这一想法告诉了陈毅司令员。

陈毅司令员笑了笑，也诙谐地说道："你一天一夜也捞不到睡。城市打下来啦，还要保住它，帝国主义还在大门口朝我们翘尾巴哪！"他停了一下，转而又严肃地说道："你们现在就着手整顿部队，担负起城市的卫戍任务！"

窗外，枪声停止了，欢庆解放的歌声，不绝于耳。

解放军睡马路的幕后故事

范征夫

解放军进上海夜宿街头不住民宅——1949年5月这感动世界的一幕,在其酝酿决策过程中,居然出现了许多反对的声音……

解放战争期间,我是华东野战军供应总站副总站长。1949年5月随陈毅大军南下到达丹阳后,我在接管上海市区干部大队,协助政委张文通抓学习及干部调配工作。由于我们的上级领导是上海军事管制委员会的政务接管委员会,我经常听到副主任曹漫之的报告及个别谈话,因此对解放军进入上海不住民宅睡马路的决策内情有些了解。

据曹漫之同志说,1949年2月第三野战军南下到达徐州贾汪的时候,陈

严守纪律的解放军夜宿上海街头

毅司令员就找时任司令部城市政策组组长的曹漫之谈话，交代他一项重要任务，起草第三野战军《入城三大公约十项守则》。陈老总说：自古以来，军队进入城内，住进民房，干好事的不多。我们很快就要进入南京、上海、杭州等大城市，那里老百姓受国民党反动宣传的影响，对我军很不了解，我们进城以后一定要严守纪律，给他们一个好的"见面礼"。因为老百姓接触我们，首先注意的是军队的纪律，所以入城纪律是入城政策的前奏，入城纪律搞不好，以后影响很难挽回。你要好好把这份文件起草好，提请总前委领导讨论。

曹漫之接受任务后刚要出门，陈老总又把他喊回来，特别交代说："你去找些历史书查一查，看上面有没有军队进城'不入民宅'这句话，可以作为我们的参考。"

于是，曹漫之一方面抓紧时间与"秀才"们着手起草《入城三大公约十项守则》文件，另一方面，每到一处就去地方图书馆查看"二十四史"等古书。谁知查来查去没有"不入民宅"这句话，他只好又去请示陈老总。陈老总笑着说："你真是一个书呆子，书上没有的，我们就不能写吗？反正军队进城后，在没有找到营房之前一律睡马路，这一条一定要写上，否则那么多人一下子涌进老百姓家里肯定要出问题的，弄不好会天下大乱。"

这份"入城公约守则"写好后，陈老总让军队及接管干部都参加讨论。接管干部这一边大多赞成这个文件，可一放到军队讨论，顿时炸开了锅。

有的同志不理解："从红军时代起，三大纪律八项注意，就有住进民房要'上门板、捆稻草'这一条。抗日战争，解放战争，我们都是住到老百姓家的，为什么进入大城市就不能住民房呢？"

有的同志质问："不住民房睡在马路的水泥地上，早晚天气凉，要是战士受寒生病了，怎么打仗呀！战士睡马路，师、军指挥所也放在马路上吗？"

还有的同志担心："天下大雨怎么办？难道要我们的战士躺在水里睡觉吗？还有伤病员，在马路上怎么医治呀？"

总之是不赞成之声居多，不仅有战士、基层干部，还有营团一级干部，都对进城睡马路表示想不通。

上海人民夹道欢迎解放军进入市区

女工们给解放军戴上光荣花

五月黎明

这些意见使曹漫之很为难,他只得向陈老总如实汇报。陈老总听后很生气,口气坚决地说:"这些困难都是可以想方设法克服的,但军队不入民宅睡马路这一条要坚决执行。就这么定了,天王老子也不能改!"于是在上报总前委并得到邓小平、刘伯承同意后,上报党中央。很快就收到了毛主席的电报批示,主要是"很好,很好,很好,很好"八个大字。

就这样,1949年4月1日,第三野战军颁布了《入城三大公约十项守则》的命令。其中十项守则第二条,白纸黑字写着进城后一律"不住民房店铺"。

不仅三野颁布了命令,中共中央于1949年5月16日又发布了《中央关于城市纪律的指示》,其中第七条明文规定:"军队在城市特别大城市、中等城市驻扎时,不得借住或租用民房,以免引起城市居民的不便和不利……"

范征夫进入上海接管时留影

既然是命令和纪律,当然就必须无条件执行,所以1949年5月25日三野9、10兵团各部进入上海市区时,夜晚都露宿街头"不入民宅"。就是这样一条纪律,赢得了当时上海五百万人民的热烈拥护,同声称赞这是"仁义之师"。他们说:"我们从来没有见过这样好的军队。"各界群众涌上街头,载歌载舞热情欢迎解放军。荣毅仁当副市长时,曾当面告诉过我,他就是看到了解放军不住民房睡马路这动人一幕,才下决心要他的工厂赶快复工。我接管常熟区时,原区公署职员也告诉我,他们之所以留下来不走,听候接管,首先是听到我方"约法八章"的广播,吃了定心丸,然后又亲眼看到解放军进入市区不住民房睡马路,使他们非常感动,所以下决心留下来为人民政府服务。

几十年过去了,无数的文章、电影、电视讲到解放上海时,都会出现解放军露宿街头的大幅照片,许多老上海至今仍把"解放军不住民房睡马路"与"瓷器店里捉老鼠"传为美谈。由此可见,陈毅司令员给上海人民的这个"见面礼",其历史意义是非常深远的。

解放崇明岛亲历记

朱镇中

1949年5月27日,上海市区全部解放。次日,我三野八兵团第25军就奉命攻取崇明岛。

横渡长江　攻打县城

1949年5月27日,我军胜利攻占整个上海市区。这时,与上海市区仅一步之遥的崇明岛仍被国民党暂编第一军盘踞。5月28日,第三野战军司令部

1949年四五月间,上海战役前,部队在丹阳休整时,朱镇中与战友合影

命令第八兵团的第25军负责攻取崇明岛。同日，第25军命令第75师作为第一梯队先行渡江，第73、74师作为第二梯队视战况需要再决定是否跟进。

当时，我在第75师第223团任副团长。师长是谢锐，师政委是何志远，师参谋长是冯尚贤。223团团长是杨忠，团政委是张万合，团参谋长是方英，团政治处主任是汪儒文。接受命令后，师部召开了作战会议。因为对崇明岛的敌情不够清楚，只知道国民党军在岛上苦心经营多年，构筑了完备的防御体系，必须做好打一场恶仗的准备。会议确定：师侦察科长率师侦察连带一部电台，作为第一批渡江部队，先上岛侦察，了解敌情，及时向师部汇报；224团一营作为第二批渡江部队，紧随侦察连之后跟进策应；223团，224团的二营、三营，225团等主力，作为第三批渡江部队随之出发。三批部队均从长江南岸启航，向北航行，在崇明岛县城城桥镇附近登陆，首先攻取县城。

师侦察连在侦察科长率领下，于5月30日下午1时出发。他们是从城桥镇西部、庙港东边的桥鼻港登陆的，登陆时没有遇到抵抗。在向县城开进途中，攻占了西三江口镇，守敌水警部队的两百多人缴械投降。224团一营是在桥鼻港东边的合隆港（今称鸽笼港）登陆的。他们登陆后向县城方向前进，途经一个小镇时俘敌数十人，余敌向东逃跑，躲进县城城桥镇。我们

朱镇中（1951年）

223团是师部主力渡江中的第一批，师指挥所同我团一起，5月30日夜晚从宝山乘船向位于西北方向的崇明县城航行。31日早晨，我团三营在城桥镇正南的南门港登陆后，向城桥镇攻击前进；团部率一营、二营分别从合隆港和万安港登陆，在向城桥镇方向发展时，接到师长谢锐的命令。师长说，据侦察连报告，敌暂一军的两个师已乘船逃走，只有第11师约两千人还驻守在堡镇。敌水警总队和保安部队主要驻守在城桥镇和庙镇。为

此，师部决定兵分三路：以225团为西路，先攻占西部的庙镇，再向东发展配合攻占县城；以223团的三营配合224团共四个营的兵力为中路，攻打县城城桥镇；以223团一营、二营为东路，向暂一军第11师驻守的堡镇攻击前进，先切断堡镇与县城的联系，阻断敌向水上的逃路，争取一鼓作气，歼灭该敌。

奔袭堡镇　包围残敌

接到师长命令后，团长杨忠与政委、我和参谋长碰头商量后决定，以二营为前卫营，一营随后跟进，由万安港附近绕城桥镇北郊，沿巴掌镇、津桥镇、侯家镇一线向堡镇攻击前进。堡镇位于县城正东，相距50华里左右。部队出发后，一路顺利，没有遇到抵抗。6月1日中午，为切断敌11师经堡镇港向水上逃跑之路，我随前卫营二营一道到达南堡镇外围，没有遇到任何抵抗。我们当即配置炮火，将南堡镇包围起来，做攻城的准备；一营赶到后，将敌11师驻北堡镇大通、富安纱场等处包围起来，切断了堡镇同县城方向的联系，也没有遇到任何抵抗。

正当我们感到诧异不解时，侦察员前来报告，敌暂一军第11师副师长刘贺田举着白旗，在我党地下工作者黎平同志的陪同下，前来找解放军部队负责人联系和谈。杨忠团长和张万合政委商定，由团政治处主任汪儒文出面与黎平接洽并与刘贺田谈判。利用这一机会，我机警地抓住刘贺田护兵的手，命令他带路，率领二营四连，冲入11师驻南堡镇的营区，战士们将手榴弹盖掀开，子弹上膛，准备开火。我立即叮嘱部队，先宣传我军优待俘虏的政策，劝说敌人投降，只要人家不先开火，我们也不动，等待谈判消息。

原来，敌暂一军是在我军横渡长江、解放南京之后，由江苏省保安部队改编成的。国民党江苏省主席兼保安部队司令丁治磐任军长，下辖第9、10、11师三个师。上海战役打响后，丁治磐见大势不妙，已率第9、第10两个嫡系师和11师的师长，乘船逃往舟山群岛。5月初，中共江南工委委派原在崇

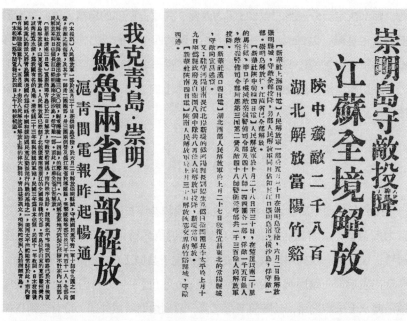

1949年6月5日《解放日报》刊发了崇明解放的新闻　1949年6月6日《苏北日报》刊登了崇明解放的新闻

明做地下工作、4月份到南通向江南工委汇报工作的黎平同志迅速返回崇明岛，积极开展争取暂一军第11师官兵起义、迎接崇明早日解放的工作。黎平返回崇明县后，通过各种关系进行策反工作，劝说刘贺田走起义投诚的道路。刘贺田终于答应率部投诚，但要求给予起义的名义。5月30日，黎平以苏中军区第九分区代表的身份，在北堡镇北郊与刘贺田签署了一个书面协议：承认第11师为起义部队；愿留者欢迎，愿去者资送；从签订协议之日起，第11师服从我方调动，在规定的时间内，从堡镇移至崇明北岸待命；在部队整编之前，不得破坏武器装备，不得抢劫群众财物，不得抢劫商店财物。

兵不血刃　夺取堡镇

黎平向汪儒文主任及团长杨忠、政委张万合汇报这些情况后，一个问题尖锐地摆出来了：是承认刘贺田率部起义？还是令其放下武器投降？团首长决定，一面向师首长请示，一面继续劝说刘贺田放下武器投降。时间不长，师政委何志远打电话答复：不同意第11师为起义部队，只允许称放下武器投诚，我军可以保证该部的人身安全，士兵愿留下的欢迎，愿走的发给路费和通行证。

按照这一答复，汪儒文又同刘贺田谈了两个多小时。我方答复刘贺田的主要理由有四点：第一，11师上下是在我军渡江南进后，由江南太仓、嘉定等地溃退下来的保安部队或土顽人员组成的，本来打算从海上逃走，因我军进军太快未来得及成行。第二，11师上下级军官均无主动的起义要求，无明确的政治目的，只是在大军压境时求生路。第三，11师至今无起义的实际行动。第四，11师的内部情况复杂，刚组编不久，刘贺田是由团长刚提拔起来的副师长，有的团还不大听他的指挥。我方先将这些与黎平同志讲明后，又与刘贺田谈，并明确告诉他，如果按起义部队对待，不放下武器，他带不好这支部队，一旦出事，对他反而有害。刘贺田最后要求，放下武器可以，但不要称放下武器投降，而称放下武器起义。经与黎平同志反复商量，考虑到黎平同志原已代表我军同11师签署了承认起义的书面协定，并再次请示师部，最后，我团答应了刘贺田的这一要求。

6月1日傍晚，与刘贺田谈判结束时，我团明确规定：一，驻堡镇港码头的第11师一个营当晚撤至镇内，码头由我二营接防；二，驻堡镇的第11师全体人员及家属于第二天早晨纱厂鸣上班汽笛时，到大通、富安纱厂间的广场上集中，交出人员名册及所有武器；三，放下武器后，第11师人员撤出崇明岛，到指定地点参加政治学习和人员安置。我们还宣布，若11师按此规定照办，我方可保证11师全体人员生命安全，保证其私人财物不被没收。当天晚上，为防止刘贺田宣布我方决定后，11师有的部队不听指挥而发生意外，我们派了一个连的兵力驻于11师的营房之间以作震慑。

6月2日上午，刘贺田率11师全体人员到指定地点办理移交。团长杨忠、政委张万合、我和政治处主任汪儒文在黎平同志的陪同下，到广场上接收人员和武器。经过两个多小时的顺利交接,我们共接收了1998人和重机枪1挺、轻机枪32挺、步枪1 300多支,还有不少其他作战物资。团长和政委即席作了简短的讲话,肯定了刘贺田和11师官兵放下武器是唯一正确的行为,对他们今后如何走新生之路提出了希望。

强攻县城 迫敌投降

与此同时,西路第225团顺利攻占庙镇,转兵向东,与中路我军配合围攻县城城桥镇。这时,中共崇明县委干部连和县大队共400多人,也于5月30日从海门的灵甸港出发,在崇明岛西北的小竖河港口上岸,31日赶到城桥镇外围,配合我中路人马围攻县城。同日,城桥镇外围的战斗已经结束,但防守城桥镇的水警总队的四个营和省保安部队残部仍负隅顽抗。为减少部队伤亡,保护城内群众的生命财产安全,我中路部队在师首长的直接领导下,通过城桥镇镇长,给守敌水警总队长全裕谦送去一封劝降信。谁知全裕谦拒不投降,我军决定展开强攻。

6月1日上午9时,师首长将山炮营拉到城桥镇西北,准备用炮火打开突破口。炮营先用一门火箭筒试射,只打了一发,就将城桥镇西北的敌人碉堡炸开了一角。没等硝烟散去,碉堡内就伸出了一面白旗。于是,师首长派了师部宣传科长庄正和224团的宣传股长倪皓年,与

崇明岛解放登陆点纪念碑

敌水警总队的副官谈判投降的具体事宜。当天夜里11时左右，全裕谦等守敌在我强大的军事威慑和政治攻势下，宣布无条件投降。

6月2日上午6时，我223团三营官兵参与了接管城桥镇的行动。8时后，敌水警总队以及其他杂牌守军共1 427人，集中在城桥镇文庙北边的广场上，无条件地缴械投降。

至此，我国第三大岛崇明岛获得解放，上海战役宣告胜利结束。

长兴岛智取蒋军残敌

陆亚平 口述　李清延 整理

残敌夜窜长兴岛

1949年8月,长兴岛刚解放不久,敌特活动还很猖獗,盗匪依然在长江口外抢劫来往船只,治安形势比较严峻。

8月16日夜晚,风雨交加,伸手不见五指。突然,一位群众气喘吁吁地跑到区政府报告:"有一股蒋军散兵游勇,从园口沙爬上了长兴岛,闯入了一些农民家里。"但敌人究竟有多少,去向何处,因为天黑未看清楚。中共长兴岛区委领导接到报警后,立即下令干部战士作好战斗准备。天破晓时,又有一位群众来报告:"东兴镇上来了一伙蒋军,占据了乡政府并在门口设了双岗。有些士兵还在向群众打听,岛上的保长是原来的还是新选的……"

战荣初探敌据点

区委闻报即刻召开紧急会议,迅速作出了四条决定:第一,立即将岛上的突发情况报告县委;第二,岛上解放军驻军的情况要绝对保密;第三,依靠骨干严密监视伪职人员;第四,与这伙残敌进行智斗。

当时长兴岛尚无电话、电报等通信设备,去宝山向县委报告,只有坐木帆船到吴淞后,再步行至宝山县城。可是,当时正逢台风季节,面对6级以上的大风,没有一个船老大敢冒险行船。

值此紧急关头,区委书记孟庆堂率领4名干部,换上便衣,深入到东兴镇和园口沙,在敌人眼皮底下,悄悄召集政治上可靠的群众开会,进一步摸清敌人上岸后的意图和动态,并提醒大家要提高警惕,严密监视敌人动向。同时,区委还召开了乡长、保长会议,严正警告他们:这批敌人是被我军打败的蒋军残部,盲目窜上岛,内心十分恐惧,不堪一击,希望乡保长们不要抱不切实际的幻想,更不要乱说乱动,否则我人民政府定要严加追究。

然后,区长战荣率陆亚平和区中队队长陈均,身着人民解放军制服,气宇轩昂地直闯这群蒋军残敌盘踞的据点,与两个蒋军军官(一个连长、一个排长)进行谈判。谈判期间,蒋军显得异常紧张,所有士兵都荷枪实弹地守卫在据点周围。战区长首先自我介绍说,他是中国人民解放军某团参谋长,代表团首长邀请他们去团部谈判。敌人听了不敢正面回答,只是谎称:"我们是解放军海防部队,为模糊敌人视线,才穿上蒋军服装。适逢海上台风袭击,故来岛上避风,望友军在供给上给予方便。"战区长说:"既然这样,那就希望你们不要随便外出乱闯,以免双方发生误会。至于供给问题,你们只要报足士兵人数,我们即可按时送到。"那个连长听了,连忙报出所辖共24人。随后,区政府果然派人送去了大米、猪肉、香烟等物品。

攻心战术见奇效

经首次与蒋军接触后,区委一致认为,这伙敌人肯定是蒋军残部,因海上刮大风,不得已才逃上岛的,我们就趁敌人还不了解岛上真实情况,及早出击,彻底戳穿敌人的伪装,迫使敌人尽快缴械投降。第二天,战区长还是只带了两名干部,再次进入敌人据点,向敌人发起攻心战。只听他大声地说道:"据查,你们不是人民解放军的海防部队,我们的海防部队中根本不存在你们所说的这个番号。胡编瞎说是不允许的。你们究竟是什么部队?来岛上干什么?应从实交代。"战区长的这番话,犹如一声炸雷,惊得敌人目瞪口呆,那个连长更是支支吾吾说不出话来,只有那个排长还妄图狡辩。战区长扫了敌人一眼后,严正警告说:"你们不要再演戏了。我们

战荣区长（1949年）

解放军的政策是明摆着的，何去何从，限你们24小时内明确回答。否则，一切后果由你们自负。"敌连长听了顿时就软了下来，要求让他们商量一下。而那个排长还不买账，并对连长口出恶言。

24小时后，战区长与两名干部率领区中队全体指战员，穿着人民解放军的军装，全副武装，第三次闯入敌人据点。敌方士兵一见战区长等指战员到来，连忙"首长长，首长短"地说了一大套恭维话。待双方坐定后，敌连长先开了腔："我们是蒋军×师×团的一个营，有150人，驻扎在羊山周围海面，以缉查为名，实际是抢劫来往渔船上的物资，弥补供给不足。贵军攻下上海后，弟兄们眼见大势已去，军饷又不足，厌战思乡心切，内部发生了火并，不少士兵死在海里。我们这支队伍中的大多数弟兄都决心向陈毅司令员投诚，但我们不知道这里是属解放区还是蒋管区，故而不敢说出真情，恕请谅解。"战区长说："对真心投诚的蒋军官兵，我军表示欢迎，但必须先放下武器，才能享受优待俘虏的政策。你们要直接向陈毅司令员投诚，我们可以转告。今天就谈到这里，明天再谈。"敌连长借送客之机，悄悄地对战区长说："那个排长很顽固，甚至想在背后对我下毒手。"战区长听了，要他提高警惕，先派人把那个排长监视起来，不让他乱说乱动。敌连长应诺照办。

晚上，区委又召开紧急会议，一致认为：对这批蒋军残部，应从速收缴其武器，以防生变。

在蒋军残敌窜上岛的第五天，风力减弱至5级以下。虽然长江中的风浪仍很大，但区委还是动员了两名经验丰富的船老大，顶着风浪，将副区长李宾新送到了吴淞码头。李宾新登岸后，直奔宝山县城，向县委作了详细汇报。

黎明受降凤凰镇

次日黎明，太阳刚刚升起，战区长就带领两名干部和全体区中队战士，第四次闯入蒋军据点。战区长严肃地命令那名蒋军连长，立即召集全体部下，进行训话。很快，那个小客堂间就被敌我双方挤得满满的。战区长布置了两名战士重点监视那位敌排长，使他动弹不得。随后，战区长高声对蒋军官兵说："你们为什么要到长兴岛来，我们已经完全清楚。大家愿意向陈毅司令员投诚，这很好。但经请示，陈司令员回电说：因军务繁忙，你们不能直接到司令部来投诚，但可以就地向我军办理投诚手续，优待政策全国是一致的。"战区长"假传"陈老总的指示之后，接着又说道："你们若是真心投诚，那就在今天将全部武器缴给我军团部，否则停止一切供给。投诚后，愿意参加解放军的我们欢迎，有特长者可以转到地方安排工作，要回家的可发给路费。希望大家表明自己的态度。"战区长话音刚落，蒋军士兵便纷纷表示要弃暗投明，多数人要求参加解放军。下午1时正，在区中队指战员带领和监视下，这批蒋军残敌扛着枪支弹药，来到凤凰镇小学的操场上，列队缴械投降。此刻恰逢我军吴淞要塞司令部某营的指战员驾着炮艇驶入马家港，闻讯立即跑步赶到凤凰镇小学操场，将敌人团团围住，给敌人以极大震慑。区中队的战士们一见来了主力部队，更加信心百倍。只见区中队长大声发出口令，一口气点到23个蒋军官兵的名字，命他们放下武器后，由区政府干部为他们填好登记表，落实各项政策。只有那个排长被押到县里，最终受到军法处置。事后统计，区中队共收缴敌人步枪16支、刺刀16把、轻机枪2挺、卡宾枪4支、短枪2支、手榴弹66枚、圆形小鱼雷8具以及各种子弹两千余发。

金山解放纪实

沈永昌

"两浦支队" 三战三捷

上海解放前夕,在金山地区,一支由中共领导的名为"两浦支队"的地方武装活跃在金山沿海一带,坚持与国民党残余势力作斗争。由于立足浦南,再向浦东发展,故称两浦支队。

两浦支队成立于1949年3月,由共产党员张金根任支队副,下辖两个大

沪郊各县人民载歌载舞欢庆解放

队、一个直属中队，有队员两百多人。该支队自成立之日起，一面大造声势，宣传我党对敌军的"弃暗投明、既往不咎"的政策，以动摇国民党残部军心，一面打击敌对势力，以迎接上海解放。他们白天隐蔽，晚间出动，到处打击国民党军警，敌人个个心惊胆寒。

1949年4月1日，张金根率三个班的战士，在沪杭公路漕泾段见龙桥畔，伏击了吴江县警察局的溃逃人员，打得敌人措手不及，慌乱一团。此战短短几分钟就大获全胜，击毙2人，击伤1人，俘虏23人，截获军用卡车1辆、轻机枪1挺、步枪20多支、手枪4支。4月10日，由第二大队队长萧球率领的二大队战士，在山阳河缺口拦截了浙江省保安队一部，又获胜利，俘敌28人，其中1名营长、1名排长，还有团长家属；缴获冲锋枪2支、轻机枪1挺、手枪2支、步枪20多支、手榴弹数十枚。4月20日，第二大队又在亭林镇出入口截获了国民党金山县政府载运物资的卡车1辆，缴获步枪9支。

两浦支队成立后的短短两个月里，三次伏击国民党军警，三战皆捷，为金山解放扫除了许多障碍，也为金山新政权的建立创造了有利条件。

百姓遭抢　大桥被炸

4月23日南京解放后，住在朱泾镇的金山县国民党党政要员极度恐慌，纷纷逃跑。国民党金山县党团合并委员会主任杨昌寿率先逃往台湾。仅仅上任一个月的国民党政府末代县长汪飞白也弃职逃跑。许多政府官员、职员纷纷逃走，一些地主、富商、乡绅也逃往上海等地。反动军警则趁乱大肆抢劫粮食财物。原驻朱泾镇的江苏水上警察部队官兵，向朱泾镇上三十多家米行强行"借米"。德丰正记米行一次就被抢走大米一千多石，还勒令米行职工自己把粮食卸到他们准备的船上。镇上其他米行亦被抢，少则几十石，多则几百石，无一幸免。朱泾镇许多米行因此破产。

5月11日，我27军67师从嘉善县进击枫泾，枫泾解放。国民党败兵逃入朱泾镇,强占民房、学校,到处抢掠骚扰。

为了抵抗我军,5月12日,国民党军队将枫泾至朱泾公路上的桥梁全数炸毁,并用一辆四吨军用卡车装了32箱炸药妄图炸毁金山大桥。

据朱泾镇上的老人回忆:12日下午,这支炸桥部队的官兵临死还要捞一票,他们派人到金山商会,对居民进行恫吓和威胁,称32箱炸药一旦炸桥,全镇房屋就会被震塌,但如果能拿出20根金条给他们的话,他们就不炸大桥,使全镇免遭灾难。然而,当时镇上的富户商家早已逃走,朱泾镇上既无钱可筹,也无人肯出面筹措,老百姓只能听天由命。

12日夜里,驻扎在朱泾镇上的数千名国民党溃兵开始撤离。13日清晨,最后一批国民党溃兵向东撤退完毕时,他们点燃了事先放置在四个桥墩上的炸药导火线。随着一声惊天动地的巨响,大桥被掀向高空,靠近大桥的不少民房、商店、厂房被震塌。巨大的爆炸声响彻全镇。

朱泾大桥

13日凌晨，一支从南面进攻金山的解放军部队，从平湖县白沙湾及金卫扶王埭镇西北向金山挺进，先是攻打裴家弄敌伞兵营营部，敌两名重机枪手被击毙。敌军边退边走，又在镇后的坟包上（今金卫乡永联四队）架起两挺重机枪负隅顽抗，被我解放军包围。13日凌晨5时，战斗结束，除少数顽敌趁夜幕逃跑外，其余均被俘获。这次战斗击毙敌军6名，解放军牺牲1名。

与此同时，另一支主攻金山的解放军侦察营约500人，从浙江乍浦、新埭兵分两路进入金山。部队先在兴塔下坊渡附近击溃国民党守军后，分兵直取吕巷、朱泾。进攻朱泾的有一连多兵力，配有马队。当部队行进到金枫公路八德桥地方时，隐藏在棚户区夹弄内的国民党保安队突然向解放军战士开枪射击，三位战士受伤。其中一位胡姓排长伤势最重，经随军医生抢救，终因流血过多而光荣牺牲。

朱泾镇解放后的当天，朱泾商会调木船数艘，在掘石港金山大桥南首搭起一座浮桥，帮助解放军渡河，经松隐、亭林直抵奉贤，参加解放上海市区的战斗。

建立政权 剿灭匪特

金山刚解放的最初两天，出现了政权空缺的局面。据金山解放后第一任县委书记王瑞云回忆：接管金山的党政干部，大部分是从胶东招北县抽调来的，到苏中后补充了几名苏中干部和华东军政大学学生。1949年2月从山东集中出发。这批南下干部，随部队渡江，再分赴各地。负责接管金山的干部渡江后，由于联络、交通等各方面原因，尽管几天几夜的急行军，但还是直到5月15日下午才抵达金山朱泾。

接管干部到达金山后，当天就发现了一个意外情况。据当时地委介绍，金山的国民党军队和政府要员已经逃走，没有任何军队驻防。可是当接管干部到达朱泾时，却发现有部队驻在那里，并在各要道口设有岗哨。这些人住在已逃走的县长的公馆里。他们表面上欢迎接管干部来接管金山，背后却干坏事。县委书记王瑞云感到很意外，他与县长石流、县大队长蓝孝永、副政委郑英秋经过讨论，一致决定采取应急措施：一是先由县长找其负责人谈话，了解情况；二是不论他们是什么队伍，既不让其逃走，也不能让他们住下去，因为他们都有武器。当晚12点后，县大队集中了一个连的兵力，发动突然袭击，缴了这支队伍的枪。

事后了解到，他们是廊下乡兵痞李永乐趁乱拉起的一支武装匪特，自称"东南民主联军"。5月13日解放军解放金山后，14日这帮匪徒冒充人民解放军到达朱泾，浑水摸鱼。但只短短两天，这支匪特部队就被接管金山的南下干部解除了武装。

金山县人民政府成立后，面临的头等大事是安定社会。当时金山匪情严重，影响着人民群众生命财产安全。

经排摸，在金山卫、钱圩、八字、刘堰、兴塔等地就有土匪14股，仅在金山解放后的几天内，就接连发生了兴塔信用社、朱泾信用社被土匪抢劫的恶性案件。我工作人员下乡，前脚刚踏进村，土匪后脚就跟来。匪特"海北纵队"甚至还用电台与其他土匪部队联络，反动气焰十分嚣张。

于是，金山上下军民联手，打起了一场围歼匪特的人民战争。一天，一封举报信送到了剿匪工作组手里。这封具名"老百姓"的举报信，举报的匪特有名有姓，有根有据，还细说了剿灭匪徒的最佳方案。剿匪工作组对此非常重视，立即派出六名战士化装成老百姓，按照举报人的线索对钱圩六保小圩叶阿妹家进行搜捕，不到两小时，就捕获武装匪特七名。循着这一线索深挖细查，又先后抓捕了"金松突击支队"匪首姚友根、卫金龙、曹引生及钱小和尚等六十多人。

对于大股匪特，解放军驻金山部队、驻松江部队、公安边防部队和县大队联合行动，协同作战。"东南人民反共救国军海北纵队"司令黄八妹，有土匪四百多人，在各乡镇多次进行武装抢劫。我人民解放军剿匪部队通过安插"内线"，掌握匪特动向。1949年8月至12月，黄八妹所部第三、第二、第五支队分别在金山、奉贤和浙江金丝娘桥等地被我军歼灭。黄八妹后逃往台湾。另一支叫"苏浙反共自卫纵队金山支队"的土匪部队,支队长高鹤龄以"金山县长"自居,手下有喽啰约500人,曾叫嚣"白天是共产党天下,夜里是我姓高的天下"。然而,其所部土匪经我军多次清剿,不到一年就已所剩无几。1950年6月的一天,高鹤龄潜回钱圩,在刘堰被民兵发现,这个不可一世的"土匪县长",在潜逃中被我公安人员击伤而毙命。

　　经过全县军民的共同努力,至1950年秋,全县共歼灭匪特14股,俘获匪徒两百多人,缴获枪支两百余支、电台两部。成股匪特在金山境内基本被消灭,人民群众过上了安稳的日子。

玉佛寺里的解放军

沈晓阳

玉佛寺驻军护国宝

1949年5月25日拂晓,我打开家门外出办事,猛然看到一支人民解放军部队在江宁路、安远路人行道上休息,不觉兴奋异常。这是我第一次见到解放军。于是忙回家告诉了家里人和邻居们,大家都跑出来看望秋毫无犯的子弟兵。当天,这支解放军部队就开拔去围歼苏州河北的残余敌军了。当时,在我年轻的心里对解放军充满了崇敬和向往,多么想能和他们再见见面、说

玉佛寺外景

说话。没想到上海全境解放后，在我家弄堂隔壁的玉佛寺内也驻扎了解放军。那天，我怀着欣喜的心情，来到玉佛寺。虽然在玉佛寺大门口两侧有两名全副武装的解放军战士站岗，但身披袈裟的僧人却进出自如，寺庙内仍有香火，时而还传出和尚做佛事的念经声和木鱼声。我好奇地跟着一位相识的老和尚走进寺内，见到几个剃光头的解放军战士正在寺院内打扫尘土，时值6月初夏，他们上身穿着白粗布衬衣，远远望去与寺内的和尚几乎没有什么两样。在玉佛寺主殿两侧空屋内，驻有许多战士（后来知道是27军81师242团警卫连官兵），在寺庙左侧（现玉佛寺素斋馆）的楼上则驻有242团团部。而大殿后殿及禅房、方丈室仍归僧人居住，属于佛界活动的场所，部队官兵是不得随意进入的。

不久，我认识了该团一位军图测绘员王公林。其时，他只有18岁，还是个中学生，山东龙口人，1949年在家乡参军，待人热情直爽。我们两人一见如故，很快就成为好朋友。他告诉我："首长说我们玉佛寺是一座中外闻名的古寺，又有一尊从印度迎奉的珍贵玉佛，我们是奉军部的命令进驻寺庙护卫玉佛的。进寺前一天，团部特地派了1932年在上海入党的团政委方立凡去和玉佛寺住持亲切交谈，向他们传达了军部的指示，宣传了党的宗教政策，征求对部队进驻的意见，又将部队进驻寺庙后不得进入佛殿、不干扰佛事等一系列规定告诉他们，得到了他们的理解和合作。进驻寺庙当天，官兵们都剃了光头，上穿白衬衣，与和尚打扮几乎一样。不仅如此，为了严格执行党的宗教政策，团部还决定：官兵进寺后每日三餐基本吃素。"

解放军官兵将驻守玉佛寺当作一场没有硝烟的战斗，自觉执行"约法八章"，严格遵守寺

王公林（1950年）

原242团政委方立凡

规，恪尽职守，在三个多月的驻寺护卫期间，真正做到了秋毫无犯，保护了寺庙和玉佛，从而受到军部的表扬。

三青年踊跃考"军大"

原242团团长王岐秀（1955年）

朱大成（15岁）

当时，我家住的弄堂里有所小学和一个操场，隔壁玉佛寺里的解放军战士经常来此操练并和我们这些年轻人一起打篮球，与居民相处得很融洽。附近老百姓们看到这支队伍与国民党军队迥然不同，不仅纪律严明，精神饱满，而且还待人和蔼可亲，无不交口称赞。242团王岐秀团长，是1937年参军的八路军老战士。他爱打篮球，每逢比赛都要亲临现场助阵，兴起时还脱去军装上场参赛，博得周围观众阵阵掌声。有时王团长还和我们几个爱打篮球的青年人一起练球，聊家常。团参谋长亚冰，对士兵军容风纪要求很严格，但对我们青年学生却很热情，没有官架子。记得当时玉佛寺门口停了2辆在解放上海战役中缴获的美式装甲车，我们一群青年学生都好奇地在装甲车旁围观，但谁也不敢爬进车内。亚冰参谋长猜透我们的心思，便主动将车门打开，然后热情地对我们说："来！进去瞧瞧。"他还热心地向我们讲解装甲车性能、用途及火炮装置，让我们这些学生开了眼界。另外，团政治处主任单扬，是个大学生，也喜爱打篮球。他谈吐文雅，空闲时常给我们年轻人讲述革命道理，有时还带我们搭乘军车一起到附近电影院、公园等公共场所，向市民们宣讲共产党的政策和解放军入城纪律，使我们深受教育，从而萌发了参加革命的愿望。当时，我有两位要好的中学同学，一个叫李智骏，一个叫朱大成。

虽然我们都只有十五六岁，但已暗自商定，一起去参加解放军。那天，我们来到团部找到单扬主任和亚冰参谋长，要求到他们团里当一名解放军战士。两位首长见我们年纪都还小，便耐心地向我们讲明道理，说：目前部队刚进城不久，没有招兵计划，作为知识青年，还是报考华东军政大学为好。

此后不久，华东军政大学就在上海招生，单扬主任参加上海地区的招生工作。我们三人满怀热情地报考了华东军大，并同时被录取。之后，我们三人到南京报到被编入各个团队，分别给单扬主任和亚冰参谋长写过一封信，汇报我们入校后的学习、训练和生活情况。不久，单扬主任给我们都回了信，他用自己当年离开学校参加抗日投奔新四军的亲身经历来教育鼓励我们，要我们永远铭记陈毅校长的讲话，遵守校规，好好学习革命理论和为人民服务的本领。此后，由于242团调防离开市区到青浦县参加整训，1950年秋又北上参加抗美援朝，因而我们就失去了联系。虽然认识这两位首长只有三个月，但由于他俩是我们参加革命的引路人，在我们脑海里留下了深刻的印象，所以一直怀念他们。

李智骏（17岁）

本文作者沈晓阳（16岁）

英雄团赴朝立新功

1999年9月，我在庆祝华东军政大学建校50周年的特刊上发表了一篇《怀念革命引路人》的文章。我在文章里提到了上海解放初，我们三名中学生受到当时驻守玉佛寺的解放军团部首长的引导，投身参加革命报考华东军大的那段往事。没想到此文被当年曾在这个团部担任军图测绘员、现已离休的上海科技大学高级工程师王公林看到,他立即给我来信,向我详细叙述了242团赴朝参战和该团几位老首长的情况,使我感慨不已。信中说:"当年曾经在上海玉佛寺驻守的这个团队,在朝鲜战场上同样是一支战无不胜攻无不克的突击尖刀部队。1950年11月在长津湖战斗中,242团配合兄弟部队苦战4昼夜,全歼美军第7师第31团(代号白极熊团)。在整个第五次战役中,该团一夜间参加了大小战斗13次,急行军120华里,攻占预定目标,光荣地完成了穿插作战任务。二营荣获'穿插战斗模范营'称号,四连三排被授予'尖刀英雄排'的称号,全团集体荣立二等功。不仅全体官兵英勇善战,打出了国威军威,而且模范执行纪律,与朝鲜军民友好相处,发扬我军光荣传统,从而受到志愿军军部的通令嘉奖。"

半个世纪转眼逝去,几位团领导在历经几十年风雨磨砺后,大多已离开人间,唯有亚冰参谋长还健在。原政治处主任单扬在抗美援朝中担任志愿军某部敌工部长,负责前沿阵地瓦解敌军的政治宣传和对美李军战俘的教育转化工作,取得了很大成绩。朝鲜停战后回国,由于身带伤残,体弱多病,经组织批准转业去杭州市任科委主任,1986年因病去世,享年68岁。方立凡政委回国后曾任南京军区工程兵、炮兵政治部副主任,1964年转业到南京化肥工业公司任党委副书记,在"文革"中不幸含冤去世。王岐秀团长任江苏省军区副参谋长,也因积劳成疾,过早地病故了。经王公林的介绍,我们知道亚冰参谋长就是20世纪50年代名闻遐迩的电影《渡江侦察记》中我军侦察英雄的原型。那是在人民解放军发起渡江战役前夕,即1949年4月6日,亚冰参谋长奉命与27军侦察科长穆思荣分任"先遣渡江大队"正、副大队长,率领一支由180人组成的侦察队,分两路突破敌军封锁线,乘木船渡江,勇敢机智地插入敌后山区,与地下组织和游击队取得联系,成功开展了军事侦察活动,并将敌军布防及火炮阵地等绘成图纸,派人及时送至江北总指挥部,为大军胜利渡江提供了有力保障。解放后不久,亚冰升任团长,赴朝参战又屡立战功,升任师政委并恢复原名章尘,70年代任上海警备区副

沈晓阳（前排右一）、朱大成（前排左一）、李智骏（后排右一）、王公林（后排左一）四位战友拜访原242团参谋长亚冰（前排中）

政委，后升任政委。年逾八旬的章尘政委在前些年已离休了。

  2003年10月的一天，秋高气爽，风和日丽。李智骏、朱大成分别从苏州、深圳赶回上海，急等着与阔别五十余年的章尘政委——昔日的亚冰参谋长会面。下午1时整，我们三人与王公林约好在玉佛寺大门口碰头，利用短暂的时间在寺内巡游一周，摄像留念。接着在王公林陪同下，我们手捧鲜花驱车直奔华东医院。老政委已在会客厅等候，但见他笑容可掬地迎上前来与我们一一握手，王公林将我们三人向他作了介绍。章政委仍像当年一样亲切地询问我们每个人的年龄、经历和家庭情况。我们向他倾吐了几十年来的思念之情。尽管几经风雨曲折，但我们始终认定，首长给我们指引的革命之路是走对了……

威震上海的浦东解放军

周正仁 姚金祥

首支武工组 不慎遭暗算

1946年7月,中共上海地下组织领导人刘晓,委托林枫召集中共淞沪工委正副书记顾德欢、张凡、王克刚,传达了上级指示:为了配合解放区军民粉碎国民党反动派的进攻,立即恢复淞沪地区武装斗争。

会后,淞沪工委副书记王克刚来到奉贤西乡胡油车小学(今奉贤区新寺镇虹光村),同中共浦南特派员黄竞之(化名黄雅琴)和中共胡油车支部书记吴品章(后化名肖斧)商议后,认为浦南地区有条件开展武装斗争。于是,以中共萧家桥支部党员陆伯均为首的武工组正式活动,首批队员都是中共外围组织"弟兄会"的成员。武工组通过袭击国民党自卫队,很快武装了

1980年清明,张凡(前排左三)、王克刚(前排左五)慰问浦东老战友及烈士家属

自己。有两名从国民党监狱中挖壁洞逃出者，因遭通缉，也加入了进来，浦南武工组人员增至七人，有五支枪。

武工组的活动，很快引起了敌人的注意。国民党奉贤县长奚永之，通过其前任马柏生设下圈套：两名受他们指使的自卫队员谎称"找条出路"，混进了浦南武工组。敌人很快就摸清了这支队伍的性质，但又觉得仅靠两人想解决这支队伍没有把握，于是故伎重演，又有两名携枪人员前来"投奔"。结果，武工组内已混入内奸四人，可叹的是中共地下组织领导竟未觉察。

9月5日晚上，当武工组在一个宿营点休息时，敌人终于下了毒手，原有七人被内奸们开枪打死了五人（包括组长陆伯均），四名有枪队员全部被害，只有两名徒手队员脱险。奸细们得手后，割下了两名因越狱而遭通缉者的首级，向奉贤当局邀功领赏去了。

万众反"三征" 成立护丁队

浦南的斗争遭到挫折时，浦东的斗争却在蓬勃发展。8月间，从南汇越狱成功的中共党员王权与方大刚等，组建了路南武工组。10月，中共南汇县东南区特派员秦克强等人成立了东南武工组。

此时，国民党当局为了内战的需要，到处征丁、征粮、征税，百姓苦不堪言。1946年8月16日晚，南汇县当局在全县抓了三四百人，一时间到处能听到大哭小叫。时值农忙季节，男性青年却不敢在家，田地无人耕作。淞沪工委根据群众要求，经过细心组织，开展了一场以"反对抓壮丁、反对征粮、反对苛捐杂税"（简称反"三征"）为内容的群众斗争。

10月1日（农历九月初七）清晨，锣声阵阵，由长沟、路庄等乡农民发起，数以百计的群众汇集一起，分八路向县城进发。沿途农民听说是为反对抽壮丁到县城请愿的，纷纷加入行进行列。正在路上刷布的妇女，放下纱筒拿起了木棍；在田间劳作的，举起了锄头、扁担；有些农民还绑了国民党乡保长一起到县里；有一人家正办丧事，一百余名亲朋闻讯也一同前往。到达县城时，请愿

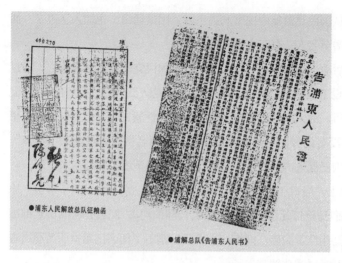

浦东人民解放总队征粮函和《告浦东人民书》

人数已达数千。至第二天上午9时,群众把南汇县城四门外的大街小巷塞得水泄不通,总人数达到两万余人。驻守东门的国民党保安大队架起机枪进行威胁,但群众并不惧怕,愤怒地高喊"要回亲人""反对抓壮丁"等口号。至下午2时,群众开始攻城门,却被守城敌人用砖头砸得头破血流。于是攻城者改用火攻,顿时浓烟滚滚,火光冲天,敌人阵脚大乱。国民党县长不得不来到东门城头,口头答应"今后不再抓壮丁",请愿队伍这才渐渐散去。不料敌人背信弃义,待围城群众一撤,便出动军警抓走了十多名请愿骨干。中共地下组织迅速发动知名人士和群众联名写信,警告国民党县政当局,迫使敌人放回了全部被扣群众。

1947年初,中共淞沪工委书记张凡到达浦东,组建了中共浦东工作委员会(简称浦东工委),很快就成立了浦东人民护丁总队,任命陈伯亮为总队长。7月后由张凡兼任总队长,陈伯亮改任副总队长。不久,护丁总队向敌人发起了频频进攻,搅得敌人顾此失彼,惶惶不安。

水陆分两路 奇袭万祥镇

为了对付中共领导的武装力量,国民党政府颁布了所谓《动员戡乱完成宪政实施纲要》。淞沪警备司令部专门委任整编63师152旅旅长为"清剿区指挥部"指挥官，加紧对浦东、浦南的军事"清剿"。

1947年11月底，护丁总队接到命令，配合解放大军的战略反攻，伺机打击浦东敌人的嚣张气焰，以拖住敌人的部分兵力。而此时，他们正巧获悉国民党正规军青神部队将撤离浦东"另有任务"，护丁总队遂选择驻于南汇县万祥镇的青神部队145旅434团某连作为打击对象。这是一次游击队与正规军的作战，非同一般。12月3日，20余名从各个武工组抽调而来的短枪队员在万祥镇北六七里处隐蔽集结，作了战前动员和部署。

5日下午1时许，护丁总队短枪队等分水陆两路向万祥镇进发。陆路装扮成农村丧家购买棺材模样，水路两艘农船上装的是稻谷，像是乡下人上镇碾米。万祥镇是当地一大集镇，集市兴隆，熙熙攘攘。短枪队很快就混进了镇，有的忙着去"看棺材"，有的在码头上搬运和过秤稻谷，也有的在油店前排队"购油"，实际是在严密观察镇上动静。

按照预定方案，短枪队员3时半才能行动，因为那是敌人开饭时间，最无防备。谁知刚到3时整，两个敌人忽然来到棺材店，其中一人用枪抵住一游击队员的后背，喊了声："不要动，举起手来！"说时迟，那时快，短枪队长王菊林拔出枪来对准敌人一扣就是三发。敌人倒了下去，但枪声也惊动了四周。第一组冲到敌连部时不见人影，却拿到了一支汤姆式冲锋枪。敌人闻警，在机枪掩护下从夹弄内冲了过来。王菊林即命令缴到美国汤姆枪的战士封锁夹弄之敌，掩护短枪队行动。第二、三组迅速去缴敌人的枪械，而后撤离。战士们把缴获的武器大部分置于渡河小船之中，自己泅渡过河。哪知一位战士不会游泳，双手搭在船舷上踩水过河，却在深水区将小船弄翻，船上的枪支弹药悉数落河。除去这批损失，这一仗共缴获加拿大式轻机枪1挺、美式汤姆枪3支、步枪12支、榴弹筒3个、枪榴弹17枚、子弹1 500余发。

万祥战斗后一个多月，护丁总队更名为浦东人民解放总队，正式亮出了解放军的旗帜。

王家港大捷 外国人惊呼

奇袭万祥一战激怒了敌人，他们集结了各方面兵力进行"清剿"，妄图把"浦解总队"围而歼之。浦解总队为保存力量，避敌锋芒，不断转移，隐蔽活动。当时供给极其困难，战士们时常饱一顿、饿一顿。

1948年1月某日，短枪队队长不得已带领几名战士到亲友家借钱渡难关，宿营在奉贤县滨海乡农民朱老伯家中。不料被密探发觉，为该乡自卫队所包围。结果，部队虽突围而出，但当借到钱后返回时，发现朱家已经被敌人洗劫一空，朱老伯也被抓走。敌人对他严刑逼供，但老人什么也没有说，后来用几十石米的代价才托人保出。自然，人民政府是不会忘记他的。1983年朱老伯去世时，当地乡政府专门派员前往致哀，并给其家属以经济上的补助。

对于敌人军事上的"清剿"，浦解总队用更大更多的反击来答复。4月间，浦解总队先是在南汇县祝桥镇（今属浦东新区）缴了自卫队的枪支，接着又夜袭南汇县陈桥乡公所，毙敌三人，缴枪十多支，那个反动乡长趁乱溜走，再也不敢到任。

此时，浦解总队的主力奉命南渡浙东，敌人见浦解总队已没有长枪，又神气活现起来。留在浦东的浦解总队短枪队等遂选择位于川沙城北、临近上海的王家港（今为浦东新区王港镇），向该镇自卫队发起突然一击。

5月25日晚，由总队参谋长肖方率领的浦解总队指战员从川沙县城西某宿营地出发，一路直奔到达王家港。他们兵分两路。中市一路出敌不意，冲进镇内，切断电源，俘获了副乡长等人。西市一路与自卫队发生交火。中市那路迅速赶来增援，很快解决了战斗。清点战果，缴获轻机枪1挺，其他长短枪18支。浦解总队无一伤亡，迅即转移。

浦解总队撤走不久，国民党吴淞要塞司令派部队前来增援，而被打散的王家港自卫队刚刚回到据点。增援的敌人以为浦解总队还在镇里，开枪就打；惊魂未定的自卫队员则以为浦解总队杀"回马枪"，便拼命抵抗。"砰、砰""嘣、嘣"打到天亮，敌人才恍然大悟：是自家人打自家人啊！

王家港大捷的消息上了沪上报纸，报道说，一些驻沪外国领事馆人员连声惊叹："共产党竟然打到上海市郊，不得了，不得了！"江苏省政府因此下令川沙县长苏奎炳停职检查。苏则把怨气出到城北乡正副乡长身上，一正两副三人统统被撤职查办。

扬威黎明前　胜利大会师

之后，浦解总队不断发展壮大，至1948年下半年，已下辖一个突击连、"解放"和"松江"两个大队以及"英勇""机动""灵活""奋斗"等五个中队。特别值得一提的是，曾经首建上海市郊武工组的浦南地区，也重建了革命武装，被命名为浦南中队。

解放大军已推进到了长江北岸，渡江战役蓄势待发。此时，国民党淞沪警备司令部司令宣铁吾电示浦东各县县长，说"现大局日益严重，我警备区随时有应变准备，对于心腹之患，自须早日肃清"。为了粉碎国民党在浦东地区的再次"清剿"，浦解总队各部英勇地展开了黎明前的战斗。1949年3月2日，英勇中队袭击了驻于浦东六里桥艾镇的上海市义务警察分队，俘获全部人员，缴获全新"三八式"马枪十支。敌人大呼"共产党游击队打到市区来了"。浦南中队也频频进行锄奸、缴枪斗争，队伍获得大发展。

与此同时，浦解总队根据上级指示，制定了《浦东人民解放总队十大行动纲领》《浦解总队通令》和《告浦东人民书》等文告，加强了政治宣传攻势，促使一批国民党正规军和地方自卫队放下武器，投入了人民阵营。为了将浦东地区的敌情和地情及时报告给已经渡江南下的接收人员，浦解总队先后派出多人，采用各种办法，与南下干部接上了头。

1949年5月中旬，翘首企盼的浦解总队各部先后与解放大军胜利会师。浦南中队与解放军在亭林附近公路旁会师，双方差点发生误会。幸亏解放军和浦南中队里都有抗日时新四军浙东纵队的老战士，互相一介绍，大军中一位骑着马的胖胖的团长爽朗大笑，连声说："自己人！自己人！"

解放大上海的历史见证
——记上海解放纪念馆

朱晓明

1949年5月12日，遵照党中央、中央军委与毛泽东主席的命令和"钳击吴淞，解放上海"的战略部署，中国人民解放军第三野战军在上海战役的主战场——宝山，打响了解放上海的第一枪。经过16天的鏖战，这座举世瞩目的国际大都市，终于回到了人民的手中。

位于宝杨路599号的上海解放纪念馆，集中展示了解放上海的这段历史。该馆于2004年起开始筹建，2006年5月26日建成开放。整个纪念馆区

陈毅元帅题写的"革命烈士永垂不朽"纪念碑

域占地面积20 878平方米，包括"革命烈士永垂不朽"纪念碑、烈士墓地、上海解放纪念馆、宝山烈士事迹陈列馆等。上海解放纪念馆的主体建筑分上下两层，展示陈列面积1 500平方米，由序厅、主题馆、大型多媒体情景剧场组成。通过250余幅图片、120余件实物，生动地再现了解放上海战役的一个个感人故事。

遗照：英雄团长
出征上海前与2岁长子的合影

这张已经泛黄的照片，被胡文杰烈士的遗孀唐渠珍藏了将近70年。直到前几年，她才小心翼翼地从"宝贝盒"里取出来，翻拍后捐赠给上海解放纪念馆。

胡文杰，1916年生于江苏丹阳一个读书人家。他自小天资聪颖，勤奋好学，以优异成绩考入苏州吴江师范学校，1935年毕业后在家乡任教。1937年8月，侵华日军大举进犯上海，同年12月，丹阳、镇江也相继沦陷。胡文杰毅然投笔从戎，投身抗日。

胡文杰烈士出征上海前与2岁儿子的合影。胡文杰本人未见到此照片

唐渠是从上海的卫校毕业后投奔新四军抗日根据地的，当时正好在医院负责护理负伤的胡文杰。后来经组织批准，他们确定了恋爱关系，并相约在抗战胜利后正式结婚。

在解放战争中，胡文杰参加了渡江战役。当时，所有参加战斗的解放军

指战员,对牺牲都有心理准备。胡文杰长期从事政治工作,参加解放上海战役的前夕才改任团长。这次职务变动,胡文杰是临危受命。在解放上海的激战中,他所在的中国人民解放军29军87师259团,担任主攻通往吴淞口的月浦阵地的任务,面对的是国民党主力部队52军和国民党当局经营多年的海、陆、空立体防御体系。

胡文杰夫妇的感情一直很好。出征上海前夕,他特意对妻子交代:"万一我在解放上海的战斗中牺牲了,你还年轻,带好孩子,最多为我守寡三年就够了。要是碰到好的同志,就改嫁吧!"他还带上自己2岁多的长子,一起去照相馆照了一张相,接着就上前线去了。

没有想到仅仅过了两个月,1949年5月15日,他在上海北郊月浦镇的259团指挥所部署作战方案时,敌军疯狂反扑,胡文杰身中七弹,牺牲在作战指挥的岗位上,成了为解放上海而献身的职务最高的解放军烈士。在出征上海前和长子的合影,胡文杰都没有来得及看到,竟成了他的一件遗物。

小儿子叫胡继军,本名"胡小遗",是在父亲胡文杰牺牲21天后出生的。当时被安排在后方10兵团留守处的唐渠已怀孕七个月。她在6月3日得悉胡文杰已牺牲的噩耗时,由于悲伤过度,过了两天,早产生下了小儿子,取名"小遗",以此表示怀念。

胡文杰牺牲后,灵柩由87师专人护送到家乡江苏丹阳横塘乡留雁村安葬。胡文杰烈士的灵盒于1966年安放在上海龙华烈士陵园正厅,他的遗像、遗物也在龙华烈士纪念馆陈列展出,供后人瞻仰纪念。

战地日记:看看他是怎样工作的一个革命战友

1947年8月11日,张勇在日记本"写在前面"中写道:"在很早以前我就想有这样的一本漂亮簿子,现在是如愿了。我很爱它,我将要把它变成我的历史,变为我的斗争,变为我的工作。从今天起,从战斗动员起,我开始我的革命,对党对人民的忠诚,能反影(映)着我的思想、工作、作风。我将有一个希望,希望在我旁边的战友,当他为人民完成了任务时(最后的一点血流干了的时候),能替他收拾着这本子,看看他是怎样工作的一个革命战友。"

在解放上海战役的月浦攻坚战时,张勇任中国人民解放军第29军87师260团三营副教导员。渡江战役时,张勇的爱人胡兴野也在29军87师,是师部机关指导员兼文书,但彼此难以联系,只能偶尔通信。在张勇的遗物中,有他参加解放上海战役前三天(1949年5月9日)写给新婚才两个月的妻子的一封信。信中写道:

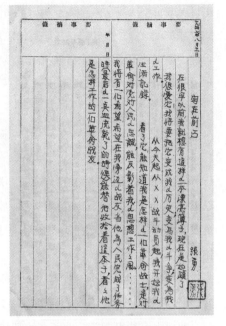

在解放上海战役中牺牲的张勇烈士,1947年8月11日写的战地日记

"要到上海去了!一切为了胜利。希你努力工作,在支部中很好动员,展开组织活动,使每个同志都紧张起来。我也如此。最后的战斗我坚信一定胜利的,但也是艰苦残酷的,我却不怕。我将愿贡献我的一切给这一战斗,为了永久的和平与幸福。努力吧!"

他是这样想的,也确实这样做了。1949年5月14日,在解放上海的月浦主战场上,张勇冲到最前沿阻击敌军坦克进犯,用集束手榴弹炸毁了其中一辆,而他自己也光荣牺牲。噩耗传到妻子耳中的两天后,信刚刚寄到,此时已是阴阳永隔,这封信竟成了他的遗书。

这封信的发现过程也很打动人心。胡兴野后来与张勇的战友成婚,沈鸽兵就是他们的孩子。捐赠时,沈鸽兵告诉我,母亲一直有个珍藏的小盒子,

107

平日里谁也不能碰，大家都不知道里面装的是什么。直至母亲过世，清理遗物时才发现，盒子里装的就是这封信以及张勇的战地日记和立功奖状。沈鸽兵说，母亲并不避讳和张勇叔叔的这段感情，相反，两家人还常来常往，逢年过节互相问候，情谊已延续几十年。

血衣：大片血渍仍可辨

蒋老当时从箱子里捧出这件血衣，郑重地递给我。他说："血衣伴随了自己近60年，一直珍藏着，希望这个解放上海的历史见证物，捐赠后能教育更多的人，要珍爱今天的幸福生活。"十多年前蒋老说的这些话，笔者至今铭记在心。

"蒋老"名叫蒋文，参加解放上海战役时是中国人民解放军第33军99师295团宣教股副股长，离休前任解放军7214工厂政委兼政治处主任、党委书记。解放上海战役期间，他所在的师临时归29军指挥。蒋文说，那时他一

蒋文在解放上海时负伤的血衣，左下角缝补处系当时的"枪眼洞"　　卓毅奋在解放上海时负伤的"伤票"

108

直驻在七连,而七连在解放上海战役中的主要任务是拿下月浦镇外的一个大地堡,它大概是敌军的营一级指挥所。"进攻的那个晚上,没能把敌军的母堡拿下。有位排长提出:'我上!'团里同意了。这位排长挑选了十几个人组成突击队。敌军的炮火很凶。我们部队有个连,只剩下了十几个人!在进攻的第二天上午八九点钟,一个炮弹飞过来,我负伤了……"

蒋文说,照片中血衣左下方明显的缝补处,就是被敌军炮弹弹片穿过的洞。当时,他身上的伤口长达11厘米多。负伤后,蒋文被送往后方医院,血衣被清洗了,但衣服上的大片血渍,直至今日,仍隐约可辨,见证了解放上海这一段血与火的历史。

伤票:伤员姓名错写成"莫一奋"

这张透着历史沧桑感的泛黄的伤票,原主人其实名叫卓毅奋,并非伤票上所标注的"莫一奋"。参加解放上海战役时,卓毅奋是中国人民解放军第29军87师260团一营一连指导员。

1949年5月12日,部队进入月浦阵地。14日早上,根据上级命令,卓毅奋带连队支援三营主攻。指挥员带部队冲了上去,敌军组织多辆坦克疯狂反扑。卓毅奋迅速带了二三十名战士,拿上手榴弹向敌军的坦克投去。敌军一看到我军反击凶猛,就边打边溜。卓毅奋追上前不到100米,头部中弹倒下,被通讯员朱明桂背到离主阵地一二里路外的临时包扎所,在医务人员紧急注射强心针后才苏醒,后被送到设在太仓浏河的后方野战医院。

就在要被送出临时包扎所的时候,医务人员给卓毅奋填写了一张伤票(相当于病情诊断书)。由于卓毅奋头部负伤,当时医生询问他时连话都说不清,结果伤票上的姓名错写成了"莫一奋"。

这份珍贵的战地文物,卓毅奋保存了整整55年,于2004年11月捐赠给筹建中的上海解放纪念馆。

支前有功：人民战争胜利的见证

2005年1月，得知上海解放纪念馆正在征集文物史料，施景飞老人给纪念馆档案文物征集小组寄来一份因"完成支前任务卓著功勋"而获得的奖状。

施景飞于1948年在老家江苏海门六平区加入支前民工队伍，被编入江苏民工四大队，随中国人民解放军第29军87师260团渡江，之后参加了解放上海战役的月浦战斗。

施景飞在附信中这样记述："1949年5月12日，我们民工跟随部队接近月浦镇。由于敌人的工事地堡坚固，火力交叉密集，使我军伤亡很大，进攻受挫。13日半夜时分，我们民工大队政委卫忠和突然接到上级命令，要我们民工即刻送炸药包上前线，并强调一定要完成任务。那时我任政委通讯员，就在政委身边，由于时间紧迫，所以我立即自告奋勇地报名接受了任务。我

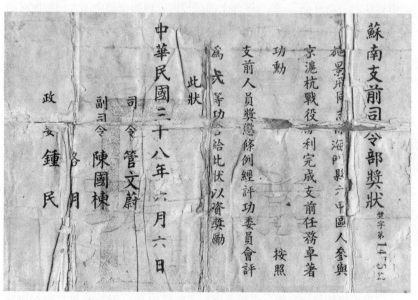

施景飞参加解放上海战役时荣获的"支前有功"奖状（苏南支前司令部奖状）

挑起了两个炸药包，重量约有60斤，跟随带队的战士，摸着黑不顾一切地把炸药包送上了前线。返回途中听到了巨大的爆炸声，我想敌人的地堡已经炸飞上了天。"

支前民工的主要任务是向战地运送弹药、粮草等，他们的支援，充分显示了人民战争的巨大威力。2009年4月，亲历解放上海战役的迟浩田上将在撰文回忆时这样写道："如果没有人民群众的拥护和支持，我们根本不可能取得胜利……我想用我的亲身经历，告诉年轻的同志们，中国人民革命战争的胜利，中华人民共和国的成立，是中国人民的伟大胜利！"

战地文物："嫁"到上海去"安家"

为上海解放纪念馆捐赠文物最多的人，名叫吴文桂。当年她是中国人民解放军第33军政治部民运队队长。笔者曾六上北京采访她，她是"倾其所有"，全力协助我们。她动员全家，花了近两年的时间查找、整理，共向上海解放纪念馆捐赠了66件档案和文物，约占纪念档案和文物的五分之一。她还努力为我想要征集采访的一个个对象牵线搭桥。

或许很多人不知道民运队在当时是做什么的。他们的一大任务，就是做战勤工作，比如收集战斗器材、粮食等，还要掩埋战地上的尸体。吴老给我讲过一个故事。那是5月底的上海，天气开始热了，民运队的一位女同志要执行掩埋尸体的任务，尸体烂得快而且量大埋不过来，可这位女同志却咬牙坚持住了，一天两天三天……她吃不下饭睡不着觉，最后昏倒在现场。这样的巾帼英雄，怎能不让我为之动容！

在解放上海战役中，吴文桂为了给部队筹借修筑工事的器材，冒着大雨赶往嘉定方泰乡的老乡家中，路上不慎跌入一丈多深的坑里。直到次日下午器材筹集完毕，才发现人已无法站起，脚更是肿到鞋子也脱不下，只能用剪刀剪开鞋子治疗。但踝关节刚复位，她就立即扶着别人的身子站起，动员那些因担心敌军轰炸扫射而不大愿意运输器材到前方阵地的船工们："还请各位乡亲们辛苦一夜,请各位帮帮忙,我和大家同去同回。时间就是生命,现在就开船。我坐第一船,大家跟上!"目睹此景又听闻此言后,船工们当即撑篙开船。

2005年,吴文桂将这么多档案和文物交给我时动情地说,这些"宝贝"伴随着他们一家辗转南北近60年,现在要"嫁"到上海去"安家"了,心里的确有些舍不得,但能让更多的人铭记这段历史,那就值得!

木刻画:解放军到,老百姓笑

1949年5月28日清晨,上海市民打开房门,几乎都被眼前的一幕所感动:只见街沿旁、屋檐下,到处是怀抱枪支、和衣而卧的解放军指战员。征战的硝烟还残留在他们疲惫的脸上,酣甜的睡梦中却没有胜利者的骄矜。他们宁肯露宿街头,也不愿打搅上海市民。

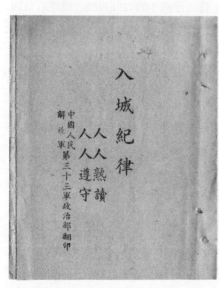

入城官兵的"口袋书":《入城纪律:人人熟读,人人遵守》(中国人民解放军第三十三军政治部翻印)

1949年5月,上海画家创作的木刻画:《解放军到,老百姓笑》

2009年5月27日上海解放纪念日，参加解放上海战役的老首长及后人重访宝山战地，瞻仰"热血丰碑——解放上海烈士英名墙"

"胜利之师"睡马路，自古以来所没有。这是人民解放军送给上海市民的第一份"见面礼"！上海人民正是在这种特殊的场合，第一次同自己的军队见了面，并且深深地爱上了这支军队。中共上海地下组织为迎接上海解放，组织画家创作了《解放军到，老百姓笑》这幅木刻画。

其实，早在1949年4月1日，陈毅、粟裕就下达命令，颁布《入城三大公约十项守则》，让参加解放上海战役的各部队印制成"口袋书"，人手一份，作为指战员、工作人员进入上海城市生活行动的准绳，要求"人人熟读，人人遵守"。入城三大公约是：一、遵守军管会及人民政府的一切法令和各种规定；二、遵守城市政策，爱护市政设施；三、保持革命军人艰苦朴素的传统作风。入城十项守则是：一、无故不打枪；二、不住民房店铺，不准打扰戏院及一切娱乐场所；三、无事不上街，外出要请假；四、车马不得在街上乱跑；五、不准在街上吃东西，不得扶肩搭背，不准拥挤街头；六、买卖要公平；七、驻地打扫清洁，大小便上厕所；八、不准占卦算命，赌博宿娼；九、不准封建结合，营私舞弊；十、不准在墙壁上乱写乱画。

人民解放军指战员严格执行入城纪律，做到了秋毫无犯。"胜利之师"睡马路的消息，随沪上各大媒体传遍海内外，"美国之音"不得不作了报道，

2006年4月,本文作者向梁灵光(解放上海时任29军参谋长,离休前任广东省省长)介绍上海解放文物史料情况

就连美国著名的《生活》杂志也载文说:"各项消息指出一个历史性的事实,那就是国民党的时代已经结束!"

2006年5月,上海解放纪念馆开馆,填补了解放上海战役纪念馆的空白。在我心里,这不是一座简单的纪念馆,而是一个持续记忆的载体,是能让英烈精神穿越时光、永远沸腾人心的传播之地!

张澜、罗隆基虹桥脱险再揭秘

姚华飞

张澜斥责蒋介石假"和平"阴谋

1947年10月,国民党政府公然宣布中国最大的民主党派——民主同盟为"非法"组织之后,全国各民主党派更是团结一致义无反顾地公开掀起推翻国民党反动统治的浪潮。

时已77岁高龄的民盟主席张澜,特别重义,他请人代书自励等条幅悬挂床头,首句就是"以义持己,则富贵不能淫,贫贱不能移,威武不能屈"。张澜抱着大无畏的精神,对来访的外国记者侃侃而谈,坚持自己的政见。

民盟主席张澜

1949年1月6日,张澜针对蒋介石发表的《元旦文告》严正指出,蒋所提"维持法统与保障国民党军队这两点",不仅中共,就是全国民众亦难接受,他们认为蒋介石"并不真要和平"。10日,他再次发表声明,斥责蒋介石的假"和平"阴谋。

张澜的声明得到了中共以及各民主党派的支持。蒋介石下野后,李宗仁欲拉拢张澜等民主党派领袖,亦遭拒绝。张澜等人的言行,自然会引起蒋介石的仇视和报复。为保护民主人

罗隆基

士，共商建立新中国的大计，在中共上海局吴克坚等人的安排下，一批民主人士被秘密送到了解放区。

同年1月22日，已经到达解放区的民主人士李济深、沈钧儒等55人联合发表《我们对时局的意见》，明确表示：愿在中国共产党领导下，献其绵薄，共策进行，以期中国人民民主革命之迅速成功，独立、自由、和平、幸福的新中国之早日实现。毛泽东主席提出了真正的人民民主和平的八项条件，这是对于蒋介石所提的无耻要求的无情反击。我们是彻底支持的，呼吁全国人民"务须团结一致，采取必要行动，坚持执行人民公意，而使这八项和平条件迅速地全部实现"。

25日，周建人、翦伯赞等人联名致电尚在上海的张澜、黄炎培、陈铭枢、罗隆基、史良。电文说："近闻敌方派人在沪活动，企图分裂民主阵线，混淆社会视听，以保自全。诸公久居沪上，所闻所见，必更亲切，当能对反动派之阴谋彻底揭发，严予指斥，并请号召国民党统治区人民坚持依中共所提八条，实现真正和平，彻底消灭人民之敌人。"

蒋介石密令：杀掉张、罗

国民党一看拉拢不成，便开始对民主人士实行秘密绑架和暗杀。

1949年的2月间，国民党特务加紧活动。

2月24日，民革上海临时工作委员会主任委员王葆真为迎接解放加紧策反工作，被国民党上海警备司令部逮捕，一起被抓的共有三十余人。5月9日，王葆真被判处死刑，暂缓执行，直到上海解放后才出狱。5月12日，中国民主建国会成员黄竞武（黄炎培次子）在中央银行被特务逮捕，18日被杀害于南市监狱。21日，中国农工民主党中央执委曾伟在上海被国民党反动派杀害。

就在国民党特务到处抓人、杀人的恐怖气氛中，著名爱国人士张澜、罗隆基正在上海虹桥疗养院养病。国民党特务机关派人对张、罗两人日夜看守，严密监视。但凑巧的是，负责监视张、罗的，恰好是吴克坚同志秘密布置来营救两人的地下工作者。

1949年4月20日,国民党政府拒绝了中国共产党提出的和平条件。21日,解放军百万雄师在西起湖口、东至江阴的千余公里长的战线上打响了渡江战役。23日,解放了国民党的巢穴南京。已经下野的蒋介石再也按捺不住,就在南京解放的当天,离开溪口,匆匆赶往上海。

26日,蒋介石赶到上海的当天,就紧急召见了一批军政要员,其中包括国防部长徐永昌、参谋总长顾祝同、空军司令周至柔、海军司令桂永清、联勤总司令郭忏、京沪杭警备总司令汤恩伯、保密局长毛人凤、内政部长谷正纲、上海市代理市长陈良。

蒋介石此行一方面是给他的部下打气,另一方面就是要屠杀一批革命志士,以泄心头之恨。他下令,一经发现嫌疑者,即予以逮捕,并密令处决民盟负责人张澜和罗隆基。

5月3日,毛人凤在他的浦石路(今长乐路)官邸对毛森说:"总裁有指令,对张澜、罗隆基先监视起来,然后秘密解决。"

于是,他们制定了一套行动方案,密令上海警备司令部第三大队大队长、军统特务聂琮执行。聂琮则命令特务刘克琪制定暗杀张、罗二人的计划,试图用匕首把张澜、罗隆基刺死在虹桥疗养院。

吴克坚说服杨虎协助营救张、罗

中共中央很快获得了国民党要暗杀民主人士的绝密情报。

周恩来指示中共上海地下组织:必须保护好宋庆龄、张澜、罗隆基、黄炎培、史良等人的安全,要防止他们被特务绑架和暗杀。

李克农汇报说,中共上海地下组织将尽全力,不惜一切代价,确保他们安全。

最后,周恩来指示李克农:"上海一解放,马上护送他们来北平,参加全国政治协商会议。"

中共上海地下组织负责人吴克坚根据周恩来、李克农的指示精神,展开

1983年吴克坚在重庆曾家岩50号周公馆前留影

了营救工作。

吴克坚认为：营救张、罗，杨虎是个关键人物，因为他在国民党上海警备司令部中有得力的部下。如能得到杨虎的鼎力相助，营救行动成功的希望就大多了。

5月上旬，吴克坚同董竹君商定，通过国民党军官郭春涛约杨虎到董竹君的家（愚园路1320弄1号）秘密会晤。开始，杨虎对营救张、罗有些为难。

吴克坚见状，便对杨虎说："请杨司令再考虑考虑，如果实在为难，就算了。"杨虎当场没有表态。

吴克坚和杨虎在四年前就相识而成为朋友，吴是通过董竹君做杨虎工作的。董竹君与吴克坚同生于1900年。董竹君先是与中共上海局领导人张执

董竹君

杨虎

一联系,随后又与吴克坚联系。她住迈尔西爱路(今茂名南路)期间,曾受吴克坚指示,把此处作为地下工作者碰头的秘密据点。

1945年2月,在吴克坚通过杨春涛认识杨虎后,曾通过董竹君多次做杨虎的工作。

一天晚上,杨虎来到董竹君凡尔登花园31号家中探望她。董竹君见杨虎一进门就愁容满面地坐在沙发上,就趁机和他谈局势。

"杨虎,现在形势变化很大。你应看清局势,为自己以后想想。"杨虎点点头,没有言语。

董竹君接着说:"像你这样的地位、资历和名望,完全可以为国家、为老百姓做些有益的事。"

杨虎仍是点点头,并说:"我只知道你对企业有兴趣,不问政治,想不到你把局势分析得很清楚。"

"这是由于爱国心的关系,中国人嘛!"董竹君回答道。

那次虽没有深谈,但董竹君已知杨虎是位可以争取的人。她将这些情况及时向吴克坚作了汇报。

之后,吴克坚多次约杨虎到董竹君的住处深谈,使杨虎看到了自己的未来。杨虎在董竹君护送进步青年去苏北淮阴解放区、从虎口救出游击队员等工作中都做了不少有益的事情。

在这关键时刻,吴克坚又想起了杨虎。

此时的上海,学生罢课、工人罢工的群众运动开展得如火如荼,国民党当局慑于群众斗争的巨大压力,不得不放弃在疗养院行刺张澜、罗隆基的计划,而又重新制订了一份暗杀计划:即将张澜、罗隆基绑架后,用船运到吴淞口,身绑大石头,抛进大海,沉尸灭迹。

在这万分紧急的时刻,著名大律师史良也没有离开上海。

史良是民盟成员,曾多次公开在民众大会上演讲,支持学生运动。时任上海市市长吴国桢说:"学生游行是非法的。"史良立即反击他:"你们才是非法的。"史良还在大会上对学生表示:"要坐牢,我同你们一起坐!"

被国民党特务杀害的黄竞武

国民党还把民盟常委黄炎培列入暗杀黑名单。有一天,黄炎培参加一个宴会,遇到国民党军官郭春涛。郭夫人悄悄地对黄炎培说:"某某将对你不利,除你之外,还有张澜、罗隆基、史良等人,他们要绑架和暗杀你们。"某某指国民党特务。

当天,黄炎培为了摆脱险境,故意对外宣传说:他要祝寿了,为时三天。

可就在第一天,黄炎培和夫人趁宾客满座之时,悄悄地跑了。他们从永安公司正门进去,从侧门出来,坐上王艮仲为他们事先安排好的一辆车,先到他女儿学潮的家里躲了一夜。第二天登船离开了上海,北上去了解放区。

蒋介石得知黄炎培逃跑后,非常气愤。他再次命令毛人凤说:"这些人是很有影响的,我们不能让他们为共产党说话!"

毛人凤说:"校长,我正在布置交通封锁,绝不让一个民主人士进入匪区。"

蒋介石怀疑地说:"你能看得住吗?"为此,蒋介石再一次下达了密杀令。

很快,吴克坚又找到杨虎:"我们得到绝密情报,张澜、罗隆基有被捕的可能,希望杨司令能设法营救他们。"吴克坚明确地告诉他,这是周恩来的指示。

杨虎一听是周恩来的指示,立刻表示,一定设法完成营救任务。他经过认真考虑后说道:"我女婿周力行是上海警备司令部副司令,可以信任;另外,还有一个人,三年前他和我一同会见过周恩来先生。"

"他是谁?"吴克坚问。

"警备司令部缉查处阎锦文。"

杨虎派阎锦文负责营救张、罗

那还是三年前的事了。一天,在吴克坚的安排下,由董竹君陪同周恩来到杨虎公馆,做杨虎的工作。

阎锦文是杨虎的亲信,碰巧那天他去拜访杨虎,遇到周恩来。周恩来很亲切地对他说:"请坐。"周还问他做什么工作、家眷情况等。

然后,周恩来和他们一起分析了当时国内国际形势,对他们说:"希望你们能站在人民一边,为人民多做点事情。只要你们为人民做过事情了,人民是不会忘记你们的。"

当时杨虎、阎锦文心想:是呀,万一国民党失败了,我们得为自己留点后路吧。

周恩来很随意的几句话,就像走了一步闲棋,几年之后起到了作用。

杨虎把阎锦文叫到自己家中,说道:"我们从中共那边得到消息了,可能要逮捕张澜、罗隆基。如果发生这样的事情,你要负责营救。"阎锦文爽快地答应了。

第二天,吴克坚要求杨虎和阎锦文将营救工作策划得再细一点。

当晚,杨虎又把阎锦文叫到自己家中说:"你一定要尽力营救张澜、罗隆基。这是周恩来交给我们的任务。"

阎锦文表示,一定不辜负周恩来的信任和重托。

此刻,毛人凤得到蒋介石的密电:"所有在押的共产党、民主分子、嫌疑犯,包括保释出来的政治犯,一律处置,不给共产党留下活口……"

毛人凤随即命令毛森:"马上逮捕张澜、罗隆基,再出意外,我就拿你是问。"毛人凤取过一份要立即处理的黑名单,当即挂电话给上海警备司令部……

5月10日,上海警备司令部稽查处处长何龙庆,对稽查处人员说:"我们接到上峰的指示,要对在虹桥疗养院的张澜、罗隆基采取行动,把他们抓到警备司令部的看守所。"

警备司令部第三大队大队长聂琮欲抢头功，但他突然想起，这个地区是副大队长阎锦文分管的，自己不便直接插手。

于是，聂琮挂电话给阎锦文，说："你来一次，我们商量商量吧！"

当聂琮说明情况后，阎锦文灵机一动，说："抓张澜、罗隆基这些小事情，何须你聂大队长亲自动手。还是由我来吧，保证他们插翅难逃！"

然后，趁聂琮跟几个浓妆艳抹的女郎打情骂俏时，阎锦文打电话给何龙庆，说张澜、罗隆基病得很厉害，行动不方便，我们准备找一个保人，写一份担保书，担保张、罗不逃走，并派人监视他们，要随传随到。

何龙庆一听，也只能说："好的。"

阎锦文打完电话，又传达了周力行副司令的命令，说："周副司令叫我们立即行动，要确保这次行动万无一失！"

聂琮没办法，一脸不高兴，但又不敢得罪他的顶头上司，无奈地说了句："你看着办吧！"然后就坐车走了。

阎锦文决定先到虹桥疗养院探个究竟，就带着几个士兵立即驱车前往。

正在一楼门诊的疗养院副院长郑定竹医生无意间从窗户里发现，吉普车上跳下来一个身材高大的黑脸军官和两名士兵，心里猛地一沉，下意识地站了起来。那黑脸大汉一到住院楼门口，就命令两名士兵："不准任何人进出！"这大汉正是阎锦文。

"抓人？抓到医院里来了！"医护人员紧张地看着阎锦文。

阎锦文走上二楼，一眼瞄到楼道口205房间。

"干什么？你们是？……"这是罗隆基的声音，未有应声。

阎锦文急步跨到206房间门口，敲门走了进去。

房间里，大胡子张澜正坐在椅子上看《墨子》，见进来一位不速之客，便一脸怒气，一言未发。

"你准备一下，跟我们走。"阎锦文说道。

"我哪里也不去。要杀头，就在这里！"张澜站了起来，手杖在地板上顿了两下，断然回敬道。

"看不出你老先生还有这样的倔脾气。老先生，我们是奉命行事，请不要为难……"

阎锦文又问："谁在这里负责病人？"他向房间外的看守使眼色，悄悄地说："我是奉吴克坚的指示来营救他们的。"看守知情后立即应道："明白！"

阎锦文让看守叫来疗养院负责人。

"我是这里的医生，叫郑定竹。丁院长出差了，现在我负责。"郑医生自我介绍。

阎锦文冷笑说："重病人？是避难人吧！"他又把眼光转向郑定竹。

郑医生是有备而来的，他将手里两份病历卡一亮道："我不懂政治，只会看病。这位张先生患的是齿槽脓肿、尿道炎，眼睛不好，还半身不遂。"

阎锦文转过身，看了一眼张澜。此时，护士长也跻身进来，扶张澜坐回椅子上。

阎锦文抬眼向隔壁一瞟，问道："隔壁那位是什么病？"

郑定竹又亮出了一份病历卡："罗先生患的是肺结核、糖尿病。请看，上面都记着。"

阎锦文审看了，一时为难起来。

"就是监牢里的犯人还能保外就医，何况他们两位本身就是住院的重症病人。"郑定竹郑重说道。

"你说得有理，但我们是奉上峰命令行事。"阎锦文有些松口。

"你要是带走他们，他俩就有生命危险。出了问题，谁敢负责？"郑医生补充道。

"郑医生，我们哪里也不去！"张澜在一旁气愤地说道，"要杀头，当着大家的面来，我不喜欢背地里被人捅刀子！"

"我来担保！"郑医生被张澜的凛然正气所感染，对阎锦文说："这样，我以身家性命担保！"

"好！"阎锦文边说边拉着郑定竹来到疗养院办公室。"郑医生，那么就请你写份担保书吧！"

郑定竹毅然提笔在担保书上写道："我的车子、房子、一个老婆、三个孩子，全都押上担保张澜罗隆基先生不会出事。"

阎锦文将郑医生写的担保书揣入衣兜，然后带着士兵离开了疗养院。

阎锦文把担保书送给聂琮看了。聂琮无话可说，也只得同意张、罗二人暂且软禁在疗养院。

营救行动仍在紧张进行中……

党的地下组织的同志告诉杨虎、阎锦文，要考虑好每个细节，不能再发生类似黄竞武被特务杀害的事情。

地下党保护史良脱离险境

与此同时，大批军警包围了大律师史良的住宅，但他们扑了一个空。

原来，这天下午史良在家中突然接到吴克坚电话。吴克坚在电话中明确地说："今天晚上保密局要派人抓你。你必须马上转移！"

放下电话后，史良和丈夫陆殿栋就匆匆离开家，他们先到霞飞路（今淮海中路）新康花园，在一位叫顾正寰的朋友家里暂避了一天。第二天，也就是11日凌晨2点多钟，三辆吉普车，二十多个国民党的便衣警察、特务，就把史良的住宅包围了。

没有抓到史良，特务们就把史良的驾驶员、厨师、花匠等人抓了起来，进行严刑拷问。

后来，史良夫妇又转移到南市小西门一个姓石的亲戚家里。当史良一跑进里弄，就看到国民党特务贴的标语："一人不报，全家杀光；一家不报，全里杀绝！"

通缉令已经到处可见。

史良在小西门躲藏了两天后，党的地下组织又将他们转移到华山路一个秘密据点里。

追杀史良的军统头目是二处处长叶翔之。他没有抓到史良,恼羞成怒,竟把史良的小汽车偷运到台湾去了。

张、罗脱险安抵杨虎公馆

保密局行刺张澜、罗隆基的第一套方案流产后,第二套方案又紧锣密鼓地开始了。

阎锦文这时非常着急,因为他没法找到杨虎。杨虎曾对他说:"老蒋逼着我到台湾去,所以我不得不到处躲藏。"

5月12日,解放上海的战役打响。

5月14日,阎锦文接到毛人凤"做好制裁张澜、罗隆基的准备,届时将其运往吴淞口沉江"的手谕后,心中更为紧张。好在这天晚上,他终于找到了杨虎。

"司令,毛人凤、毛森、何龙庆要我绑架张澜、罗隆基,然后用石头绑着推到吴淞口江中。"

"你如果这样干,接下来死的就是你。因为按军统的一贯做法,你杀了人,接下来就杀你,这叫杀人灭口。"杨虎接着说道,"现在他们要你绑架张澜、罗隆基,就是你营救他们的最好时候。"

"我需要一辆车。"阎锦文说。

"好!我帮你解决。"杨虎帮他找了一辆车,这是咖啡烟厂陈经理的吉普车。

杨虎还帮阎锦文找了两个助手,这两个人都是警备司令部的,是杨虎的亲信,枪法很准,力气很大。

接着,他们商量了转移地点。杨虎告诉阎锦文:有三个地方,第一是自己的公馆;第二是夫人田淑君的公馆;第三是咖啡烟厂陈经理的公馆。这三处是独立的花园洋房,前后都有门,都有电话,转移起来方便。最后杨虎说,选择哪个地点,由中共地下组织负责人吴克坚决定。

中共上海地下组织和解放军胜利会师。图为会师大会主席台

5月23日夜间，解放军突破郊外防线，直指市区。24日上午，阎锦文接到立即营救张澜、罗隆基的命令。

晚上9时许，营救计划开始实施。阎锦文全副武装，开着陈经理的吉普车，直抵虹桥疗养院。

阎锦文走进张澜、罗隆基的房间，微笑着对他们说："我奉杨虎司令命令，来营救你们。"

张澜、罗隆基不相信。阎锦文拨通了田淑君的电话，让张澜与她通话。

"张主席，阎先生是自己人，听他的话没错，不会出事情的。"至此，张、罗二人才相信。

随后，田淑君又在电话里对阎锦文说："吴克坚指示你，今晚12点之前，转移的地点就是杨虎公馆。"

田淑君还告诉阎锦文："吴克坚还让我转告你，你必须通知你的家人赶快离开，国民党很可能会对你的家人下手。"

阎锦文听了，心想：共产党就是有人情味，连我家人的安全都考虑进去了。自己一定要尽全力完成这次营救任务。

此刻，张澜、罗隆基已走出房间，上了车。他们两边坐着两位阎锦文的助手。

昏黄灯光下，阎锦文驾着吉普车向位于环龙路（今南昌路）的杨虎公馆急驶。当时每个路口都已戒严，守军问明口令方能通行。阎锦文已从周力行处得到了当晚口令，一路畅通无阻。

拐上环龙路，杨虎官邸已不远了，阎锦文刚舒了一口气，冷不防岔路里转出一辆装甲车挡住去路，几个国民党军人跳下，一字排开，连喊"停车！"

阎锦文意识到不能硬闯，便停下车，小声叮嘱张澜、罗隆基："由我来应付他们，两位先生尽量少说话。"

随后，他慢悠悠地走下车，喝道："是什么人？咋咋呼呼干什么！"一个少尉迎了上来，见阎锦文的军衔比自己高，忙立正敬礼："报告长官，兄弟奉命巡逻。长官深夜出车，是公事还是私事？"

"公私兼顾，奉命撤退，先送老父亲、大哥去机场。"阎锦文说着伸出两个指头从上衣口袋里夹出一个证件。少尉瞟了一眼，不敢细看，迟疑着说："上面命令，过往车辆必须作检查。"

"好说。"阎锦文回头命令，"打开车门！"

少尉不敢细看，回头陪着笑，知趣地再向阎锦文敬礼道："长官您好走。"

吉普车继续向前开去，不一会便驶进了杨虎公馆。杨虎等人已在公馆门前迎接他们。

"杨将军，是您啊！"张澜、罗隆基激动地和杨虎紧紧握手。

杨虎向张、罗介绍吴克坚说："是中共的吴克坚先生让我来营救你们两位的。"

罗隆基关切地对吴克坚说："你这个通缉要犯还没有撤退啊。"

吴克坚回答道："只要你们的安全没有得到保障，我是不会撤退的。这是周恩来先生的指示啊！"

不久，张澜、罗隆基就被安全送到北平，出席了政治协商会议。

我在上海率军起义前后

刘昌义

1946年我到上海就任国民党第七绥靖区副司令的职务。一到上海，我就寻找李济深先生，参加共同反对蒋介石打内战的活动。1948年，我调任国民党第一绥靖区副司令，这是一个有职无权的空名。

1949年4月人民解放军发动渡江战役以后，国民党第一绥靖区司令丁治磐以我有"共产党尾巴"的嫌疑，要我到舟山（第一绥靖区司令部所在地）去。丁治磐的这步棋，使我颇费斟酌。如果去舟山，我就有可能被挟持到台湾。这样，长期酝酿的起义计划就宣告流产。考虑来，考虑去，我就以长期患病，身体欠佳，舟山难以就医为名，作为托词，躲在上海。

5月中旬，解放上海的战役开始，国民党京沪杭警备总司令汤恩伯感到上海失守已成定局，妄图部署一部分部队在江浙一带打游击，以配合国民党军队的"反攻"。这时，汤恩伯又以我在抗战时期曾在鄂豫打过游击为名，任命我为国民党上海警备副司令、第51军军长兼北兵团司令，管理苏州河以北、造币厂桥以西的防务，桥以东则由蒋经国控制的青年军第37军驻防。汤恩伯对我的任命，自以为得计，殊不料他的这一计划，却使我掌握了一部分军权。

掌握51军后，我马上通过刘汉川（民革成员）找李明扬，要李转告第三野战军司令员陈毅自己准备设置第一绥靖区前线指挥部，并在适当时间起义的口信。

5月23日，就在汤恩伯下达我为上海警备副司令、第51军军长兼任北兵团司令委任状的这一天，解放军已陆续开进上海市区苏州河以南地区，我感到起义的时机成熟了。于是，我就到赫林里（今柳林路）找到刘汉川，请刘再找李明扬向陈毅司令员联络起义。刘汉川回答我说，你的情况人民解放军已经知道，你只要派一个副官去联络就可以了。我回到驻地后立即派副官处第一科上校科长刘逢德越过苏州河寻找陈毅司令员，接洽起义事宜。当时，刘逢德以为在海关稽查队供职的王中民是共产党员，就约了王仲明一起去。王仲明又约了田云樵（共产党员），这样，他们三人一起过了苏州河，代表我同解放军联系。三人刚过苏州河，就由解放军同志介绍，同第三野战军第27军某师政委罗维道取得了联系，罗维道又马上向27军军长聂凤智汇报。双方约好，次日（25日）由我和聂凤智军长在27军军部会面，商谈起义的具体事项。

25日，刘逢德回到51军军部以后，我就亲自乘坐坦克车，带了一连人，越过造币厂桥（今江宁路桥），进入解放军防地，沿途受到了群众的热烈欢迎。在天阴桥解放军27军军部与聂凤智军长达成了由我率领国民党第51军起义的协议：一，51军在造币厂桥以西防区由解放军接管，造币厂桥让解放军通过，51军撤至大场、江湾体育场一带地区集中，与解放军协同作战；二，苏州河以北地区物资移交给解放军；三，保持51军原来干部；四，保证刘昌义个人及51军全体官兵生命财产安全。协议达成以后，我立即返回51军军部，带领51军官兵宣布起义，开赴大场及江湾体育场，走向了新的生活。

策反刘昌义

田云樵

我军进攻受阻

1949年上海解放前夕，我奉中共上海地下组织之命，参与策反国民党上海守军的工作。

1949年5月25日清晨，想到解放军进城以后急需党的地下组织配合工作，我没有顾得上吃早饭，就骑上自行车出了门。一路看到解放军部队已在市区遍布岗哨，有的地方解放军战士在人行道上席地而坐，休息待命。我想，他们经过一夜的战斗，多么需要喝点开水，饱餐一顿，继续战斗。通过电话联系，我们几个搞策反工作的地下党员在江宁路第二劳工医院（今普陀区人民医院）集中，一则可以与沪西区指挥部马纯古同志取得联系，二则可以与进驻沪西区的解放军部队进行必要的配合，三则便于协助西区的护厂工作。

上午8时许，我们与进入沪西区的解放军81师联系上了。师政委罗维道同志婉言谢绝了我们提出的为部队供应粮食、开水的建议。他向我解释说，在郊区的后勤部队马上就要进城，粮食、开水已不成问题。接着，他向我们介绍了当时的军事形势，我军两翼按照战略要求已在吴淞口合围，截断了敌军从水路逃窜的航道。西路部队已突入市区，苏州河以南已全部解放。现在近四万敌军已被包围在苏州河以北、蕴藻浜以南的一小块地区。接着，罗维道同志以严肃的神情告诉我们，敌军占领了苏州河以北的制高点以后，用轻重机枪封锁了所有桥梁。有一个连队的战士在冲上外白渡桥时，遭到架设在百老汇大楼（现上海大厦）上的机枪扫射，伤亡很大。他还告诉我们陈毅司令员早有指示，为了保护上海人民生命财产的安全，部队不准携带重武器进入市区，即使手榴弹也要尽量少用，一定要把上海市区完整地接管下来，既要完成军事任务，又要完成政治任务。但仅用轻武器压不住敌军的火力，我军的伤亡必然较大。讲到这里，罗维道同志顿了一下，双眉凝聚，似乎在沉思怎样避开敌人的火力网，用最小的牺牲取得这个战役的最后胜利。

说服王中民再次策反

罗政委的一番话使我明白了，解放军最需要我们配合解决的不是粮食和开水，而是策反工作。我请罗政委讲一下苏州河以北敌军部队的番号，或许我们能够出些主意。他告诉我们，在造币厂桥以北主要是国民党的51军，还有一些杂牌军队。我怕情报有出入，追问了一句："是不是王秉钺任军长的那个51军？"罗政委说："是的。"我觉得我们有可能策反他，就说："王秉钺是东北军出身，过去我们曾经策反过他，他当时态度不够坚决，对国民党尚有幻想。今天在重围之中，要他率部放下武器，是有可能的。"罗政委听说后，非常高兴，认为这是减少伤亡突破苏州河北岸敌军防线的好办法，立即向前线指挥部聂凤智军长作了电话请示。

很快，罗政委就告诉我们，前线指挥部对此很重视，并同意我们的意见，希望马上进行策反工作。我立即把关系人王中民找来。王中民是东北人，早年从东北讲武堂毕业，曾在国民党部队干过一阵，后在国防部任少将部员，从事特种工作。退伍后，到上海担任海关税警大队大队长，是王秉钺的老朋友。他对国民党的腐败统治早已丧失信心，在我地下组织的教育下，表示愿意戴罪立功。上一次策反王秉钺就是派他去的，可惜未能完成任务。我跟王中民作了一次严肃的谈话，分析了敌我双方的军事形势和争取王秉钺放下武器的可能性，要王中民过桥去做王秉钺的工作。一开始王中民有些犹豫。他一怕王秉钺的副手是个军统特务，一到那里，就有可能被他杀掉；二怕桥两边都在打枪，有可能没有过桥就被打死。针对这两个顾虑，我们给他一一作了分析："王秉钺身陷重围之中，你去帮助他摆脱困境，得到出路，决不会与你为难；至于打枪问题，我们可以下令，我方部队首先停止打枪，为你过桥创造条件。"我并向他指出："关键是你愿不愿意前去为人民立功。过去你对人民是有罪的，现在有大好机会，却又不愿立功。我们虽然建立了联系，今后也很难相处下去。"王中民思想斗争激烈，要求让他回去考虑一下。我告诉他："你不干，就请回去。我们另外找人。"就这样，王中民默默地走了。不到半小时，王中民就回来对我说："老田，不要见怪，我想通了。我马上过桥去找王秉钺，一定要他率部放下武器。万一出了问题，我一个老婆、三个孩子，请照顾一下。"我说："想通了就好。过去你对人民做过许多错事，今天你为人民立功，人民就会谅解你。万一有什么问题，你的家庭生活组织上一定会照顾的。"

时间已经是上午10时半了，我们与罗维道同志交换了意见，决定派两个参谋，送王中民至前沿阵地，由造币厂桥过河。两个参谋送王中民到桥南堍连部后，立即通知我方部队停止射击，让王中民安全过桥。对岸国民党部队戒备森严，见人露面就拼命打枪，一时无法通行。王中民急中生智，在桥堍下敲开一家烟纸店的门，买了一张大白报纸，用毛笔写上"和平使者"四个大字，然后双手举起，一步一步向桥北走去。国民党官兵看到这个情景，果然也不再打枪了。王中民过桥后，就被送到敌连部询问。王中民说，要到51军司令部找老朋友王秉钺军长。敌连长觉得此人有些来头，就把他逐级上送，最后到了司令部。

刘昌义同意率部投诚

然而，在敌司令部接见王中民的不是王秉钺而是刘昌义，彼此都很惊异。原来王秉钺在浦东与我军作战时负伤，军长由淞沪警备司令部副司令刘昌义兼任。刘昌义也是东北军出身，后来在西北军中混过一阵，和王中民也是老相识。汤恩伯仓皇逃走之前，交给他统一指挥上海战场的任务，答应多少天内会有援兵到来。刘昌义心知上当，又没别的出路，只得困守苏州河以北地区。王中民说明来意后,刘昌义把他请到自己的房间里。王中民问刘昌义有何打算,刘昌义说:"他们都跑了,留下我撑这个烂摊子,只好拼下去。"王中民则趁机对他说:"现在退路都已切断,处于四面包围之中,解放军就要瓮中捉鳖,仁兄难道不想为自己的前途考虑一下?"刘昌义不信任地看了王中民一眼说:"你讲的都是事实,可是你老弟不能代表解放军呀!"王中民告诉刘昌义,他是共产党派来的,如果不信,可直接与共产党的代表通电话。刘昌义听了,提出要与共产党的负责人直接谈话。王中民立即从国民党51军司令部打电话到劳工医院与我联系。我要王叫刘昌义听电话。双方通报了姓名身份之后,我就单刀直入地说:"王中民是我们派来的。现在形势逼人,突围是绝对不可能了,放下武器是唯一出路。"刘昌义回答说:"形势已明确了,但怎样做,能否过来当面商谈。"我当即表示:"同意你过来当面商谈,谈得好最好,谈不好,保证你安全回去,让战斗来解决问题。"双方约定在下午三时,由刘昌义通过造币厂桥进入我方防区,进行谈判。通话完毕后,守候在电话机旁的罗维道政委十分高兴,他立即打电话向聂凤智军长作了详细汇报,并确定由聂凤智军长为主与刘昌义谈判。

下午4时许,从造币厂桥北开来三辆吉普车,我们去了两辆车,一同开到虹桥路前线指挥部。我方参加会谈的有聂凤智、罗维道和我等人,对方就

5月26日,原国民党军京沪警备副司令刘昌义在解放军前线指挥部接洽投诚

是刘昌义和陪同来的王中民。聂军长先谈了当前政治形势，着重指出国民党反动派拒绝签订八项谈判条件而自绝于人民，用和平方式解决问题已不可能，唯一的办法只有用武装解放全中国。联系到军事形势，聂军长指出，淞沪的国民党部队已毫无出路，据守在苏州河以北、蕴藻浜以南的弹丸之地，很快就要被摧毁。为了减少人民财产的损失，我们希望刘昌义先生当机立断，率部放下武器，走上光明大道。刘昌义表白说，自己过去对蒋介石排斥异己，一直是不满的。过去想投靠人民，苦于没有机会。今天当然要靠拢人民，愿意率部放下武器。同时，刘昌义又对自己在国民党部队内的实际地位作了解释，他说："虽然我是淞沪警备副司令，是留下来的最高的军事指挥官，有权命令和调动一切，但我的命令有些部队可能会拒绝执行。"他扳着手指，历数着各个部队的番号和人数，共有近三十个部队番号、十万多人。聂凤智军长当即表示，其实际情况和处境，我们是了解的，问题的关键在于决心和态度。至于有些困难，人民解放军可以协助解决。刘昌义马上表示："我前来会见聂将军，就表明了我的决心，态度就看我的实际行动了。"最后，聂凤智军长表示："你的决心既然已定，态度也很明朗，那么我去电请示三野陈司令员作最后的决定。"当时已经是深夜11时了，大家因紧张谈判连晚饭都没吃。聂军长要求开饭解决肚子问题，并等待三野司令部回电。饭菜端上来的时候，我才想起今天从早到夜，还没有吃上一餐饭呢。

26日凌晨1时许，三野陈毅司令员回电来了。聂凤智军长当即宣布：一，接受刘昌义投诚；二，限刘部于26日上午4时前，集中在江湾附近指定的三个村庄待命；三，所撤地区由人民解放军接防；四，凡拒不接受命令者，由人民解放军解决。刘昌义听后，要求看一看电报原文。他仔细地读了电文，还注意地看了电报最后的署名。他对电文感到很满意，但提出了一个要求，对第二条限于26日上午4时前集中表示有困难，现在已过午夜，即使马上回去下命令，也难以做到。聂凤智军长很干脆地回答说："这确是实际问题，那么限期推迟到中午12时前集中完毕。"刘昌义表示同意，随即告别上车。我们送刘昌义仍由造币厂桥回到苏州河以北。

国民党军队在江湾体育场缴械投降

26日上午8时许,国民党部队沿苏州河北岸开始向东北方向后撤,人民解放军随即接管了这些防区。我们随部队进入造币厂桥以北地区后,听到东面方向还有一些枪声,不久就平息下来了。事后我们了解到,有一支国民党青年军残部拒不执行命令,占领一座大楼进行顽抗,但很快被我解放军缴械了。

5月27日,上海全境解放。

代理一天警察局长

陆大公

1948年底,国民党反动派面临覆亡的边缘。在中共地下组织的帮助下,我的思想开始转变,决定利用在伪警察局工作的有利条件,配合人民解放军解放大上海。

1949年5月24日,解放军的隆隆炮声,在上海上空回响。上午10时,当时担任警察局专员、消费合作社主任的我,接到上海市警察局长、特务头子毛森的电话,要我马上去见他。我刚到办公室,毛森一反常态,竟然笑嘻嘻对我说,要我担任上海市警察局副局长。我的脑子还没有转过来,毛森就马上下令召开警察总局科处长、分局局长以上人员会议,当场宣布这一委任,不容我有思考回绝的余地。下午3时,毛森又下令我以副局长代理局长职务。

老奸巨猾的毛森虽然把警察局长的职务交给了我,显然是不放心的。他早就怀疑我同共产党有瓜葛,虽然已委任我为代理局长,但他还在那里发号施令,赖着不走,是一个极大的阻碍,怎么办?这天晚上近7时,我吓唬毛森说,解放军已进抵兆丰公园(今中山公园)附近了。毛森一听,急得像热锅上的蚂蚁,马上带着几个亲信匆匆地溜走了。

毛森一走,我就立即根据中共地下组织以及代市长赵祖康的指示,以警察局代局长名义发布第一道命令,命令全市提前从晚上7时(原9时)开始实行戒严(宵禁),严禁歹徒破坏治安。为迎接解放军接管上海,接着我又发布了第二道命令,调整了总局处室及各分局局长和附属机构的人事,安排中共地下组织成员沙文汉、陈云扬等在市警察局办公。他们的进驻,使我增添了力量,增强了信心,觉得办事更有依靠了。

两项命令发布以后，我又命令所属警察部队及各分局、派出所负责人立即作好起义投诚准备，在各驻地悬挂白旗，遇到解放军部队到达，不准抵抗。同时命令所有值勤警员，一律徒手出勤，不准携带武器，在解放军到达时，口呼"投诚"，以免发生误会。

5月25日上午，我身穿便服，等候在江西路、福州路口。10时正，解放军先头部队到达，我迎上前去，首先自报"本人是国民党上海市警察局代理局长，特来迎接解放军进驻市局"。领队的解放军指挥员指示我立即下令撤除警局门岗，由解放军战士接管值勤。从这时起，作为长期以来帝国主义和反动派统治上海人民的专政工具——上海市警察首脑机关，宣告彻底粉碎，人民对反动派的专政开始了。

5月28日上午，我来到上海市人民政府大厦，见到了陈毅市长。6月3日，上海市公安局正式成立，我认真负责地办理了移交清点工作，并被光荣地聘为上海市公安局顾问，从此揭开了我历史上的新的一页。

义务警察中的党支部

谈正鸥

在义警中队秘密建立党支部

1947年春夏，随着解放战争的进展，城市中的反饥饿、反内战、反迫害运动也迅速高涨。面对这一局面，国民党上海警察局深感力量不足，决定在1947年下半年扩大义务警察队伍（以下简称义警）。邑庙区警察局也决定把义警18中队扩大为区大队，中队长范恒良提升为大队长，原18中队改为一中、二中两个中队，再招收一批新义警建立第三中队。

1948年，义务警察地下党支部委员合影。
左起：张道正、谈正鸥、王湘基

南市六业党的地下组织领导人老胡获悉后，决定利用这个机会，派党员和积极分子打进新建的义警第三中队。当警察局通过各个同业公会招收义警时，我们党员和积极分子纷纷报名，连同其他青年职工，共计150多人。以糖行老板身份对外活动的共产党员周林章与邑庙分局商定，150多人建立三个分队，糖、海味、北货、桂圆业为一分队，水果、水产业为二分队，蔬菜、地货市场为三分队。一分队的党员、积极分子比较集中，我们希望通过努力把周林章推选为一分队队长，而周林章认为应该找一个为人比较正派的老义警做分队长，自己担任副分队长比较合适，于是我们找了一个方浜路碗店的小开当分队长，这个人后来与我们合作得很好。

编队完成后，义警每天早晨6时在蔬菜市场进行徒手操练。接着前往分局，由教官周凯南分批教授手枪的拆卸和使用。邑庙分局还专门向市局申领了30支手枪，以满足训练和出勤的需要。

1948年初，第三中队宣布成立。当年5月，老胡召集身穿义警制服的张道正、王湘基和我三人，在复兴公园大草坪中央席地而坐，秘密成立了义警党支部，由我任书记，张、王两人任支部委员。这个支部起先由老胡联系，后来改由张先浩联系。

利用特殊身份掌控敌方动向

支部成立后，第一件事是到十六铺码头出勤。每天早晨5时，一分队队员由周林章带领，腰佩手枪，在宁波轮船码头值勤。一旦发现有偷窃、抢劫来沪旅客的流氓，发现一个抓一个，然后带着人证、物证送到近在咫尺的邑庙分局。可是，这些流氓被送进去后不久，就被放了出来。起初我们不明白，还认真去查问。分局人员敷衍说他们是初犯，不够拘留条件，只能放了。日子一久，我们发现这些流氓与分局有关人员私下有勾结。但我们只要见到就抓，终究是打击了他们的气焰，此举受到南市六业职工的好评。

1948年初，国民政府实行币制改革（即发行金圆券并收兑黄金、白银、外汇等），蒋经国还带来戡建大队，并组建了大上海青年服务队，对市民发放身份证，企图从政治上控制上海人民。上门发放身份证的当天晚上，有警察、义警、保干事等参加。内部规定，上门时注意观察市民家中的情况，甚至要观察市民在家看什么书报等，以便发现共产党嫌疑分子。我们将掌握的情况报告给上级党组织，以采取相应对策。

经过几个月的审查，1948年9月和10月间，支部发展了郑兆年、范鼎钟、虞德清、周长根入党，1949年初发展了沈融、杨文奎入党。解放前夕，又发展了上海职业界协会一批会员入党。为了了解义警的全面情况，周林章建议恢复义警俱乐部。这项提议得到了分局的同意。尽管来参加活动的人并不多，但正是通过俱乐部活动，我们掌握了义警大、中、分队长和全体义警的名单，为解放前夕发送警告信和解放后收缴义警自备手枪等创造了条件。

1948年夏，上级布置各支部党员分工收集上海各方面情况，义警支部的任务是摸清从新开河到复兴东路沿江码头仓库的情况。我们一些党员穿着义警制服去巡查，发现几个仓库储存着粮食、被服等军用物资。后来才知道，这些工作都是

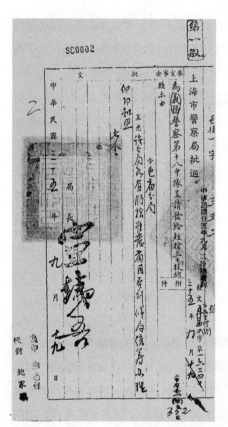

国民党上海市警察局长宣铁吾对义务警察第18中队申领短枪的批复函

为了解放上海、接管上海做准备。

1948年11月中旬，我奉命北撤去解放区。支部书记改由周林章担任，后由张道正继任。

1949年初，国民党政权垂死挣扎，准备建立义警警备队，以制服优良、发给武器为诱饵，招收义警队员参加。支部根据上级指示，在义警中悄悄宣传，我们义警只负责维持地方治安，并非作战部队，不能去当炮灰。周林章也通过葛维庵先生去向警察局说明，义警们都不愿参加警备队，因为他们都是各行业的职工，都有父母子女，要养家糊口，只能从事维持地方治安的工

作。就这样通过上下活动，挫败了敌人的阴谋。

解放前夕，根据上级指示，以维持治安为借口，经过邑庙分局同意，联市支部动员一批党员、积极分子、六业职工参加了义警预备队，由李元馥等同志主持操练，实际上是为组建人民保安队秘密做准备。

配合解放军肃清残敌收缴武器

1949年5月中旬，人民解放军逼近上海郊区。为了配合解放军，义警支部根据上级指示，周林章以夜间巡逻比较晚为借口，要求允许部分义警携枪在外过夜。这一要求得到了当局的同意。于是一部分义警在城隍庙得月楼集中住宿，在那里悄悄发出了给警察局股长、义警分队长以上人员的警告信，还在警察分局隔壁的德安里过街楼上准备好白底红字的上海人民保安队臂章，以迎接上海的解放。

1949年5月25日凌晨，苏州河以南地区获得解放。根据上级指示，义警中的积极分子迅速被组建成为人民保安队机动大队，由张道正同志任大队长，同时，李元馥宣布义警预备队改为人民保安队，维持社会秩序，保护好仓库物资。

那天，以得月楼为总部的人民保安队机动大队巡逻回来，发现所有武器被冒充人民解放军的国民党特务组织3811部队抢去了。在打听到这个组织的驻地后，我们会同解放军包围了他们的驻地，缴了他们的械，他们都作为俘虏被收押。

同一天，周林章和王湘基随同人民解放军某团负责人坐着吉普车，带了警卫人员，逐个去收缴义警分队长以上人员的自备手枪，共缴获20余支。与此同时，以义警积极分子组成的人民保安队机动大队，发现观音阁附近有一个据点内还有残敌。大队部派了一中队成员赶到时，据点内的敌人已逃跑，收缴到轻机枪两挺、自动步枪40余支、手榴弹50余箱、子弹几十箱。因缴获数量多，大队只能借用陆连富车行的卡车，把军械运到中华路61号

1946年，义务警察中队长合影

人民保安队邑庙区总部，按解放军的纪律，队员还自己付了车费。

1949年5月26日，又发现有十几个可疑的人，佩戴中共地下军袖章，腰插手枪，抢占了一个军用仓库。我们早已接到通知，除了人民解放军和人民保安队外，其他佩戴杂七杂八臂章的都是国民党残余分子。王湘基、郑兆年考虑到对方有武器，不能硬来，于是告诉他们，这个地区由我们接管，如果你们要接管，必须派人到大队部去交涉。开始他们不肯，由于我们态度坚决，他们只得同意派一个人去大队部。到了大队部，我们立即缴了他的械，并把他扣押起来。同时集合保安队，跑步前往军用仓库。等我们赶到时，剩余人员都已逃跑，我们收缴了全部武器和弹药。

5月27日，上海全境解放。我们收缴的大量武器弹药全部送交人民解放军59师，由义警支部领导的人民保安队机动大队完成了自己的历史使命。从5月28日开始，大家各自走上了新的岗位。

1949："第六军"在悄悄行动

韩铭书

1949年5月25日，在解放大上海的枪炮声中，国际饭店等高层建筑上，相继出现了引人注目的白布巨幅："民主联军第六军。"这到底是一支什么部队呢？

地下党乔装进队部

1949年4月下旬，解放军百万雄师跨越长江天堑后，国民党即倾全力经营所谓"保卫大上海"防线，妄图进行垂死挣扎。笔者所在的上海市保安警察第二总队，也作为"总预备队"编入战斗序列。

这个总队的总队长王锐含，与原国民党上海特别市市党部主任委员、上海特别市副市长吴绍澍私交甚笃。吴绍澍所办的《正言报》，因在王孝和事

1989年，原保安警察总队部分起义人员在中山故居前

件中仗义执言，结果遭到查封，吴本人亦受到特务威胁。王锐含冒着危险，将吴绍澍隐藏于唐山路的保安警察总队部。在此期间，吴绍澍与史良等往来密切。通过吴绍澍从中牵线，王锐含秘密接受了中共上海地下组织"委曲求全、忍辱负重、积蓄力量、迎接解放"的指示，并且约定：一旦起义，即打出"民主联军第六军"的旗号。我和王锐含都是河北人，他视我为亲信，因而我也参加了迎接解放的秘密串联。

5月上旬，解放上海的战役打响后，我部受辖于交通警察总队总指挥马志超（中将，黄埔军校一期），驻防在虹口新亚饭店一带。5月中旬的一天，总队部副官孟宪达、朱世胜，陪着两个身穿警服的陌生人，来与王锐含会面。这是中共的两位地下干部。其中一人名"宋维山"，约五十多岁，中等身材，北方口音，举止儒雅，一望可知是个颇有些经历的领导人。当时，上面刚拨给我总队两部手摇发电电台。宋维山等就是以配属我部的"电台管理人员"身份，先到吴绍澍的机要秘书姜梦麟家中换好警服，乔装进入总队部的。

宋维山来得正是时候。原来，我总队的副总队长和总队副均在上海战役打响后弃职逃跑，资深的第二大队大队长刘静可（黄埔毕业生）亦称病离职。我被任命为荐任六级副总队长兼第三大队大队长，易大文代理第二大队大队长。总队部基本上已在我们的人控制之下，谈话、行动都比较方便了。宋维山来到后，便和我们讨论了最近可能发生的意外变化，拟定了几种起义方案。

5月18日，马志超命令我率第二、第三大队担任外白渡桥迄兰州路桥一线黄浦江的江防，严密封锁江面，禁止一切船只航行，机动船舶全部控制在黄浦江西岸，并对黄浦江东岸实施警戒。我的指挥所设在提篮桥分局内，配属我手摇发电电台一部，以便与总队部保持联系，再配以对讲步话机五门，用来指挥各中队。

巧拦截夜创青年军

5月23日下午，形势发生了急剧的变化。汤恩伯的作战司令部突然直接下达命令，让我总队派出一个大队增援真如前线。很明显，当局对我部开始分割使用了！

宋维山、王锐含两人赶到提篮桥分局，与我密议商定：先派第一大队"增援"真如，再相机而动，起义的旗号不能过早亮出。于是，我们赶紧召来第一大队的周兴全大队长及所属各中队长，当面秘嘱：到达真如后，千万不要马上接防、进入阵地；若必须展开部队进入阵地，一定要用电话报告，以便决定第二、第三大队的下一步行动。

第一大队于夜幕降临时出发了。他们出发后不到一小时，汤恩伯的司令部又下达了命令："今日午夜，集结于浦东其昌栈的青年军37军，将通过黄浦、汇山码头西撤。命你部立即做好火力布防准备，确保不发生意外事故。具体渡江事宜，由司令部派专员到你部负责安排。"

第一大队"增援"真如尚无音信，青年军37军西渡的行动又将在我部的防区内进行，这37军可是国民党的精锐部队，怎么办？宋维山沉思片刻，缓缓说道："西边要增援，浦东要西撤，这里面可有文章了。我出去一下就来。"不一会儿，他回来了，极其严肃地对我们说："上级指示，要我们千方百计阻止或延缓37军西撤，最好能让他们在浦东就歼，以减少我浦西进军的阻力。我看，这件事先由老韩出面应付，老王暂时避一避，留下缓冲的余地。"

我当即将重机枪中队的六挺重机枪以及从第二、第三大队抽调的四十多挺轻机枪布置于黄浦、汇山码头及其两侧。当晚约9点多钟，司令部来了两个参谋，一个是中校，一个是少校，乘吉普车来到提篮桥分局，向我宣布了司令部的命令及具体安排。我陪他俩乘车到黄浦、汇山码头视察了布防情况后，就在黄浦码头设立了临时指挥所。那位中校参谋与江对岸的37军军部通了电话，严格规定由征调来的机动渡轮负责来回运送，其他船只一律在原地停泊，不得随意移动，以免阻碍航道。同时还规定了起渡、半渡时的红绿灯信号。我暗中也对部下作了吩咐：见机行事，即使不能阻止其渡江，也要尽量拖延时间，并设法损伤他们的战斗力。

午夜12点，开始由浦东其昌栈发船。未等那几艘机动渡轮全部离岸，集结在其昌栈东、西两侧的大木船、小舢板已经耐不住了，争先恐后地向北岸涌来，江面上只见到处是忽闪忽闪的手电筒光，秩序相当混乱。我作为江防部队的负责人，立即问司令部来的两位参谋："怎么办？"两位参谋一时也拿不定主意。此刻，渡江的37军首批船只已到江心，我的分队长杜凯勋高声报告："大队长，这样下去不行啦！鸣枪示警吧！"话音刚落，随着一声枪响，数十挺轻重机枪、几百支步枪一齐向江中的渡船开火，一时间火蛇飞舞，声震夜空。

这哪里是在"鸣枪示警"！两位参谋一看情形不好，亟请我快下命令停止射击。但东西两侧两三公里的江防线，我的命令要靠电话和口传逐级传达下去，因此等到枪声完全平息，已经过了半个多小时。原已半渡到江心的渡轮、木船，在我部猛烈火力的阻击下，只好退回其昌栈。37军军部和汤恩伯的司令部，纷纷来电话质问。事已至此，那两位参谋也怕承担责任，不得不站在我们一边，将37军严重违反渡江规定、乱船齐发的事实，向司令部作了禀报。司令部一时也无法深究，只得重新下达命令，命我部撤离黄浦江江防，到下海庙、唐山路、东长治路一带集中待命，避免37军渡江后寻衅报复。

我部转移后，37军才重新开始渡江。这一折腾，延误了两三个小时。待他们抵达黄浦江北岸，已是24日黎明了。派去侦察的人回来说，过了江的37军残余部队，约八千余人，疲惫不堪，沿东大名路、长阳路横七竖八躺卧了一地。事后得知，在那半个多小时的"鸣枪示警"中，青年军37军死伤官兵百余人，连副军长马励武也被击伤。

当年住在浦西提篮桥和东大名路一带、浦东洋泾和其昌栈一带的居民，大概还记得那天半夜突如其来的猛烈枪声。可是至今很少有人知道，这一幕"保警队阻击青年军"的好戏究竟是怎样发生的。

缓接防军车大游行

阻击37军之后，王锐含和宋维山带着重机枪中队，往真如寻找第一大队去了。我将第二、第三两个大队集结于下海庙附近，保持高度临战状态，

本文作者在起义40周年纪念会上发言

并派出了对37军的监视哨,随时准备应付突然事变。

24日上午7点左右,宋维山返回下海庙,对我说:"老韩,又有戏唱了。先给各中队下个硬任务,每个中队要拦截十来辆大卡车,车上有棚布的更好。"我向各中队布置完毕,宋维山将我拉到一边,悄悄说:"韩老弟,能否找个僻静的地方坐坐,让我把详细情况告诉你。"我说:"那就去我家吧。"

我的家当时就在昆明路415号,去家中既安静,又不至于远离部队。到家后,妻子为我们泡了茶,还端上了一些点心。宋维山逗了逗我的孩子,然后笑容满面地说:"让咱们以茶代酒,先庆贺昨晚的阻击战打得漂亮,再为将要到来的大胜利干上一杯!"

喝了几口茶,宋维山又说:"刚才总队部又接到命令,叫咱们一千多人的一个总队,去接防虹桥路几十里长的防线。你想,一里路能摆上几个人?这不明摆着是装装样子吗?浦东放弃了,西南面也顾不上了,看来他们是顶不住了,咱们不该先庆祝庆祝吗!等卡车征集够了,每辆车上一个班或半个班;人少的盖上棚布,让别人猜不透车上装的什么宝贝。每个车头再架上一挺轻机枪、一门掷弹筒。司令部不是想叫咱们去当炮灰吗?咱们就给他绕上几圈,来个军车大游行!"

宋维山当即和我议定了行车路线:先从长治路到闸北四行仓库,借口

"减轻行装",再拖些时间;中午以后从西藏路过桥,折入新闸路向西行进到底,再转到北京路往东至外滩;然后由南京路往西,中途折入爱多亚路(今延安东路)再回头向东,到西藏路口,再转入霞飞路(今淮海中路)。这样慢慢绕着磨时间,就是不去虹桥路接防,等候王锐含和第一大队到来,再正式打出起义军的番号。

说到兴奋处,老宋拍了一下我的肩膀:"韩老弟,大上海就要解放啦,让咱们先去大摇大摆逛逛马路吧!"这位深入敌营的共产党人,在如此严峻的时刻,依然谈笑风生,真令我钦佩不已。

当天午后,我们的车队按既定路线出发了。我统领的这两个大队,共八百多名警士,一律头戴钢盔,足蹬美式皮靴,武器装备颇为整齐。百十辆军车,一辆接着一辆,犹如一条长龙,在苏州河以南的主要大街上绕来绕去,果然是浩浩荡荡,威风十足。后来我听说,当时有市民猜测,以为是台湾新开来的什么"青年军"呢!

举义旗抢占众高楼

我们的车队东绕西拐,磨到晚上10点过后,才抵达徐家汇一栋高楼附近。这里已接近交战前线。可是听动静,前方却是一片沉寂。我命令部队停止前进,让电台再次寻呼王总队长。可巧,这次居然很快得到了王锐含的回电:"率部冲过苏州河,按三号方案行动。"

"三号方案"的具体内容是:"在特殊情况下,抢占市区高大建筑物,防止敌人入据顽抗,避免市区激战而造成人民生命财产损失。"这是在一星期前,宋维山、王锐含和我秘密拟定的。

我率领的这两个大队早已到了苏州河以南,于是我命令车队转身向市中心进发。抵达常熟路分局时,只见门口插着白旗,有几个惶惶然的警官、警士守在局内。他们看到我两杠三星的肩章,一齐向我敬礼,并报告说:"总局警备科陆大公科长刚刚来电话,命令我们插白旗迎接解放军。"我立即打电话给陆大公,只听他沙哑着喉咙说:"毛森刚刚血洗了关押在总局拘留所的政治犯,带着他的亲信都逃走了!你们总队长已率第一大队,从西藏路桥冲过了苏州河,抢占了国际饭店!苏州河那边已被封锁!"

25日凌晨2点左右,车队行进到大光明大戏院西边,正遇上一队交通警察武装,约百人,携着一门平射炮、一门曲射炮及机枪、步枪等。我向他们大声说:"那帮国民党已封锁了苏州河,把我们都扔在这边了!你们何必再去为他们卖命!"在我的鼓动下,这支交警部队也跟随了我们。

此时,国际饭店二十四层的楼顶上已升起一面红旗,在晨风中猎猎飘扬;西南面的楼墙外悬挂着一条二十多米长的龙头白布,斗大的黑字格外醒目:"民主联军第六军"。王锐含已率第一大队占领了这座当时上海最高的建筑物。

我和宋维山与王锐含见面后,决定派第二大队去占领金门饭店(今为华侨饭店)、新新公司(今为上海第一食品商店),派第三大队去占领先施公司(今为上海时装公司)、永安公司(今为华联商厦),并将事先准备好的写有"民主联军第六军"的白布长幅分发给各队。

随后,王锐含和我带着第九中队,驱车赶到福州路的市警察总局,同陆大公会面。他的眼睛是红的,嗓子是哑的。他向我们要了块干面包,边吃边说:"我现在是代理局长,负责向解放军办理移交。我已经给各分局下了命令,让他们插起白旗,保护好枪支、档案。刚才又通知了电台,叫他们向全市广播最新消息:'上海市保安警察精锐部队起义'。"

等我回到先施公司后不久,解放军先头部队已有秩序地进入南京路及苏州河沿岸。由于宋维山及时和解放军取得了联系,我部起义后所占领的国际饭店、金门饭店、新新公司、先施公司、永安公司以及警察总局,没有与解放军发生过任何冲突。

获新生编为公安团

苏州河北岸的国民党部队仍在负隅顽抗,四川路桥的战斗相当激烈。先施公司二楼,成了解放军的苏州河前线指挥部。我向一位年轻的解放军指挥员报告了我们起义部队的情况,他热情地和我握了手,并说:"你们的官兵不要随意行动,武器要集中保管好。"

25日下午,在国际饭店七楼,换了一身漂亮西装的宋维山,陪着上海警备司令员宋时轮、政委郭化若派来的代表,走进我们等候的会议室。参加会议的有吴绍澍、王锐含和我,还有一位原义务警察总队的副总队长姜怀素(负责我部的给养供应)。会上研究了我部起义后的去向问题。考虑到我部在本地家属较多,若编入野战军南下征战,势必会大量减员,散兵游勇更易造成社会的不安定,于是决定:将我部与华东军区警卫旅合并,编为上海公安总队。

这次会议后,宋维山算是完成了他的使命,与我和王锐含紧紧握手道别。宋维山与我相处,前后不过十来天,却给我留下了终生难忘的印象。在决定保安警察总队命运的时刻,宋维山是真正的总指挥。论举止风度,他仿佛是个文化人,可是听老宋自己说,他曾在国民党西北军某部当过参谋长。从宋维山身上,我看到了共产党里将才如云。遗憾的是,自那次分手后,几十年来,我再没有见过这位可敬的共产党干部。"宋维山"其名,也不知是真名还是化名。

我总队起义后,以前从苏北招来的一些地主子弟纷纷离队而去,可是我部的人员不但未减少,反而有所增多。原来,国民党北平绥靖主任孙连仲的特务团,1948年冬由青岛海运来沪。我和这个团的团长是同学,彼此约定在危急时刻要互相靠拢。该团在浦东高桥被解放军打垮后,一个少校团副带了几百人来投我部。为了便于集中管理,我部毅然收留了他们。

经过整训学习和民主改革,我部被编为上海市公安总队第二团。王锐含任团长,团政委是李灏(后任深圳市委书记),我任第三营营长,营教导员是武伟。我们这支刚获得新生的警察部队,很快就投入了建设和保卫新上海的斗争中。

策反蒋军机动车队

思 源

1949年春,蒋家王朝已处在土崩瓦解的前夕。中共上海地下组织根据党中央的指示,积极开展反对破坏、反对屠杀、反对迁移的斗争,在保卫工厂、学校、机关的同时,对困守上海的国民党部队进行策反工作。

刘燕如受命策反蒋军

3月里的一天,中共中央上海局策反工作委员会委员田云樵来到甘肃路一幢职工宿舍,向正在此待命的地下党员刘燕如传达了参加策反蒋军工作的指示。不久,田云樵在刘燕如的住处召集刘燕如和另两位中共地下"职委"系统的党员舒忻、邵洛羊,开了一次策反小组工作会议。会上,田云樵决定舒忻负责国民党空军系统的策反,邵洛羊负责国民党陆军系统的策反,刘燕如则负责国民党地方武装的策反。

刘燕如在顺利策反了嘉定黄渡和川沙的两支地方武装之后,又奉命对国民党上海警备司令部警备大

刘燕如

队机动车队进行策反。

田云樵指示刘燕如可以先去找机动车队的高莲荪（又名高戟）联系。此人原是国民党上海警备司令部第一稽查大队机动车队大队长，组建为国民党上海警备司令部警备大队机动车队后，他仍担任大队长。高莲荪思想上追求进步，抗战时期曾经到安徽无为地区新四军七师参加抗战，后来因母亲生病回到上海。他在上海南市肇周路肇周商场（原京江公所旧址）开了一个沪闵南柘汽车公司，自任经理。

根据田云樵的指示，刘燕如到沪闵南柘汽车公司和高莲荪接关系。他走过停车场，迈进办公室，朗声问道："请问，高戟先生在吗？"有一位穿着警备大队军服的青年汉子正坐在办公桌前与人高谈阔论，听到刘燕如的问话，转过头来看到进来的是一个穿西装的陌生人，就用生硬的口气大声问道："你找他有什么事？"刘燕如走上前去，从口袋里掏出一张由高莲荪自己事先签了名的名片递给他。这位青年军人正是高莲荪，他高兴地说道："欢迎，欢迎！周先生已经告诉我，说你要来，我已经等了好几天了。"随即，他把刘燕如引进隔壁房间，关上了房门。

据高莲荪介绍，这支警备大队机动车队是国民党特务组织镇压上海爱国民主运动的机动工具。全队有33名队员，基本上都是富家子弟，全部配备短枪，拥有三辆吉普车、两辆摩托车，队部驻在威海卫路147号（重庆路口，今人民广场附近三角花园位置），与国民党第一稽查大队队部设在一起。为了联系方便，刘燕如被冠以高经理秘书的头衔，来往进出于公司。

策反和掌握这支队伍的目的，主要是搜集情报，必要时使这支机动的武装力量能为我党所用。因而刘燕如向高莲荪提出三个要求：一是提供上海蒋军的兵力部署图；二是提供特务照片；三是提供中共被捕人员的消息。很快，高莲荪送来了由他自己绘制的蒋军在上海的兵力部署图、稽查大队成立时包括特务头子陶一册等人在内的全体特务合影，还有在南市看守所内关押的一批共产党员的情况。

高莲荪探路真如受阻

4月间,地下党员程韵启奉命前来与刘燕如接上关系后,转告了上海市委的指示:根据解放军有可能是分区解放上海的推测,原来按产业界别垂直领导的组织形式已改为基本上按地区分块领导,成立了沪东、沪南、沪西、沪北、沪中等党的地区委员会。这样,上海在一段时间里,就会出现有的区已经解放、有的区尚未解放的复杂情形,上海市委的指挥信息在已解放的地区畅通无阻,而在尚未解放的地区就不能及时传达。如果出现这种情况,就需要准备一种既能通行于已解放的地区、又能通行于未解放地区的交通工具。市委认为,刘燕如策反的国民党警备大队机动车队是最合适的队伍,于是就将刘燕如从中共中央上海局调入中共上海市委系统工作。

接下任务后,刘燕如心想:必须实地考察机动车的通行范围究竟有多大,才能做到心里有数。因而他进行了几次探路测试。

一天晚上戒严以后,刘燕如要高莲荪驾驶机动车队的吉普车,从沪闵南柘汽车公司出发,作了一次宵禁期间的市内巡逻视察。这种吉普车上涂有国民党党徽,写有"警备"字样,车上装有警报器,还有警备司令部的通行证,果然在全市通行无阻。一路上空荡荡的,十字路口有值勤的岗哨及少数犯宵禁的行人和三轮车,偶尔有一辆警车或救护车鸣着警笛呼啸而过。午夜时分,他俩登上国际饭店楼顶,眺望夜色深沉的上海,此刻这座灯红酒绿的繁华都市,就像一座死城,寂静无声。这次夜间巡视,证明了高莲荪的机动车队在市区内作特殊活动是有效的。

5月初,人民解放军已自杭州湾向浦东推进。突然上海南市南码头落下一枚炮弹,引起燃烧。当时现场实行了紧急戒严,不准通行。刘燕如闻讯后,立即要高莲荪驾驶吉普车与自己一同赶到现场察看。那时非警备人员已一律不准入内,而高莲荪的吉普车竟可以直接开进现场。这又一次证明在紧急戒严的状态下，机动车队的车辆还是可以通行无阻的，而高莲荪也是能绝对服从刘燕如的指挥的。

当刘燕如得到沪宁沪杭两路铁路局调度室内线提供的国民党最后一列军车开往上海的确切时间后，立即要高莲荪驾驶机动车队的吉普车护送有关同志去苏州，布置铁路道班工人在苏州至上海段之间进行翻车破坏行动。不料，高莲荪的吉普车行至真如，却被汤恩伯布防的部队拦住，因没有该部队颁发的出境通行证而被挡回。通过这件事，刘燕如了解了机动车队车辆的有效活动范围。

机动车全队将士反正

5月20日以后，解放军从上海四郊步步进逼市区，天天可以听到炮声，形势越来越紧张。刘燕如为了进一步掌握高莲荪以及他的机动车队，开始住进了沪闵南柘汽车公司，并要高莲荪在所驻的威海卫路警备大队机动车队的队部和肇周路沪闵南柘汽车公司之间，架设了一部直线对讲电话，以便日夜和高莲荪保持密切联系，随时掌握机动车队及同楼的稽查大队的动态。他还要求机动车队的33名队员全部集中在沪闵南柘汽车公司住宿，以便随行调遣。

5月23日，警备大队的特务们生怕被围在市区成为瓮中之鳖，曾准备乘船逃跑，但看到解放军当夜没有进入市区，于是又返回了威海卫路队部。

5月24日中午，警备大队头目在最后宣布撤离上海之前，命令高莲荪和机动车队一起随行撤退。情况紧急，高莲荪立刻通过对讲电话请示刘燕如："上级一定要我们立刻撤退，怎么办？"刘燕如沉吟片刻，决定施用缓兵之计，他沉着地命令高莲荪："把人员、枪支带上，车子都开到公司来，对他们就说为了撤退要做准备工作，车子要整修加油，队员要回去拿些随身财物。"随后，全体机动车队队员迅速离开警备大队队部，先开到新乐路一幢新建的空房内隐蔽起来以拖延时间，下午5时许再全部开到了沪闵南柘汽车公司。至此，刘燕如要高莲荪当机立断，马上集合队伍，公开宣布留在上海，不跟警备大队上船撤离，估计大多数队员家眷都在上海，这个决定是会得到他们赞同的。于是高莲荪在公司车场上集合了队伍，提高嗓门说："弟兄们，我现在宣布一件事，警备大队部今天命令我们机动车队随同他们撤离上海去台湾。我们大家上有老、下有小，家属又不能带走，何况现在上海已经四面被包围，我主张不跟他们一起走，留在上海，大家看怎么办？"这时车场上一片寂静，队员们默不作

晚年高莲荪

声。在这个重大抉择面前，人人都在考虑各自的利害得失。过了一会儿，高莲荪又追问了一句："大家到底怎么样？"有人开腔了："我们听大队长的。"接着有人附和着说："不走，不走。"也有人说："有什么好多讲的，不走就不走嘛！"刘燕如默察全场，见大局已定，就向高莲荪以目示意。高莲荪立即表示："好！既然弟兄们信任我，我决心不走了，有我在，就有弟兄们在。现在解散休息，等待我的命令。"

晚上7时许，外线电话铃响了，刘燕如估计是警备大队的头目又来催促机动车队撤退了，就对高莲荪说："如果是他们催，就说车子正在检修、加油，你们等不及就先走好了，我们一弄好就赶上来。"高莲荪一接电话，果然如此，就按照刘燕如的布置应付过去了。

夜里10时左右，刘燕如要高莲荪打电话到威海卫路大队部试探虚实，电话铃响了很久，没有人接电话，估计特务们都已夹着尾巴溜走了。高莲荪就派了两个机警的队员到威海卫路大队部去了解情况。果然大队部已撤走了，留下了两个看守人员在等待机动车队，一见到高莲荪派去的队员，急匆匆地交代了大队部留下的"路线只有通过外白渡桥可以撤出"的指示后也溜走了。两个机动车队队员迅速来电话报告了以上情况。

临近子夜时分，刘燕如和高莲荪商量，决定将全队集中开回威海卫路警备大队部待命。他们估计形势的发展有两种可能：一是万一当夜解放军不进市区，警备大队的特务还可能突然折回大队部。在这种情况下，高莲荪可推说因为赶不上他们，看到大队部空了，无人守卫，所以留在这里守卫大队部，决不能暴露不肯撤退的意图。二是如果解放军进入市区，那就不准抵抗，听候命令。于是高莲荪立刻率领机动车队全副武装地开回威海卫路大队部，安排了岗哨进行警戒，以待事态的发展，而刘燕如则在肇周路沪闵南柘汽车公司坐等消息，并将规定与解放军联系的旗号、袖标、上海市地图等藏在一个挂在墙上的没有内胆的灭火机内。

聂凤智接收机动车队

大约是5月25日的零点以后，对讲电话铃响了。刘燕如拿起听筒，传来了高莲荪的声音："刘先生，解放军来了，在楼下叫门，怎么办？"刘燕如担心有冒充解放军的敌人搞破坏，便问："你看清楚没有？是真的解放军还是假的解放军？"高莲荪肯定地回答说："是真的。"刘燕如说："你就开门，不要抵抗，向解放军说明是地下党的关系，等候上级命令。"高莲荪又请："刘先生，你是否能来一次，我派车来接你。"刘燕如说："行。"

不一会儿，来了一辆中吉普，车上坐着两个穿着国民党军服的机动车队的队员和一位穿着解放军军服的同志。机动车队队员向刘燕如报告说解放军已进市区，正在穿插分割消灭国民党部队，爱多亚路（今延安中路）以北、跑马厅（今黄陂路人民广场）以西已经解放了，爱多亚路以南、跑马厅以东还在战斗。说来有趣，吉普车从威海卫路大队部开到南市肇周路，在已解放的威海卫路地区行驶时是由解放军同志站在车外踏板上护行的，过了爱多亚路进入尚未解放的地区时，再换上机动车队队员站在车外踏板上护行，就这样通过了两个不同地区而到达目的地（这实际上已经实现了原来策反机动车队的目的）。于是刘燕如也换了国民党军服，取下了墙上的灭火机，乘来车越过了未解放地区,回到了已解放地区的威海卫路大队部。

刘燕如下车后,很快就找到了正坐在一辆中吉普车中指挥战斗的解放军237团团长。刘燕如向团长说明了自己的身份和来意,团长和他热情地握着手说:"同志,你辛苦了。现在战斗要紧,没法详谈,请你先负责收缴枪支,为了防止危险,人先进屋,以后再详细谈。"于是刘燕如和高莲荪马上通知全体队员把所有枪支弹药分门别类地排列在地上,而后进入原来警备大队对面的屋子。这时,这段路的附近还在进行着巷战,枪声不断,5月25日黎明,刘燕如写了一张纸条给解放军团长,说明自己还承担着地下党的任务,要求离开这里去找上海地下党领导。得到团长同意后,他几经打听,终于在外滩海关大楼找到了市委领导。刘燕如刚到达海关大楼门前,就听到从外白渡桥北面打来一枪,在他附近应声倒下了一个人。他赶快转至汉口路的侧门进入大楼,向张承宗同志汇报了情况。张承宗听完汇报后,立刻指示刘燕如赶快回到威海卫路的大队部去,因为那里现在已经成了人民解放军27军的前线指挥部了,刘长胜和聂凤智军长都在那里。刘燕如立刻赶回威海卫路,在大队部门口正好见到穿着西装坐了三轮车赶来的刘长胜。刘长胜和刘燕如一同步入解放军前线指挥部,见到了聂凤智军长。当即由聂凤智、刘长胜和刘燕如三人商谈如何处理这支机动车队的问题。刘长胜说,眼下正是人民解放军一鼓作气全面解放上海的局面,不存在分区解放的情况了,所以机动车队的原定任务已经不存在了,他同时关照刘燕如不要公开暴露共产党员身份,以备另有任用。聂凤智提出机动车队的武器全部由人民解放军接收,任务是保护苏州河边的仓库。会谈一结束,刘燕如立刻跑到高莲荪和机动车队队员待命的屋内传达了以上决定,随后将车辆开到沪闵南柘汽车公司(这时该地已经解放)车场上,用喷漆将涂有国民党党徽的草绿色吉普车都改为绘有红五角星的白色吉普车,驶向苏州河边执行保护国家财产的任务。

刘燕如在完成这项任务后,再次来到外滩海关张承宗同志处。张承宗给上海市公安局局长扬帆写了一封介绍信,分配刘燕如参加市公安局的肃特工作。原来这就是刘长胜让他不要暴露共产党员身份的缘由。

几十年之后,张承宗在1979年5月22日的《解放日报》上撰文,特别提到和肯定了刘燕如策反蒋军机动车队的贡献。后来,刘燕如通过当年老战友找到了历经坎坷、依然健在的高连荪,并在电话里共同回忆了那场黎明前的战斗……

战斗在大特务毛森周围

程 遥

上海解放前夕,国民党上海市警察局内的中共地下组织成员在严重的白色恐怖下,为迎接上海解放,不顾个人生命安危,战斗在敌人心脏,他们的机智、胆略和无私无畏精神已永垂青史!

局长俞叔平黯然下台　大特务毛森走马上任

1949年的春天,对国民党政权来说,是个风雨飘摇、岌岌可危的季节。辽沈、平津、淮海战役的接连失利,把蒋家王朝推上了悬崖之巅,危如累卵。

畸形繁华的大上海,似乎也收敛起往日的英姿,在一片阴暗中,悄悄挨着时光。

毛森,出现在上海市政府的台阶上,与送行的人匆匆握手后,急忙拾级而下,钻进了自己的轿车。车尾即刻冒出一股青烟。

毛森仰靠在后排座位上,双眉凝重。刚刚接到上峰任命——出任上海市警察局局长,替代俞叔平。毛森深知眼下的局势是"青山遮不住,毕竟东流去"。但"戡乱"时期,倘借故推托,必会遭到怀疑,到头来升迁不成,反受贬谪,岂不是鸡飞蛋打?他是深谙此道的。毛森微微闭着眼帘,《出师表》中怎么说的?对,"受任于败军之际,奉命于危难之间"。想到这句话,他那低沉的情绪中略微增添了点兴奋。

汽车一直驶进福州路警察局大门,毛森冷着脸走下小车,径直朝院内走去。

交接手续十分简单。卸任局长俞叔平掏出钥匙,打开抽屉,那方大印端端正正地放在中间。他依恋地环顾了一下自己的办公室,而后微微欠身:"毛局长好自为之。"言语中带着酸味。

毛森冷冷一笑:"承蒙关怀,叔平兄多多保重。"

送走了失宠之人,毛森眯着眼,一声不吭地陷进沙发里。他揣度着自己的命运,不由想到"凶多吉少"四个字。

密室中刻印《约法八章》 两千人同时接到警告

警察局大院里开出的"飞行堡垒",发疯似的在大街小巷横冲直撞、狂呼乱叫。这是毛森新官上任的一把火,企图以大开杀戒来镇压人民,拖延末日的来临。同时,他又密谋策划,组织警察武装与即将进入上海的人民解放军对抗,甚至打算在反动统治崩溃后,把队伍撤到舟山、台湾去。一时间,警察局内人心惶惶,除了极少数妄图垂死挣扎的特务和反动警官,大多数人则在等待观望,暗自寻找出路。

4月的一天下午,残阳正从高楼的峡谷中缓缓坠落下去。门庭冷落的无线电修理铺子送走最后一位顾客,关上排门板。

那顾客身穿一套黑色警服,右手腕里挟着一架油漆剥落、木壳破旧的收音机,步履轻快地沿着街面走着,嘴角微微泛起一丝不易被人察觉的笑意。

他便是静安警察分局的中共党员韩复清。此刻,他正按照中共地下"警委"书记邵健的指令,利用分管特种行业的工作便利,将这架不知跑了多少旧货摊才觅到的"老爷"收音机修理完毕。

"警委"书记邵健接过修复好的收音机,紧紧抱在怀里,如获至宝。这架用好几个人的钱拼凑着淘来的"蹩脚货",现在可以收到短波了!也就是说可以及时听到党中央的指示和中国人民解放军向全国乘胜挺进的消息了,这怎能不让长期战斗在敌人心脏的"警委"们兴奋不已呢?

每每夜深人静,邵健和"警委"副书记刘峰两人就躲进邵家的三层楼里，关紧门窗，将窗帘拉得严严实实，把音量调到最低，两人把耳朵紧紧贴在收音机上，收听着来自解放区广播电台的最新消息。

1949年4月25日，中国人民解放军发布《约法八章》，邵健、刘峰两人从邯郸电台收听到后，连续三个夜里反复收听核实，终于把全部内容记录下来，"警委"会议通过决议，把《约法八章》迅速印成传单，寄给警察局的警官们，并附上一封警告信。这对打击特务、反动警官的嚣张气焰，争取大部分徘徊犹豫的警员转变立场，会起到一定的作用。在征得中共上海市委书记张承宗的同意后，"警委"几位同志立即分头进行准备工作。邵健买来了油墨、蜡纸，刘峰弄到两千多只不同规格、不同颜色的信封。

三层楼成了临时印刷厂：邵健刻蜡纸，刘峰写信封，姜敏和邵健的妻子王秀珍油印、糊信封、贴邮票。经过连续三个昼夜的突击行动，两千多封警告信和《约法八章》赶制出来，按地区分好。然后通知各分局地下党支部到约定地点领取，要求信件分散投入各区的所有邮筒，以迷惑敌人，并限定三天内同时寄出。

没过几天，上海市警察局两千多名警官警员几乎同时收到了警告信："你要按照《约法八章》各安职守，保护好机关物资档案，立功自赎，听候接管处理，如继续破坏捣乱，为非作歹，定不宽贷……"

那些警官们读着义正词严的警告信，无不惊恐。黄浦分局有一个叫吴琼的警官，前几天刚运了20只汽油桶到分局，扬言在解放军入城时，要一把火将黄浦分局化为灰烬。但当他收到警告信后，吓得连夜弃职逃脱。静安警察分局局长王华臣收到警告信后，吓得魂飞魄散，连上班也不敢来，对局里的事更是不闻不问。值日室巡官冯星灿，拆开寄给他亲启的信后，半天没有回过神来，一声不吭地把信藏好，将手枪丢弃在办公室里，拔脚就溜走了。黄浦分局局长郦俊厚，刚从虹口分局调来不久，"警告信"寄到他的新居，他惊恐地说："我搬家才三天，共产党怎么会知道我的地址？要是我干了坏事，他们要我脑袋，不就等于囊中取物吗！"一些原先准备负隅顽抗、滋事生非的人，这时不得不考虑为自己留一条后路，收敛起破坏活动。一部分彷徨歧途者，接到信后好像吃了"定心丸"。一位分局副局长私下对人说："现在知道了共产党的政策，只要按信上说的办就行。本来不安的心，如今倒也定下来了。"

"警告信事件"在国民党警察局上层头目中引起了很大的震动。毛森没想到，自己上台不久，就冒出这等丢脸面的事，在办公室里拍桌打凳，暴跳如雷。他认定警察局内有"共党奸细"，三番五次发出训令，限期破案。然而，事情办得并不如毛森想象的那么顺利，"案子"迟迟破不了。

毛森怒气冲天，大骂部下个个都是饭桶，自己亲自驱车到虹口、新成、静安、普陀、江宁等分局训斥、"点化"。在一个警察分局的大院里，全体警员肃立，没有一丝声响。毛森两眼冷峻地扫视着面前一张张毫无表情的脸。

"你们中谁是共党分子，我都一清二楚，只要向我说一声，保证你晋级嘉奖；愿意回乡者，包发路费，我毛某人说话向来是算数的。如果你们不说，就别怪我不客气……"毛森软硬兼施了一番以后，煞有介事地走进整齐的队伍前，观察着每一张脸。终于，毛森失望了，无论他到哪里，结果都是一无所获。

不幸，5月13日，普陀警察分局地下党员钱凤歧、刘家栋和杨浦分局钱文湘、进步青年蒋志毅被捕了。毛森好不得意，亲自审讯，企图从他们的嘴里掏出破获全市警察局内中共地下组织的重大线索。

面对张牙舞爪、气急败坏的敌人，这四位同志大义凛然，忍受了灌水、吊打、坐老虎凳、电烙、拔指甲、扎钢针等惨无人道的酷刑折磨，自始至终不吐只字。

5月20日，黔驴技穷的毛森已丧心病狂，下令将这些同志枪决。在这黎明前最黑暗的时候，四位同志大义凛然地献出了宝贵的生命。但是敌人制造的白色恐怖没有吓倒警察系统近五百名共产党员，他们坚持与敌人作殊死的斗争。

刘震东打入特务心脏 "黑名单"事件险些送命

午饭时分，虹口警察分局上上下下没有几个人，进餐的进餐，午休的午休，楼上楼下冷冷清清。此刻，地下党员刘震东闪身躲进了人去楼空的办公室。这位35岁、身材魁梧、戴着眼镜的山东大汉，前不久刚接受了"大哥"的指示：设法了解总局调查科的最近行动方案，以避免我们的同志遇难和党组织遭到破坏，有可能的话，千方百计打进去。刘震东便利用午休时间，趁机与刚从虹口分局调至警察总局调查科的老乡宫凯套近乎。

刘震东熟练地拨通总局电话，接电话的正是宫凯。刘震东想，这位老兄，也许初来乍到，特别卖力，连中午都不歇息。这样也好，对自己反而更为有利。

"巡官，你好啊。我是震东。"

宫凯在电话里冷冷地问："有什么事？"

刘震东乐呵呵地说："那天，你走得太匆忙，我没来得及向你道喜啊。"

"我又没升官，有啥喜好道？到底什么事，痛快地说吧。"

"巡官，你真是贵人多忘事啊，答应我的话可要兑现呐！"

宫凯想起两个月前，他请刘震东吃饭时许下的诺言："适当机会一定帮助你把警察转为警员。"但此刻他不便直说，只能绕圈子："我这里没有油水，捞不到外快。"

"啊呀，说哪儿去了，你老兄难道不了解我？钱不钱的，我姓刘的不在乎。只要能和你在一起，我就气顺。"

"好吧，你可别后悔呀。"宫凯听毕刘震东一番曲意逢迎的话，终于松了口："不过，你千万别再往这儿打电话了，耐心等候吧。"

果然没过多久，刘震东便接到去总局调查科报到的调令。

"欢迎，欢迎。"宫凯已在南部三楼的甬道上迎候他了。"我们这个组的全称是'保密防谍组'，简称'保防组'，主要任务是破坏共产党的地下组织。"宫凯将刘震东领进办公室，洋洋得意地介绍着。

"今天没啥事，你回家歇歇吧。我还有个约会，先走一步。"宫凯说完，从抽屉里拿出鞋刷，擦了一会儿脚上那双带刺马针的皮靴，精神十足地离开了办公室。

刘震东见周围无人，便溜到走廊上，佯装上厕所，两手提着裤腰带，快速地在三楼转了一圈，马上弄清了这里的组织机构。这个专门用来破坏共产党地下组织的特务机关——调查科，下分行动组、学运组、工运组、资料股、情报组和保防组。

从此，刘震东潜伏在敌人心脏，不时将一些重要情况，通过住在同公寓的一位叫"七嫂子"的党员家属向组织汇报。

一天刚上班，调查科科长走进保防组，径直到宫凯面前："你尽快把这些表格汇总起来，登记造册。"

这是一叠从各分局、总局各科室送来的《警员思想考核表》，凡备考栏中有"思想左倾"或"言论左倾"者，都属于"值得警惕"的"嫌疑分子"。这些人随时可能遭到不测。刘震东瞟了瞟宫凯桌上的那叠表格，心里万分焦急，恨不得立即弄到这份黑名单，通知组织及时采取保护措施。但他不能轻举妄动，只能等待时机。

机会终于来了。几天以后，宫凯将一本中式的红格账簿放在刘震东的桌上，说："你把这些人的姓名、地址、职务、家庭情况，一一誊入这本册子。注意保密，千万别乱放。"

刘震东心里既兴奋又紧张，怎么办？应赶快与组织联系下一步的行动。他急中生智，对宫凯说："巡官，我上班时，小孩发烧得厉害，我想回家去看一看。"

"行，你去吧。"宫凯爽快地答应了。

刘震东在四马路上叫了一辆黄包车，直奔公寓。他让"七嫂子"火速转告组织，有要事相告。

不一会儿，"大哥"来了。他听完刘震东的汇报，双眉紧锁，口吻凝重地问:"你打算怎么办?"

"我想过了,准备晚上下班时将名册带回,你叫人连夜赶抄下来,第二天一早上班,我再带回去放好。"

"大哥"坐在桌边,一声不吭,狠命地抽烟。此刻房间里静得急人,只听得台钟嘀嗒嘀嗒地走着,刘震东的心悬着,身上直冒汗。

突然间,"大哥"猛地拍了一下桌子。刘震东被这突如其来的一击,吓了一跳。

"你这是馊主意,以前我一直对你说,只能用眼看、耳听、脑记。"

"那,让我怎么办?"

"背,背下来,再报告组织。"

刘震东与"大哥"分手后,匆匆折回办公室,拿出名册一丝不苟地誊写着。本来,他一直觉得自己的记忆力不错,这回不知怎么搞的,心里愈急愈记不住,他只觉得脸发烧,头发胀。

他决定冒险了。"哎哟,哎哟!"他手捂肚子哼了起来。"怎么啦?"宫凯抬头问。

"肚子不行。"刘震东离开座位,慌忙往厕所奔。到了厕所,他把门一插,坐在抽水马桶上,把背下的几个名单、家庭住址,用铅笔写在小纸条上,塞进棉毛裤里。

这一天,他的肚子"闹"得特别厉害,连宫凯都劝他快去看病。

"没关系,泻干净就没事了。"刘震东边说边坐回办公桌前抄名单,显得十分卖力。

这时,人民解放军已逼近上海,总局大院乌云密布。毛森为了防备中共地下组织活动,对内实行严格监视,每天派两名特务在各办公室"溜达"。

5月初的一天,刘震东刚跨进总局大门,就闻到了一股焦味。他抬头望去,只见各幢楼的走廊窗口,都在往外冒烟。

刘震东急忙走到办公室,宫凯满头大汗地尾随而来:"老刘,快呀,来帮帮忙。"

"什么事？"

"你没看见？毛局长下令烧文件！"

"烧什么文件？"

"哪些重要，就烧哪些！"

宫凯慌乱地从抽屉里拉出一沓沓文件，往刘震东手臂上堆。

刘震东捧着文件，心想敌人可能在作逃跑准备，自己何不趁混乱之际，把那本"黑名单"销毁？让毛森枉费一番心机。他见宫凯紧张得两颊通红，便趁机问："股长，我保管的那份名单重要不？"

"废话！当然重要。快拿出来！"宫凯忙昏了头，不加思索地训斥道。

刘震东兴奋得飞快从办公桌里抽出名册簿，奔到外面走廊上，那儿三只大油桶正在熊熊燃烧。刘震东一甩手将名册投进油桶，纸张即刻燃烧了，将燃尽时，他又拿起旁边放着的一根铁棍，往桶里一搅，霎时火焰再起，烟消灰散。

刘震东这才深深地吐了一口气，压在心头的石头终于落地了。

可是，万万没想到，就在烧文件的第二天一早，刘震东刚踏进办公室，宫凯就神色慌张地把他拉到一边："老刘，那本名册呢？"

刘震东心头猛一紧缩，接着狂跳起来，强作镇静地反问："啊呀，股长，不是你让我烧掉了吗？"

宫凯的脸刷地一下发了白。他瞪着眼睛，呆视着刘震东。

"股长，你不记得了？你说毛局长下令，哪个重要烧哪个。我还特意问你那本名册重要不重要！"

宫凯哪里会记得，只是当时忙乱得没有多加考虑糊里糊涂回答了刘震东的话。今天，政治处姚处长说，毛局长要名册，他才大吃一惊。他问刘震东，只是带着侥幸心理，希望名册还没烧掉。现在，他只觉得大难临头，耷拉着脑袋沮丧地嘱咐刘震东："你不要离开这里，等着我回来！"

刘震东坐在椅子上，一根接一根地抽烟。两包烟抽得差不多了，宫凯才气急败坏地回来。他脸色蜡黄，模样很怕人，没好气地对刘震东说："走，吃饭去！"

刘震东跟在宫凯后面，右手插进衣内，紧握手枪，以防万一。

两人一前一后，走出总局大门，来到福州路上一家山东小餐馆。刘震东心中雪亮：这是特为自己准备的"鸿门宴"。

宫凯点了几个时鲜菜，要了一瓶高粱酒。宫凯平时嗜酒如命，此刻却喝得极少，他一边吃，一边盘算着如何与刘震东较量。

"老刘，今天可把我吓坏了。"宫凯开腔了，"为了那本名册，毛局长把我和姚处长叫去骂了足足两小时，口口声声说要枪毙我们。我吓得魂都飞了，站也站不住。"宫凯说到此时，停顿了片刻，接着说："毛局长还问起了你。我说你很可靠，并以一家几口人的性命为你作了担保。"

"股长，太感谢你了。"刘震东装着激动的样子。

宫凯喝了一口酒，不紧不慢地说："不过嘛，姚处长让我注意你的行动，在撤退时，不管你是不是共产党，让我干掉你。但是，你放心，我俩的交情如同手足。"忽然，他将右手的拇指和食指一撇，伸到刘震东面前，"这个有路吗？"

刘震东明白他指的是"八路"，即共产党，但偏偏不顺着他的思路回答："你不是已经有好几支枪了吗？怎么还要买？"

"不是，我是说江北方面有路吗？"

"你真财迷，都到了什么时候啦？还想去那儿做生意！"刘震东故意王顾左右而言他。

宫凯把刘震东一拉，压低声音道："实话告诉你，我不愿干了。如果你江北共党方面有路，我们一起离开这里。"

话既挑明，不能再装傻了，刘震东勃然大怒，拍案而起，打得桌子上的酒杯都跳了起来。"好啊，今天给我戴'红帽子'了。我有什么错？不就是穷一点嘛。他妈的，过年时我没给他姚恺如送礼拍马，他就这样坑我……"说着，刘震东猛地拔出手枪，把宫凯一拉："走，找姚恺如拼命去！"

"你疯了！"宫凯没料到刘震东有这一手，顿时手足无措了。

"刘先生、宫先生,有话好说,千万别光火!"老板用山东话在一旁大叫。店堂里的食客早就吓得跑光了。

刘震东当然见好就收,两眼一瞪:"这种玩笑开得吗?你我兄弟相称,这样胡乱猜测,叫我心寒!"

"我不是刚才说过,以一家几口人的性命担保你吗!"说着,宫凯忙付了饭钱,赔笑脸地拍了拍刘震东肩膀:"走吧,走吧。"

刘震东走在前头,以胜利者的姿态,傲气十足地大步跨出山东小餐馆,将宫凯抛在了后面。

取走十七张特务档案　大特务追查化险为夷

星期五黄昏,天色灰暗,细雨绵绵,警察总局内更是阴沉肃杀,一眼望去,令人毛骨悚然。少顷,门口挂起一块黑色大幕布,遮住了过往行人的视线。马路上的人不由停住了脚步,三三两两地议论着。

"怎么,又要杀人啦?"

"最近像发疯似的,连着杀了好几批。"

"不是说杀银元贩子吗,怎么有这么多?"

"哪里!杀的都是'赤色分子'。"

正说间,附近"小常州"面馆里,走出一位跑堂,手中端着一个大盘子,上面放着几碗阳春面,在警察的监护下,匆匆进了警察局,了解内情的人都知道,那是给即将上"西天"的人"享用"的,有几碗就表明今天杀几个人。不一会儿,一辆"飞行堡垒"呼啸而出,往刑场方向疾驶而去。

警察局北楼一楼、人事室教育股代理股长黄旭和股员李美游站在窗边,冷冷地看着大院里发生的一切。而后两人目光交流一下,各自回到了自己的办公桌前……

第二天便是星期六。黄旭两眼惺忪地来到办公室。昨夜他躺在床上,辗转反侧,白天杀人的恐怖情景一直在眼际翻腾:"他们枪杀了我们多少的同志和进步人士？我一定要将调查科的17名特务骨干的住址、照片、活动情况摸个清楚，等解放以后，可以按照这些线索去查明他们的下落，清算他们的罪行。"他把第二天的行动步骤反反复复想了几遍，这可是冒着极大风险的事。

离吃午饭还有一刻钟，黄旭走到档案室铁门旁停住了脚步。"老黄，麻烦你给拿一拿这份教育训练卷。"黄旭边说边递过一张纸条。专管档案材料的黄股员接过条子，返身进内室，没过几分钟，就把一叠卷宗交给了黄旭。

黄旭慢悠悠地翻阅着，故意拖延时间。

"叮铃铃……"下班了，其他人纷纷起座，准备去进餐，黄股员焦急地盯着黄旭，又不时看看手表。

黄旭慢条斯理地说："老黄，你先去吃饭吧，我就剩下这几页，看完后自己放好就是了。"

黄股员巴不得他说这句话，连声称"好"，一转身离开了档案室。

黄旭偷偷察看了一下四周，侧身闪进档案室，掩上门，一面从门缝里观察外面的动静，一面从一万多张卡片中，抽出了那17张特务人事卡。然后锁上门，快步离开总局，往李美游家里走去。

黄旭把卡片藏在李美游家以后，立即赶去向蔡东园报告情况。蔡东园听毕汇报，感到事不宜迟，马上作了布置。

下午，黄旭、李美游和办公室里的警员们正在闲扯着。突然，毛森的命令传来："非常时期，取消星期天例假，明天照常上班。"大家互相看了一眼，无可奈何地摇了摇头。

晚上六点，外滩公园里游人只有三三两两了。在这白色恐怖的当口，谁还有心思游园？李美游缓步朝公园深处走去。按照蔡东园的指示，他要把卡片交给一位在照相馆工作的地下党员，让他连夜翻拍，第二天交还。星期一再由黄旭设法把卡片放回原处。不一会儿，李美游走出公园大门，舒了一口气，总算顺利。

星期天上午，材料股的警员们没精打采，无所事事，各自低头闷坐，抽烟喝茶。走廊里响起了一阵急促的脚步声。办公室的门打开了，调查科的几个特务径自来到股长面前，傲慢地说道："毛局长有令，调查科全体人员的卡片材料由我们自己保管。请股长行个方便。"

股长接过毛森的"手令"，不敢怠慢，立即吩咐吊卡，谁知把所有的卡片集中起来一算，少了17张，再一查，又偏偏是股、科、处的人员的档案材料。黄股员吓得两眼发直，转身向股长去报告。

股长一听，脸色顿时大变。他掏出手帕，拭了拭额头渗出的汗珠，心跳得厉害：这可不得了，要是报告上去，传到毛森那里，这是死罪。不行，决不能让他知道。他开始镇静下来，不紧不慢地说道："诸位，我们这里卡片太多，一时不容易凑齐，这样吧，等明天搞好了，兄弟给你们送去，怎么样？"

领头的见股长说得在理，又殷勤客气，落得卖个人情："好说，好说，那么就有劳了。"

特务走后，股长关上房门，大家开始翻箱倒柜地查找。要是找不出来，可是要脑袋落地的呀。黄股员也一个个办公室去查问，是否有人借过卡片。

黄旭的脑袋"嗡"地一响，他预感到事情严重起来了：前些天，自己曾向材料股的人讨教过查卡片的方法，星期六又借阅过卷宗，看来自己的嫌疑最大。

好不容易捱到下班，黄旭缓缓地站起身来。走出警察局，绕了几条街，便心急火燎地找蔡东园去了。

"老黄啊，我看你只有撤离上海。"蔡东园得知这一情况，十分关切："你先回去，我叫人给你送钱去，你马上到太湖地区，那儿已经解放了。"

黄旭回到家里，火速打点行装。没一会儿，蔡东园便派人给黄旭送来了30块大洋和一张转组织关系的介绍信。刚过了两小时，蔡东园突然又把黄旭找了去。

蔡东园平静地说："老黄，我反复考虑了一下，觉得你这样走有些不妥。第一，你走了，敌人就可以肯定卡片是你偷的，这就可能影响党组织和其他同志的安全。比如老李，他是你大学同班同学，又是你介绍他进警察局的，毛森岂会放过他？第二，现在火车只通到昆山，沿途还可能出事，搞不好弄巧成拙，那时就没有回旋余地。还有，南京解放以后，国民党已气息奄奄，朝不保夕。估计上海也快了。《约法八章》已经在警员中广为流传，明白人会为自己留后路的。你将卡片送回去，先缓和一下调查科与材料股的矛盾，然后相机行事，亦有希望坚持到解放，你的意见呢？"

"我遵照组织的决定去做。"

"你要做好充分的思想准备，从现在起，你不要再活动了。每天下班，你先到广东路外滩8路电车站旁的电线杆下站着，等我们互相看到后，你再回家。看到你在，我就放心。如果你真的被捕了，组织上会照顾好你家属的。"

"万一出事，我什么也不会说，请组织上放心！"

星期一清晨黄旭迅速起了床，带着17张卡片，早早赶到局里。他装出漫不经心的样子踱到材料股，一看四周无人，急忙将卡片塞到黄股员放公文用的铅丝笼里，然后若无其事地回到教育股。

一上班，愁眉不展的黄股员正心事重重地想着如何交差。他抬起头，猛然看到铅丝笼里的卡片，差点没跳起来，真是"踏破铁鞋无觅处，得来全不费工夫"。一阵欣喜之后，他又纳闷起来：自己昨天翻过铅丝笼，怎么就没有发现？其中定有蹊跷。但转而一想：国民党看来大势已去，只有毛森在垂死挣扎，若张扬出去，不是给自己找麻烦吗？想到这里，他一声没吭，把卡片交给了股长。

到了每周的"总理纪念团"集会，毛森照例跑来训话。这次，他一面凶神恶煞地叫嚷，一面观察警员们的反应。"最近，我们掌握了一批'赤色分子'的名单。现在我宣布，凡是三天之内到张副局长那里自首的，一律可免予惩处，如果顽固不化，拒不投案，不但要枪决本人，连家属也要处死！"

黄旭默默地听着，脸上掠过了一丝冷笑。

一转眼已是5月24日，远处不断传来激战的枪声，警察局秩序大乱，毛森一面手忙脚乱地叫机动车大队将装甲车开往苏州河北岸布防，一面自己狼狈地滑脚溜出了警察局。警员们也都不及顾盼，各奔前程。

吃完午饭回来的黄旭，依然来到办公室，克制着激动兴奋的心情：已经坚持了一个月，眼见上海就要解放了！想着想着，他抬起头，看到材料股应股长正把一大摞档案装进麻袋，旁边还有个公务员在等着。黄旭急忙走上前去，询问股长："应股长，你这是干什么？"

"上峰命令，全局的人事档案统统销毁。我要他帮个忙，拉去烧了。"

"应股长，你可要为自己留条后路啊！《约法八章》你不会不知道，你这可是罪上加罪啊。"

应股长愣住了。此刻，他也许明白黄旭是什么角色了，但国民党已山穷水尽，自己又去不了台湾，何必再造孽呢？他一言不发地丢下手中的档案，转身走了。

三天后的清晨，日历翻到了1949年的5月27日。上海，这个帝国主义"冒险家的乐园"，终于回到了人民的手中，鞭炮声、锣鼓声、欢呼声响彻大街小巷，整个上海滩成了一片欢乐的海洋。

5月28日，地下党员肖大成陪同李士英、梁国斌、扬帆三位接管专员，走进了已升起白旗的警察总局。

历史从此翻开了新的一页。

中共地下组织在迎接上海解放的日子里

许洪新

在临近上海解放55周年的日子里，笔者叩开了四位离休干部的家门，他们都曾经是中共地下组织的成员，都为上海解放作出过贡献。在采访中，他们很谦逊，都说自己没做什么，只介绍了一些他们所在的党组织做的工作。

虎口巧策反　机智保大桥

景德，1935年参加革命，1937年入党，他长期在秘密战线工作，是中央特科和华中局社会部的一名优秀情报战士。

景老为革命所立的功勋是记不胜记的。20世纪30年代末40年代初，他主持的齐鲁小学情报站，通过环龙路（今南昌路）上的光华眼科医院的台湾共产党员，中转了由日共党员中西功等国际主义战士提供的大量情报，对党中央制订正确的战略决策起到了重要的作用。解放战争初期，他曾巧妙地获得国民党军统破译我新华社密码的重要情报，为我军摆脱被动立下大功。

1948年至上海解放，"我在乍浦路77号开设飞达报关行，以做生意掩护情报站工作，她承担密写与陪同交际等掩护任务"。景老指着夫人陆秀如对我说。搞贸易行既可为山东解放区代销咸鱼等物产，采购所需要的物资，更可掩护递送重要的、不宜用电台发送的情报。当笔者问起在解放前夕那几个月的主要工作时，他回答说："策反国民党军官，收集情报。"

景德的父亲长期担任上海齐鲁会馆总干事，在旅沪乡胞中交游很广、口碑极好。景德利用这一有利条件，广交朋友，收集情报，成功地策反了京沪杭警备总司令部里的几个山东籍上校处长，还机智地保护了钱塘江大桥等重要设施。

上海市民欢庆上海解放

据景老介绍，有个叫崔传法的，与景老是同乡，又是从小学到中学的同学。此人在军统专搞电讯，还到美国深造过半年，时任司令部电讯处处长。"那时，国民党败局已定，这些人也想找条出路"，景老说。因是同乡同学，或对景德政治背景也心中明白，崔传法与景德来往密切，无话不谈。景德见时机成熟，便按上级的指示，向他亮出身份，接受他的投诚并鼓励他多立功。从此，崔传法就将司令部里每一项布置都向景德详尽报告。特别是关于布置潜伏特务的情报，对日后镇压反革命极有价值。当时，汤恩伯正布置破坏重要设施，景德要崔传法力所能及地予以保护。于是，崔传法便采取"拖"的方法上下敷衍。他借口"统一调拨"，将大量炸药调至上海仓库"囤积"起来，一边压下各处催领炸药的电报，一边以"正在调拨"搪塞上面。他还陪景德去钱塘江大桥"视察"。面对这座由著名桥梁专家茅以升设计建造的大桥，景德暗下决心："一定要让她完整地回到人民手中。"他们找来了大桥警卫营长，当察觉该营长也在为出路担忧，并流露了对炸桥任务忐忑不安的心态时，便趁机策反，暗示他"不炸更好"。后来，上面催急了，崔传法就拨了极少量的炸药去敷衍炸桥，领取单位嫌太少，催传法便推说"各处都要，没办法，先拨这些，用了再说"。结果，爆炸只伤了点皮毛，大桥终于保住了。

崔传法还有一个同乡兼同学，叫王绳武，"他比我高一级，大约也知道我与共产党有关系，也想找出路，却又不相信我"。景老说，"不过，那时情况确实复杂，特务很狡猾，人们都怕上了特务的当。有一个叫张亚明的山东籍上校处长，就是被他们怀疑后抓起来枪杀的。王绳武经管着上海等地五处电台，很有利用价值。于是，我表示愿为朋友两肋插刀，就以做生意为名，陪他去青岛，再潜入解放区，让他直接向华中局王征明同志投诚。"

掌握"自卫团" 维护商业街

林国安是中共金刚百货公司地下支部书记，离休前担任过上海市家用电器总公司总经理。"工作是大家做的，尤其是吴少航同志，许多细节他最清楚，可惜他在深圳，不在上海。"老林十分谦虚地说。

金刚公司是爱国实业家薛铭三创办的，规模虽逊于南京路四大公司，却也很有实力，仅在上海就有5家支店和1家橡胶厂，在南京、武汉、重庆、杭州和台湾都设有分店，

1949年7月6日，中共金刚百货公司支部的同志参加游行

特别是最大的103支店，即林森中路（今淮海中路）支店，是林森路上最大的百货公司。中共金刚支部是一个很强的战斗堡垒，至1949年5月上海解放时，拥有16名党员，其中103支店就有10名，几乎占到全店职工的18%，加上十三四位党的外围组织职业界协会会员，可以说这个店里早已是"共产党的天下"了。

1949年2月至3月间，沪南区委委员俞正平前来布置了"组织群众、保产保业、迎接解放"的任务，明确指示要从店员群众、业主资方两条线开展，将林森中路这条著名商业街完整地保护下来。经研究后，党组织立即发展了曾经参加过新四军而因病回沪的103店主任吴少航入党，并将联络业主的工作交给他承担。

在获得薛铭三全力支持后，吴少航首先借物价飞涨提出搞同业议价。此举符合资方利益，很快建立了以大华百货公司为联络点的百货业议价碰头会。旋又推动建立了绸布、糖果等各业碰头会。解放军渡江、南京解放后，中共地下组织指示组建人民保安队，国民党亦布置搞自卫团，支部即确定控制自卫团、以合法名义保护商业街的决策。店员方面的工作推进顺利，各业主也因保产保业符合切身利益而大多赞同，但要得到警察局批准，还须有头面人物出面才行。于是，吴少航便去争取资格最老的虞永兴南货店店主虞如品的支持。这位虞老板是上海南货商业同业会理事长，还是市参议员和社会局特聘的专员，是个在政界兜得转的商人。开始时他十分冷淡，两天后却主动邀请吴少航与多名业主吃饭，席间表示支持组织联防，愿"勉为其难"担任团长，并请吴少航和另一位李姓西服店老板担任副团长。他说警察局那边由其负责，而团务则请吴少航等多管一些。就这样，"民众自卫团"组织起来了，各店也都修建了木栅栏，备了木棍、哨子，所有的店员都编为团员，一些党员和积极分子大都安排为负责人，每天组织巡逻值班，自卫团实际上成了有合法名义的人民保安队。5月23日和24日两天，林森中路呈现半真空状态，自卫团就佩了臂章上街维持交通和秩序，使这条商业街顺利而平静地实现了历史大转变。25日，林森中路解放的第一天，大小商店几乎都开门营业。

金刚支部的党员还查看了地形，了解保甲状况，利用送货甚至跟踪买菜等方法，调查国民党军队驻地和反动官员住址，绘制成图后交上级组织。"我从23日起就奉命隐蔽，住在公司附近一位叫包和德的朋友家中。25日凌晨一两点钟，和俞正平一起到国泰电影院，与解放军和负责抓特务的特工科的同志会面，当时我们热烈地握手，如同久别重逢的亲人。随即，我为部队带路直插八仙桥。"老林说。

智逼总稽查　巧护电讯局

骆连森，1947年入党的老同志，在520厂向有"老革命"的尊称。随着笔者的提问，老骆打开了记忆之盒：

"我那时在电讯局送报间。送报间有二百六七十人，多数是20岁上下的小青年。1948年秋，原中共地下组织党支部书记邵安祥撤退，由我接任书记。当时有党员七人。不久，就明确布置中心任务是'迎接解放'。

"送报间曾在1947年5月发动过一场'饿工运动'，国民党市党部主任方治前来弹压，被邵安祥顶了回去，因此很受国民党注意。'饿工运动'后不久，就来了一个叫魏镛的人，组建了国民党第41区分部，经过两度发展，大约有70%的人被拉入了国民党。他们物色了总稽查夏根友当头。夏曾拜南市青帮头子侯长宝为老头子，这时也在小青年中收起徒弟，大约有一半小青年被他收为徒弟。面对这种情况，我们展开了争夺群众的反控制斗争，也搞结拜兄弟和聚餐会，我就结拜了21个兄弟，逐步发展党的外围组织邮电工友联合会（简称邮电联）。平时广做好事、广交朋友，深交后再慢慢讲道理，这样夏根友的徒弟一大半听我们的了。

"1949年初，中共电信局地下组织成立总支，明确提出'保护局产，保证线路畅通，迎接解放'的斗争任务。送报间一下子发展了6名党员，使党员人数达到13人，大约占总人数的5%，邮电联发展更快，党员达到总人数的一半以上。但因工作进展迅速，我已引起反动势力的注意，在局外也发现有人跟踪。于是，我在4月下旬以请长假为名，躲到局外，但仍与党员、积极分子保持联络。这中间，二访夏根友，对实现护局斗争很有作用。

"一访夏根友时我还未撤退。当时，夏无意中透露了已受命南下广州的情况，上级命我登门专访，动员他留下。夏根友承认有此事，我便以朋友身份说留比走好。我刚说完，就被他拉了直奔侯长宝家，说要听听师父的意思。到了侯家，寒暄几句后，他俩就走到内间说话。夏的话听不清，只听得侯讲了句'听伊的'，两人便出来了。后来，夏果然没有走。估计夏是向侯介绍我的大致身份，因为邵安祥和另一位党员吴玉峰的撤退，无形中也暴露了我的身份，我与邵、吴两人最接近嘛，夏自然可以明白个八九不离十。后来当我要请长假时，他只说了句'弄张病假单来'，一点没有为难。事后，我又获悉局里曾向他查问过我，他的回答是：'在卖大头小头。'局里提醒他：'要当心迭个人。'他说：'一个小囡，呒没事体的。'

"二访夏根友是在临解放前几天。当我到夏家时，他正在搓麻将，见到我立即起身让人代替，拉了我一直走到城隍庙老饭店，点了几个菜，要了点酒，边吃边谈。这次，我按组织指示首先亮出了身份，接着向他提出：争取戴罪立功，明天起住进局里，并带领徒弟、国民党员一齐住进去，参加护局护产。当时他流露了担心解放后会被抓被杀头，我当即说：'我拍胸脯，你不仅不会抓起来，还可能受奖。'于是，他表示'我听侬的'。那天，他告诉我：不仅知道我是共产党，还知道其他一些人也是共产党。我问他：'你认为哪些人是？'他掰着手指报了14个名字，全部说对，只是多了1个。最后，他拿出了4块大洋，说：'你在外面一定没钱，拿着吧。'当时我真的非常需要钱。自撤退以后，我不能回家住，也早已身无分文了，只能住在一个叫俞根宝的积极分子家里，晚饭也在他家吃，但早饭与午饭是呒没着落的，只能找谁联络就要谁给我饭吃，常常饿肚子。但我不能拿夏根友的钱。他见我不拿，便又加了2块，说：'你不要，就请你给邵安祥、吴玉峰家属吧，我们也算兄弟一场。'我说：'好，这我负责转交，你们是结拜兄弟。'邵、吴两家也确实困难，我便给邵、吴两家各送了3元。

"5月24日夜，我住在梵皇渡路（今万航渡路）吴玉峰的舅子蒋培福家里。睡到早上四五点钟光景，蒋回来说：'起来，起来，马路上都是解放军了。'我立即起身，走到西康路西区派报点，见到了解放军。一会儿，总支书记龚正东也来了，我俩便一起赶到江西路总局组织党员群众迎接上海解放。路上曾见到零星的敌人向外滩方向逃窜。那天中午在局里吃的饭，一口气吃了8碗，令旁边的几位目瞪口呆。这是两个月来我吃的第一顿饱饭。"

公开建社团　秘密撒传单

钱学忠是我早年工作单位的老领导。我也早知道他在哥哥姐姐影响下，16岁便入了党，离休前是闸北区人大副主任。问及解放前夕的那段日子在做些什么时，他说主要是"宣传城市政策，迎接解放"。

他说："1948年9月，一位名叫薛承范的中共地下党员由市西中学转入市北中学，开始重建支部。市北中学自1948年6月反对'美国扶植日本'斗争后，原有地下党员全部撤退，只留下了三四个积极分子。重建后的支部工作很明确，就是'迎接解放'。1949年3月，几个经过考验的积极分子被发展入党，我就是那时入党的。党员人数从4名发展到8名，每个党员又联系了几个积极分子。

"我们先是出壁报、搞社团，扩大积极分子队伍。高一甲班费起光最早发起出《灵芝》壁报，训导处不许，经斗争后才得以出版，继后秘密成立'灵芝社'。我与魏仲云组织了'火炬图书馆'，从交流图书到传阅《西行漫记》《李有才板话》《新民主主义论》等书刊。我们在校内外以打扑克为掩护，谈形势，介绍解放战争进程，学唱《你是灯塔》《山那边哟好地方》等歌曲。

"做得最多的是翻印、散发宣传共产党的城市政策的资料。4月中旬，解放军渡江在即，按照区委布置，大量翻印宣传资料。我用的那台手推式油印机藏在家中夹弄里，而文件就藏在煤球箱或瓦缝里。有一次带文件回家时，因下雨就藏在套鞋里。翻印后，就由大家广为散发，同学课桌里、老师抽斗里、行驶卡车中、商店门缝里，到处都有。5月中旬起还向保甲长家里投寄《告保甲人员书》等宣传资料。

"5月24日虽然还照常上课，但我们却在心中一遍遍地默唱着《我们的队伍来了》，急切地等待着与解放军会师的那一刻。25日清晨，按事先的通知，我沿天潼路、河南北路、宝山路，向林定恕家走去。远处不断有枪声传来，站在天潼路上也可看到新亚大酒店那边布满了国民党军队。林定恕的父亲是位铁路职工，他家在交通路宝山路口，坐落在铁路轨道线中间，既无杂人还装有电话。当时，我们得知苏州河南已经解放，于是，十多个人都围着电话向河南面的亲友了解情况。突然，收音机里传来了'上海市区解放'的消息，大家激动地跟着电台学唱《解放区的天是明明的天》，边唱还边做了许多大红花。整整等了一夜，26日凌晨分散出来时，我与薛承范一路，边走边撕掉路边墙上的反动标语。

"第二天，沪北解放了，我们奔向了学校，随即又分赴街头宣传城市政策。在和田路永兴路口，我站在凳子上向市民宣讲。那天，我、薛承范、王宅惕、钱嘉荣还与进驻市北中学的解放军连首长一起拍了一张照片。"

坚持斗争的中共上海地下组织负责人和工作人员在解放后的合影

秘密印刷"约法八章"

张生元

上海解放前夕，位于芝罘路、广西路口的一条小弄堂内，曾开设过一家并不显眼的瑞文印刷厂。这家印刷厂设备简陋，全厂仅有三台老式机器，其主要业务是印刷小件商业广告和纸扇扇面，以及麻纱手帕上面的彩色花纹；全厂从业人员（包括投资方、资方家属、工人、学徒）仅一二十人。这家印刷厂周围有3路、5路电车的停靠站，北有金城大戏院（后称黄浦剧场），西有贵州电影院，邻近大观园浴室、永安公司、七重天茶室，因而交通发达，信息灵通。

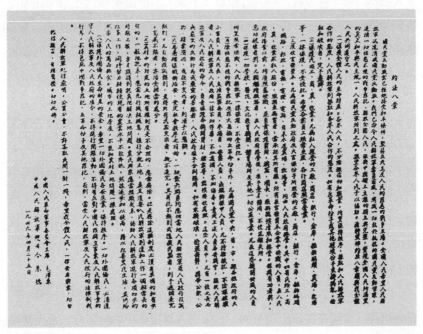

《约法八章》

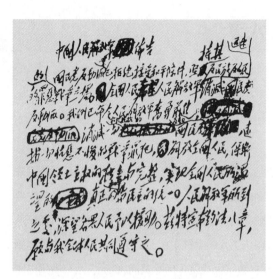

毛泽东同志亲自起草的《中国人民解放军布告》手迹

1948年淮海战役结束后,中共上海地下组织在教育、卫生、工商、宗教等各界人士中加强了迎接人民解放军南下的各项准备工作。其时,国民党的军警宪特也加紧清剿和打击中共地下组织及一切进步力量,原来接受中共秘密印刷任务的多家印刷厂因遭受袭击而被迫关闭。中共上海地下学委党团负责人张本、唐守愚等经过研究,授意王子成(20世纪80年代在中国驻美使馆任公使衔文化参赞)物色能印刷中共秘密文件的"可靠的印刷厂"。王子成经过仔细考察后,选定瑞文印刷厂及其坐落于北苏州路永康里(近西藏北路)的发行所为秘密印刷点,并由地下学联联络部戴昌文、陈金源(上海大同大学学生、瑞文印刷厂厂主陈国瑞之子)做通陈国瑞和厂内最年长的工人包某的工作,然后,在厂内青年工人王文元、王宗林、王兆兴和陈汉云等人一一表示"严守秘密""决不外传"的情况下,白天关紧门窗,夜里在厂门上挂上布帘,先后加工印刷了"人民保安队""人民宣传队"的布质臂章和《中国人民解放军布告》(即"约法八章")等。王文元、戴昌文、陈素瑛(陈国瑞之女)等告诉笔者:在瑞文厂制作的"人民保安队"和"人民宣传队"臂章用去了白布70匹;《中国人民解放军布告》原稿来自丹阳,经戴昌文用工整的小楷抄清后,再制版印刷。上述印刷任务在1949年四五月间完成。

白布印上文字后,还要撕成布条。夜间撕布条,发出的响声传至四邻,警察局的一个探子闻讯上门查问。几位工人摆出做手帕的架势,若无其事地回答:"我伲做绢头,日里做不光,夜里还要加个班。"北苏州路上的瑞文发行所因经常把厂里印好的东西向外面传送,也引起了敌人的注意。一天,闯入几个国民党的散兵游勇,声称要住这里的房子。坐镇在这里的陈金源、戴昌文满面堆笑地走出来与他们周旋,并塞了一笔钱给他们说:"拿点钱去可以,住下不行。"这些兵痞们把钱收下后,还是赖着要住。陈金源等见势不妙,便使出一个"绝招"。只见陈金源不慌不忙地从西装上襟里掏出印有"国民党上海市党部特别调查员"头衔的名片,正色警告这些兵痞:"告诉你们,这里有任务,不许侵犯!"这

《中国人民解放军布告》张贴件

些散兵游勇一见对方是有来头的,便不敢再撒野,呼啦一下全走了。

上海解放的前几天,党的地下组织要陈金源、戴昌文从瑞文厂和发行所撤出以防不测,匿居在一个亲戚家中。瑞文厂的工人按原定计划继续秘密操作。其时,上海市区内的斗争形势异常紧张。中共上海市委书记张承宗会同工委领导沈涵去王子成家商量如何将已印就的"约法八章"等物件迅速运出。沈涵向王子成提供了车辆,王很快赶到北苏州路上的瑞文厂发行所,将印就的物件装入大旅行包,分两批抢运了出去。5月25日上午9时许,苏州河北岸的国民党军队还不时向南岸打冷枪,而山西南路南京路的转角处已经张贴出醒目的《中国人民解放军布告》。这份布告的第二条上写着:"保护民族工商农牧业。凡属私人经营之工厂、商店、银行、仓库、船舶、码头、农场、牧场等,一律保护,不受侵犯。希望各处员工照常生产,各行商店照常营业。"当天上午,笔者从业的与该布告张贴处仅咫尺之遥的邵万生南货店果然"照常营业",而且对顾客格外热情。

1956年,瑞文印刷厂在社会主义改造中并入了上海第一印刷厂。

春潮暗涌迎解放

陈正卿

今天，当你徜徉在新上海的繁华之中，分享着国家富强、人民安康的喜悦之时，你是否知道在那黎明前最黑暗的时刻，曾有多少革命战士为翻过上海历史沉重的一页而贡献了忠诚和心血。这里所采撷的就是当年在地下涌动的迎解放大潮中的几朵浪花。

情报：两小时抄完《大上海防卫计划》

1948年10月末的一天，初秋的上海街头正笼罩着肃杀的白色恐怖气氛，耳边不时掠过尖利的警车嚎叫声，触目所及尽是些所谓"戡乱严惩令"等告示。

此刻，戒备森严的北四川路国民党淞沪警备司令部会议室里，正由汤恩伯亲自主持召开一个绝密会议。出席者有驻防上海的各集团军司令、军师长以及警察局长、警察总队长等军警要员。特务头子毛森也满脸杀气地坐在主席台一侧。原来，随着蒋军在济南战役中惨败，徐州碾庄守军被困，蒋介石对大决

晚年的崔恒敏

战的结局已有预感。他命令汤恩伯等着手布置所谓"东南最后防线"。那天这里举行的就是第一次"大上海保卫会议"。一名作战参谋正手举教鞭，在一巨幅上海军事作战地图前，比比划划地讲述上海防卫战略意图，其中包括每一防区的兵力部署、火力配置、工事构筑以及相应的攻防战术。尽管汤恩伯正襟危坐在台上，台下仍是一片交头接耳的嗡嗡之声。兵败如山倒的消息，早已使这些党国将领心神不宁，都在各打各的算盘。

然而，在会场后排一角却端坐着一个相貌堂堂的高级警官。他不仅神情专注地听着这些布置，每听到重要之处还若有所悟地点点头。他就是担任上海驻卫警总队代总队长的崔恒敏。抗战初期，他曾怀着一腔热血投军于抗日名将卫立煌麾下，任过河南防空军的科长。日寇投降那年，他考入了中央警政学校，满以为国家将走上和平建设的道路，谁料蒋介石偏要打内战，因此他对独裁腐败的蒋政权深感绝望。1948年，他秘密加入了李济深等发起组织的地下民联（地下民革前身之一），曾配合中共地下组织参与发动了"将军哭陵""京沪暴动"等反蒋活动。他到上海任职后，前来联络的地下民革领导人王葆真被捕，因此一时难以有所动作，可他仍时时寻找为解放上海贡献力量的机会。故而在会场上，他的态度格外认真。部署完毕，汤恩伯等又训话，命令与会者对会议内容必须绝对保密，并尽快做好迎战准备。

第二天清早，当崔恒敏来到位于南京西路的总队部时，脑海里仍盘旋着昨日会议的内容。不一会儿，只见淞沪警备司令部的机要车到了，送来了一份《大上海防卫计划》绝密件。他马上签字收下。拆封一看，其内容竟比昨日会上讲述的更精确详细，有作战指挥部的划分和名单，有各地区兵力部署和部队番号，有防御工事设施和地理位置，还有重武器及地雷分布地区等。他看着看着，禁不住怦然心跳。他想，如果能把这份情报送到解放军手里，那对解放上海该有多么大的作用！于是，他打电话把浦东蓝烟囱码头（在今陆家嘴一带）任驻卫警分队长的曹仪简悄悄叫来。

曹仪简是地下党员，他听崔恒敏平日说话颇有正义感，就启发他为革命效力。不想一深谈，彼此原来是同一阵营中的人，从此两人便经常在一起秘密交流情况。曹仪简来到总队部办公室后，崔恒敏把这份"防卫计划"给他看，曹仪简也十分兴奋。他们果断决定，一同去淮海中路淮海坊的崔恒敏家中，用最快的速度把这份密件抄录下来。他们到家后锁定房门，两人分工，屏息静气，情报内容既不能遗漏，字迹又要清晰端正。经过两个小时的紧张工作，终于抄完全文。当时的上海街头，经常会出现突然进行搜查的宪兵特务。因此曹仪简把这份抄件做了一番伪装后，即动身送往在复兴中路朴莱贸斯公寓的地下组织交通站。任百尊当时在这里以锦华公司经理身份负责工作。他得知搞到了这一重要情报也十分高兴，立即报告了上级领导人吴克坚。吴克坚以最快速度派专人将它送达了江北的江淮军区司令部。

印刷：红色宣传品从小浜湾发出

在位于市西虹桥开发区的上海市档案馆里，珍藏着一批重要的历史文献：《毛主席朱总司令约法八章》《上海人民团体联合会告全市人民书》等。它们已纸质泛黄，印证着所经历过的岁月沧桑。人们观看时不禁要问：在当时铁骑横行、几近疯狂的最严峻时刻，这些红色宣传品是怎样躲过了敌人的耳目印刷出来的？要知道，它不仅悄悄地张贴到了大街小巷，有的甚至还送到了一些要人名流的案头！

今天，在巨鹿路305弄一条叫小浜湾的弄堂里，仍可以找到一座两层楼的陈旧小屋。1948年9月，在中共上海地下组织学委副书记吴学谦的指示下，一块"明夷印刷局"的招牌就挂在了这所小屋门前。这里公开承接的是各类书刊、社会印件，暗中却秘密印刷党的文件和有关宣传物。它是为配合全国革命形势发展以及上海即将解放的宣传工作需要而设立的。具体联络这一机构的是钟沛璋等地下组织负责人。党组织从有关方面抽来了孔大成、支梅芳、马金根等十来位可靠的同志。他们在门口安装了电铃，规定了进出门和报警的暗号，设置了伪装掩藏秘密文稿的器具，对容易暴露真实面目的铅字都亲自手刻。就这样，一批批红色印刷品像报春的信号，从这间小屋里洒

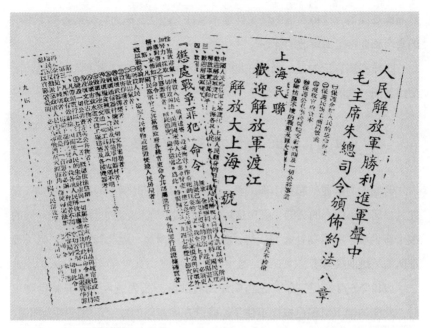

上海地下印刷厂印制的公告

向了大上海的各个角落,给正在英勇斗争的同志们增添了信心和勇气。

自然,这间小屋本身随时可能会遭遇敌人的突然袭击。解放军围城之战打响后的一天,手摇的小石印机正加紧赶印着《告全市人民书》。突然,门口传来"警察来了"的报警声。大家的心顿时一沉,一面火速停机,将红色印刷品的印版、印件撤换下来掩藏好,一面又装上用作伪装的发票单据印版,以对付检查。实际上,那个警察并不是闻风前来侦查的,所以仅是虚惊一场。半个世纪后,笔者前去小浜湾探访时,正巧遇见一位年已古稀、满头白发的老人。他得知来意,热情地介绍说:"别看这里紧挨着繁华的淮海路,解放前还十分冷落,弄里还有一个大坟丘。我十几岁开始就住在这里。当时每天晚上都听见印刷局的机器'咯噔、咯噔'响,进出的也多是贫苦工人和学徒模样的人。"当问及那次有惊无险的遭遇时,他笑着向弄口一指:"那里原来是个裁缝摊,那个警察是来做衣服的。他们不晓得,所以吓了一大跳。"

然而谁都懂得，这种高度的警觉性绝不是什么胆怯，因为它关系着整个组织的安全和迎接上海解放的计划。

同样不该忘记的是，当时在地下春潮涌动的大上海，和他们并肩战斗、使用着同一武器的还有"富通""美文"等许多兄弟集体。

坦克：打出"向人民解放军致敬"横幅

老战士们聚在一起谈上海战役，常为在苏州河畔倒下的战友感伤不已。尤其是居于市中心的黄浦、虹口这短短的一段，守敌依靠北岸连绵成一线的数十座大楼，利用高处火力优势，曾使我"济南第一团""渡江第一船"等部队的英雄血染桥下。

1949年5月25日下午，正当南岸的我部队首长为进攻受挫而紧急商议时，北岸的地下组织已按捺不住了。隐蔽在海南路的敌空军供应司令部里、受中共上海市工委领导的地下党支部紧急动员起来。书记李扬群召集下属的二十余名党员开会密商，决定利用司令部机关大楼里敌警卫连外调之机，发动进步官兵组织自卫队占领大楼，继而公开挂上红旗宣布起义。当年飘扬在这幢大楼顶上的红旗，被中共地下组织领导的凯旋电台称为"苏州河北的第一面红旗"。随即，他们决心为解放军冲过苏州河助一把力。正好院内有一辆接送敌军伤病员的敌坦克刚被缴获。他们决定派周克毅、李青两同志和一名刚反正的坦克手，携带"向人民解放军致敬"的白布横幅、联络信号及组织证明等，冲过桥去配合战斗。

次日近午，坦克发出轰隆隆的吼叫声，经武进路转向北四川路，临近桥堍，它加大马力直冲敌掩体工事。龟缩在邮电大厦里的敌军，起初没弄清它的真相，后来发觉不妙，立即朝它射击；而当坦克越过桥头、直奔南岸解放军阵地时，解放军因不明底细也同时开起火来。子弹打在装甲上发出一阵"当当"声，后来坦克终于穿过了密集的弹雨，停在南京路拐弯处。在一群持枪的解放军战士监视下，坦克内三位同志举出了事先准备好的横幅，递上证明书和联络信号，双方的手便紧紧地握在了一起。接着，部队首长应他们的请战要求，由周、李二人驾驶坦克作先导，掩护突击班战士过桥。不料当坦克回头刚冲过桥身时，炮筒却因炮弹卡壳哑掉了，它只好再次折回。这时，他们向部队首长建议，是否可以先从北岸大楼较少、房屋较矮的浙江路桥上冲过去，然后再反抄敌人固守的大楼背后。这同部队首长已决定调整的由西向东攻击的计划正好不谋而合，于是这个建议当即被采纳。这样，这辆坦克掩护着一个排的解放军迅速冲向浙江路桥。它接连摧毁了两道街心掩体，沿路敌军闻风而逃。敌军的苏州河防线顿时被撕开了一个大口子，紧随其后的解放军战士像潮水般杀声震天地冲了过去。他们一口气冲到北站铁路局大楼前，因又受到敌军高楼强火力阻击才停下，而此时沿河北岸重重大楼里的敌守军已成了瓮中之鳖。

这辆坦克的功绩后来渐渐被人淡忘了，但它的英姿却曾刊载在1949年5月27日的《大公报》头版上。

画像：在国民党少将参议的家中完成

曙光在前，中共上海地下组织为迎接解放军进城，日夜加紧做着各种准备。有一个强烈的愿望拨动着他们的心：要让上海人民在红旗升起的第一天，就能看到新中国的领袖毛主席和朱总司令的画像。这个任务，由中共提篮桥区委张显崇布置给了麦伦中学地下党支部书记陈一心。

麦伦中学（今继光中学）是一所有着光荣革命传统的学校，地下组织和群众基础都相当好。然而要完成这一任务，仍需作一番精心的策划。陈一心与党支部成员傅家驹商量后，找到了高二年级的地下党员许福闶。许的父亲是国民党军队的少将参议，当时已弃政从商，政治上保持中立；其位于泰兴路的住所也较为宽敞清静。在敌人垂死挣扎的关头，没有这样一种涂有保护色的创作环境，要成功地绘出两幅高2米、宽1.5米的标准规格领袖画像，是难以实现的。许福闶接到这个任务很激动，好在父母亲已经在儿子们的感

麦伦中学学生走出校门欢迎解放军

染下,理解了他们的行动,也在尽力做一些对革命有益的事情。于是,4月末的一天,经过组织介绍,两位进步青年美术家周祖泰和曾路夫,悄悄地住进了许家。他们在许福闳、韩苹卿等人已经钉好的画架、画布上开始作画。工作室的窗内蒙上了布帘,食宿全由许的母亲照料。按照纪律,许福闳不仅不能打听画家的姓名,也从不和他们交谈。偶尔回家看看,他也自觉地不迈进那间小屋,以至多少年后他和支部的同志才晓得那两位画家的名字。1995年,他们和曾路夫再次相逢时,彼此都已是两鬓斑白的老人了。

经过两位画家半个多月的精心创作,两幅神采奕奕的领袖画像终于完成了。毛主席、朱总司令的画像是按中共"七大"时的照片绘制的。毛主席身穿蓝制服,笑容和蔼,目光深邃;朱总司令头戴军帽,身穿戎装,威武庄重。他们给人以巨大的精神感召力量。黎明前最黑暗时刻中的期盼,分分秒秒都显得漫长。十余天后,解放军的炮声终于从郊外传来了。许福闳在家中急切地等待着组织的通知。

5月27日清晨,苏州河北的枪声终于沉寂了,横跨河上的桥梁又恢复了通行。这时,许福闳按照组织的布置,和另一名同学、地下党员戚国埏一道,护送画像过桥到学校去。当画像安放在三轮车上,出现在熙熙攘攘的市中心马路上时,行人眼中都流露出惊讶的神色,甚至发出低低的欢呼:"毛主席!朱总司令!"画像从市西穿过大街小巷到达市东,让不少市民第一次在红旗下瞻仰了领袖风采。7月6日,解放军举行庄严的上海入城式,这两幅画像并行在沪东区欢迎游行队伍的前列,成了新上海最具特色的标志。"麦伦的两幅画像"也成了当时市民的热门话题。

岁月倏然间已走过了半个多世纪。这些曾经为上海的新生作过贡献的老同志,现在大多已年逾古稀了。建国后他们虽曾几经风浪,各有一段或短或长不平坦的道路,甚至有长期蒙受冤屈而牺牲生命的,但他们都能坦荡从容地看待过去与未来。现在,他们同普通老人一样,安度着幸福、平静的晚年。回首往事,他们最大的欣慰是,自己无愧于那个伟大的历史时刻。

两幅领袖画的诞生

许福闳

1949年5月27日，据守苏州河北岸的国民党军队有的溃退，有的挂起了白旗。街上虽仍响着零星枪声，上海全城已告解放。在新闸路邻近泰兴路的一段路边，热闹的人群忽然静了下来，不约而同地把目光聚集到一幢绿色洋房前，只见这幢平时大门紧闭、少有人进出、全然同周围邻居隔绝的楼房，敞开了边门，走出一位穿着时髦的妇女和两名学生装束的少年，将两幅2米高、1.5米宽的毛主席和朱总司令的巨幅油画像，搬到停在门口的三轮车上，缓缓地驶出弄堂。竟然如此迅速出现巨幅领袖像，这不能不使人们感到惊诧。

巨幅领袖画像的绘制有一个过程。前面提到坐在三轮车上的两位少年，一位是戚国埏，另一个就是笔者，当时我俩都是麦伦中学学生。1949年初，我的父亲（许大纯，曾任河南省政协委员）虽早已弃政从商，但仍挂着"少将参议"的头衔。凭借过去的关系，我家搬进了这幢笼罩着一种神秘气氛的洋楼。当时底层只住了一位看门的老人，二层有一户三口之家，男的是国民党的现职军警人员。我家住进了二楼的另外三间之后，大多数房间仍空着。国民党军警及保甲人员从不过问这里的一切，洋楼便成了我党地下活动的一处安全场所。

当时我刚16岁，是高中二年级的学生。由于耳闻目睹国民党反动政权的腐败及自己封建官僚大家庭的没落，在早年参加革命的哥哥的影响下，较早便萌发了对自身进步和社会解放的追求，开始投入学生运动，参加党的一些外围活动，如编印刊物、演出戏剧等。经过几年的考验，1948年底，我和戚国埏等同时被吸收为中共党员。入党后，我又和他一起负责编印迎接解放的宣传材料。刻印地点就设在我的卧室。由于我的疏忽，半张印坏的传单遗落在抽斗里，被我父亲发现。一天，他在周围没人的时候，异常沉重地低声对我说："你的哥哥已经走了（这时我的哥哥已经去了苏北解放区），你还是个孩子，不要胡闹。"并要我告诉他，这些活动是有组织的，还是个人的行动。我那时年龄小，不成熟，见父亲发现了秘密，不知如何是好，只迟疑地说："我考虑考虑。"当晚，我即向党组织直接联系我的傅家驹同志汇报，请示如何对待。第二天，傅在请示上级领导后通知我：根据当前形势，你父亲弃政从商后在政治上倾向中立的态度，考虑到你的家庭情况和父子之情，你可向你父亲讲明道理，以争取他的同情和支持。我按上级指示对父亲做了工作，父亲沉默半晌，两行浑浊的眼泪沿着脸颊流了下来，只沙哑着声音说了句："你自己可要小心呀！"便骤然转身离开了。我理解父亲的心情，他知道我参加革命活动的决心已无法挽回，而国民党特务的阴险与残忍又时时威胁着儿子的生命和安全，担心、害怕啃噬着一个父亲的心……面对父亲的感情，我心头也涌上一阵酸楚，但更多的却是高兴，我知道父亲已经默许了我的活动，他不会再干涉我，而且还会保护我。党组织知道这一情况后，曾把党的一些重要活动放在我家，由母亲负责接待（显然父亲已经将情况告诉她），我便在外望风。这样的活动，没有一次被敌人发现过。

1949年4月上旬，麦伦中学党支部书记陈一心同志根据地下党委张显崇同志的布置告诉我："上海即将解放，我们要做好迎接解放的各项工作，现在组织上要我们各画一幅毛主席和朱总司令的巨幅像，使上海人民在上海解放的当天就能看到领袖像，使领袖的肖像高举在我们人民宣传队伍的前面，引导我们走在上海马路上。你家比较安全，画家是否就住在你家作画。活动要非常隐蔽，不得与任何外人接触，一定要采取周全的保密和安全措施。"并问我行不行。听到这些话，我的直觉告诉我，这是一项极重要的任务，我们刚刚学过毛主席的《新民主主义论》等文章，对毛主席怀有无限的崇敬；我也懂得在严重的白色恐怖的环境下，完成这项任务的艰巨，稍有不慎，就会给组织造成莫大的损失；当然这也使我感到这是组织对我极大的信任。考虑到父亲当时对党的态度等各方面条件，我当即表示没有问题，并立即着手准备。由比我高一级的一位韩姓女同学陪我到木匠铺定做画架，声称家里房子小，要做两只屏风把房间分隔开来。画架做好之后，画室就设在我的卧室里，墙上挂了布帘子，盖住画布，房门装上布门帘，使外面的视线看不见室内的活动。

一切安顿妥当之后，一天下午，我便带着一卷报纸——联络的暗号，来到北四川路国立戏剧专科学校（现虹口区教育学院实验中学所在地）对面的一幢新式里弄房屋前。我轻轻地叫响楼门，一位约30岁的男子出来开门。他，中等身材，略显黝黑的面庞，深邃的双眼闪烁着艺术家的光芒。我们接上头后，他即问我："什么时候走？"我答："就是现在。"他转身回去，不一会工夫便拎着一只黑色的小画箱出来，后面还跟着一个20岁左右的青年，和我一起来到了我的家。从此，这两人便住在我的卧室里画像，食宿等日常生活都由我母亲照料，我则住到同学家去，有时在家，就住在客厅里。那时的纪律要求，如无特殊情况，我们都不进画室，也不和他们交谈，我只记得画家沉默寡言，偶而碰面，只见他仍处在沉思中，在整个作画期间，他把全部心血和精力都倾注在画幅中了。他们整日闭门不出，大约过了半个月左右，在无人知晓的情况下，把像画好了。画布面朝墙，外面罩上帘子，表面看去，全然不觉里面藏着画像。之后，画家带着他的助手，在一个漆黑的夜晚，悄然地离开了我们家。当时，我们并不知道这两位地下工作者的姓名，每当回忆起这一段往事，对他们的思想和崇敬的心情便油然而生。直到许多年后我才知道，画这幅巨像的画家叫周祖泰，当时为新美术研究会负责人，该会是我地下党领导的新民主主义艺术同盟的公开活动场所。周祖泰解放后担任北京中央戏剧学院教授，共产党员，已故。

大约隔了十天左右，解放的炮声便在上海的郊区隆隆响起。5月25日清晨，解放军开始进入市区，沪西地区首先解放了。那时，戚国埏住在我家。我们急切地企盼着上海全城解放，因为麦伦中学地处苏州河北，要等全城解放之后，才能将领袖像送到学校去。25日我们徒步去察看，苏州河上所有的桥都不通，解放军与国民党守军隔桥对峙着，不时响起阵阵枪声。26日我们又去走了一圈，南北仍不通。一直到27日上午，我们发现桥通了，我们立即将画像从家中取出，叫了一辆三轮车，在母亲的帮助下，把画像搬上了车，沿新闸路、北京路过外白渡桥来到麦伦中学。沿途遇到的行人的目光都被画像吸引过来，有的面露惊喜，更多的是带着疑问的眼神，不知道画的是谁。

这是两幅大幅油画。在画面上，毛主席身穿深蓝色中山装，戴红军的八角帽，就像在党的"七大"时拍的那张照片；朱总司令是穿解放军军装，戴军帽，英姿威武。这两幅画凝结着画家的心血，颇具艺术功力。

一到学校，我们看到人民保安队、人民宣传队已集中在学校里活动了。这两幅画像出现在学校大门口时，立刻吸引了几乎所有的在校师生，他们争相观看。多年之后，有的同学说，是从这幅画像开始"认识"毛主席的。此后，每逢人民宣传队去工厂或有些集会宣传时，都把这两幅画像高举在队伍的最前面。这两幅像还走在"七六"大游行（1949年7月6日举行的解放军进上海市的入城式）东区游行队伍的最前面。提篮桥区一带的职工、居民都认识"麦伦中学的两幅画"。

钱文湘：牺牲在黎明前夕

刘 翔

警告信 威慑群魔

1949年5月，上海正处在冲破黑暗、迎接解放的黎明前夕。

一个晦暗的黄昏，在福州路185号国民党上海市警察局大院北部5楼的一间办公室内，特务头子毛森如一头困兽，脸色铁青地在室内不停地走动着。

"在我们身边肯定有'共党奸细'，一定要限期破案！限期破案！"猛地，他急转身从办公桌上拎起电话，对着话筒反复吼叫着。

扔下话筒，毛森微闭起双眼，无力地瘫软在坐椅上。他脑海里怎么也抹不去那一张张警告信上的字句：

"你要按照中国人民解放军发布的《约法八章》，保护好机关物资档案，立功自赎，听候接管处理。如继续破坏捣乱，为非作歹，定不宽贷……"

毛森用颤抖的右手撸了下脑门上的冷汗。作为一个特务头子，他实在弄不明白："共产党啊共产党，你究竟有何'魔法'竟能几乎在同时将两千多封警告信，神秘地投送到我手下两千多名警官以上的骨干人员家中，使得这些原本在我面前宣誓'效忠党国'的警官，一个个吓得丧魂落魄！"

此时，他不由得在心中痛骂起黄浦警察分局那个叫吴琼的：这小子前些日子还搬了20只汽油桶到分局，扬言要在解放军入城时将黄浦警察分局烧得精光。可一接到警告信后，吓得连夜弃职逃跑。分局长郦俊厚刚从虹口调来，警告信便跟着寄到了他的新居，惊得他目瞪口呆："我搬家才三天，共产党怎么会知道地址的?"

太失体统了。静安寺警察分局长王华臣这家伙更是不像话,收到警告信后,终日心神不定,对局里的事一概不闻不问,连班也不敢上了。"真他妈的是个大熊包!"还有该局值日室巡官冯星灿,看完信惊得说不出一句话,偷偷地藏好后,把自己的枪丢在办公室,转身就溜得不见人影。

想到这一切,毛森怒不可遏,气急败坏地大声吩咐随从立即备车,他要亲自出马到各个分局召集警员训话。让他恼火的是虽然连续三次发出训令,限期破案,但至今仍无一点线索。

毛森的专车飞快地在虹口、新成、静安寺、杨浦、普陀、江宁等分局来回奔驰。每到一地,毛森就下令迅即把全体警员集中起来,板着一张铁青的脸,软硬兼施,威逼恫吓:"你们中谁是共产党,我都一清二楚,只要向我说一声,保证你晋级嘉奖,愿意回乡的,包发路费,检举别人的还可晋升三级。我毛森说话绝对是算数的,如果不说,就不要怪我不客气……"

傲春寒　伉俪情深

伴随着隆隆的炮声,在上海东部隆昌路附近的一间小平房里,一对年轻的小夫妻斜倚在窗前,眺望着不远处接二连三闪现的火光。那位身着国民党警察制服的小伙子叫钱文湘,在警察局杨树浦分局任外勤警员,相拥在他身旁的是他的妻子陈秋益。

良久,钱文湘低头凝视着新婚不久的娇妻,神色严峻地说道:"秋益,昨天总局的局长毛森来训话,我们在分局的操场上站了好几个小时,实在是吃力煞了。"钱文湘略微停顿了下,继续说道:"现在上面要求我们晚上必须睡在分局和派出所里,谁也不得擅离岗位,否则一律从严责罚。"

钱文湘烈士

"你千万要当心啊！"陈秋益紧紧拉着丈夫的手不停地抚摸着。自从去年和钱文湘结婚后，她的心就一直忐忑不安地伴随着他。她总觉得眼前这个穿国民党警察制服的丈夫不太像个欺行霸道的"369"，哪个国民党警察会鼓励自己的妻子参加厂里的罢工活动。"难道他是个地下共产党员？"陈秋益曾多次在心中暗暗问道，但她最终没有当面问过钱文湘。

眼下，在这关键时刻，作为妻子的陈秋益曾多次劝钱文湘和她一起回浙江老家避避风头，等上海解放了再回来。钱文湘却态度坚决，并深情地对爱妻说："秋益，等上海解放了，咱们一起回去看爸爸、妈妈好吗？"陈秋益答应了丈夫的请求。

枪声、炮声，犹如滚滚阵雷越来越近。突然，地处江湾五角场的国民党军队的弹药仓库起火爆炸了，冲天的火光伴着浓烟映红了半个天空，方圆几公里外的民房亦能感到强烈的震动。傍晚时分，钱文湘朝窗外望了望，回头说道："秋益，我要到眉州路派出所去了，你独自在家有没有关系？"

此时此刻，为不使丈夫分心，陈秋益显得若无其事的样子："文湘，你安心去上班吧，不用管我。"

"晚上你一个人睡觉害怕，我让阿妹来陪你好吗？"

"看你说的，我又不是小孩，你放心吧。"陈秋益娇嗔地朝钱文湘一笑。

"明天早上一下班，我一定准时回家。"钱文湘利索地将制服穿好，又悄悄在陈秋益耳边叮咛了几句后，依依不舍地离开了家。

这天，是1949年的5月12日，一个令陈秋益终生难忘的日子。

战魔窟 黑衣红心

知夫莫如妻。陈秋益的感觉是正确的，她那身穿国民党警察制服的丈夫钱文湘确实是一名打入国民党警察局内部的中共地下组织成员。他原名叫王大建（鉴），1924年4月出生于浙江省嵊县长乐镇，幼年丧父，家境贫寒，主要靠母亲做点小生意为生。后在亲友的资助下，考入浙江省立慈溪师范学校，不久便因经济困难而被迫辍学。

此时，他的哥哥王大芬已参加革命，任新四军浙江游击队三五支队的排长。他曾去浙东根据地寻找过哥哥，但因部队已开拔而投奔未成。1945年9月，他经人介绍曾去嵊县自卫队当文书，因不满现实愤而离职。1946年8月为逃避抽壮丁，便用母亲的姓，改名钱文湘，考进上海市警察局，先在警察所第五期学习，1947年初在蓬莱分局陈家桥派出所实习，同年调到杨树浦分局当外勤警员。

钱文湘是个性格刚毅、极富正义感的年轻人。他考入警察局时，正值蒋介石蓄意扩大内战、镇压民主运动、大力实行警察特务化之际，全市逐步建立警管区制，准备淘汰老警察，因而引起了广大警员的极力反对。钱文湘向往光明，追求进步，积极参加我地下党组织的保护职业运动，在历次保护警员利益的斗争中都起到了核心作用。经党组织的严格考验，1947年秋天由地下党员费清轩介绍，钱文湘正式加入了中国共产党。这以后，他经常利用值勤时接触社会的机会，秘密传播革命思想，揭露国民党政府的腐败，赢得了不少青年警员的崇敬。有不少人在他的教育和影响下，纷纷参加了中共领导的外围组织"互保立功会"，壮大了中共在警察局系统的力量。

为了筹集地下组织的活动经费，他在自己新婚不久、经济较紧张的情况下，仍从微薄的薪金中节省下一笔钱，买了两匹白布交给组织。没多久，他又在杨浦分局利用值勤的机会，巧妙地得到了一支马牌手枪和14发子弹，送到地下组织领导人的手中。他说："多一支枪就多一分力量。一旦需要，我们就可以用它和他们拼个你死我活。"

身穿国民党警察制服的钱文湘一直有个心愿："能亲手和作恶多端的敌人干上一场有多好呵！"这天，终于等到了这个机会。当他得知地下党组织准备趁蒋介石住在杨浦区复兴岛之机，组织秘密力量埋伏在其乘车必经之地进行伏击时，他坚决要求参加。接受任务后，他瞒着新婚的妻子，一连几天埋伏在杨树浦路1677弄口，等待着蒋介石的出现。最后虽然没能成功地实现这一计划，但他的英勇无畏，给同志们留下了极为深刻的印象。

1949年4月25日，中国人民解放军发布了公告（即《约法八章》），中共地下组织"警委"书记邵健、副书记刘峰从解放区邯郸电台收听到后，经过三个夜晚的核对、记录，把内容全部抄录了下来。"警委"同志一致认为，如果把《约法八章》印成传单，寄给警官并附上一封警告信，对打击特务与反动警官的嚣张气焰，争取大部分人保持中立，安心等待我方的接管，定会起到很大作用。于是，经中共上海市委书记张承宗同意，"警委"立即赶印了两千多份《约法八章》和警告信，通知各分局的地下党支部投寄到警官家里。

钱文湘接到任务后，立即全力以赴地投入这一工作。为了保证投寄对象的准确无误，他和同志们冒着生命危险，想方设法从戒备森严的档案室的保险柜中拿到了警官花名册，然后，在三天内把所有的信件分散投寄入各区的邮筒。

多少次深更半夜回到家里，望着爱妻独自坐在昏暗的灯下等着他时，钱文湘感动得不知说什么好。他知道妻子在为他担忧，可地下工作的纪律又不允许他透露半点风声。每当此时，钱文湘总是把妻子紧紧地拥在怀里，轻轻地在她的耳边说道："秋益，我回来了。"

寻夫君　苍天垂泪

1949年5月13日，天边刚露出一丝曙色，陈秋益就起床了，做完早饭后，边洗衣服边等着钱文湘回家。不一会儿，响起了一阵剧烈的敲门声，她赶紧打开门一看，不是钱文湘，而是两个陌生人。只见他们凶悍地说道："我们是总局的，钱文湘已经被抓起来了。你听着，现在我们奉命对你家进行搜查，你马上去找几件平常穿的衣服来，要把他身上的制服换下来。"话音未落，就闯进屋内翻箱倒柜。

"为什么要抓他？为什么要抓他？"陈秋益拉着那两人大声责问。

"走开！他妈的，别妨碍我们执行公务。"他们把她往墙角一推，在他家翻了好大一会儿，拿了一套草绿色的中山装后，便骂骂咧咧地走了。

关上房门，陈秋益再也控制不住自己的感情，放声地大哭起来。第二天一早，她上街买了一瓶钱文湘喜欢吃的酱菜和一套棉毛衫裤，独自来到坐落在福州路的上海市警察局，打听钱文湘的下落。她借口找在总局工作的朋友，门口警卫才同意她进去。

一踏入司法科的门口，映入陈秋益眼帘的是一幅恐怖景象：只见几个彪形大汉正把一年轻人用绳子吊起来，那人昏死过去后，他们用冷水将他浇醒再继续拷打。陈秋益误以为那年轻人是钱文湘，当场就哭喊起来。

哭声惊动了他们，其中一个矮个子转过身来，厉声问道："谁让你擅自闯入这里的？"这时陈秋益才看清原来那年轻人不是钱文湘。她擦了擦眼泪后，便问杨树浦分局的钱文湘是否关在这里。

"不知道，赶快滚开！"矮个子吼叫着一把将她推出门外。陈秋益紧紧拉着门框，苦苦哀求他们无论如何让她见上钱文湘一面。

"你这个女人，真是不识相，当心敬酒不吃吃罚酒！"这时屋内的另几个人也冲了上来，连拖带拉地将陈秋益架到楼梯口，恶狠狠地把她推下楼去。

陈秋益自己也不知道是怎样走出总局的大门的。此时，昏暗的天空已飘起阵阵细雨，泪水伴着雨水在她的脸上不停地流淌。她神情恍惚地穿过四川路慢慢地来到了黄浦江边，望着湍急的江水，她真想跳下一死了之。

江水拍岸，细雨绵绵。她耳边似乎又清晰地响起了钱文湘临走时对她说的那句话："秋益，明天早上一下班，我一定准时回家。"

"是的，我不能死，文湘他一定会回来的！他一定会回来的！"陈秋益望着灰蒙蒙的江水，在心中默默地呼喊着。

抗酷刑　铁骨铮铮

1949年5月12日深夜。

毛森坐在他的办公室内，将双脚高高地翘在桌上，嘴角露出一丝不易察觉的冷笑："哼！共产党呵，共产党，你们当我毛某人是吃素的吗？"

原来，就在这天下午3时，中共"华中工委"派驻上海的地下组织"华中联络站"被叛徒出卖了,包括钱文湘在内的一大批地下党员的身份被暴露,"华中联络站"负责人徐海峰、邹锡瑾以及地下党员方干卿、方云卿等七人当即被捕。晚上,警察局刑二科科长甘觉根据毛森的指令,又布置杨树浦分局局长王渭周和便衣特务对钱文湘进行密捕。

这天傍晚,钱文湘一如往常到眉州路派出所上班。晚上10时左右,他来到楼上宿舍,躺在床上翻阅了一会报纸后,刚准备休息,突然听到楼下一片喧嚷声,便想下楼察看,五六个身着便衣的陌生人已冲到了楼上,不由分说地拥上前来将他的双手反铐住。

在派出所的院子里,只见局长王渭周双手叉腰站在那里,气冲冲地骂道:"钱文湘,你这个吃里爬外的东西,把他身上的制服剥了!"钱文湘顿时什么都明白了。只见他沉着地嘱托一位同伴将宿舍里自己的一双长筒套鞋和一件雨衣转交给妻子后,昂然走向路边的吉普车。

当夜,在警察局刑二科,甘觉立即审讯钱文湘,妄图从他身上打开缺口,一网打尽警察局内中共地下组织。他们轮番使用了灌辣椒水、坐老虎凳、电烙、拔指甲等惨无人道的酷刑,一遍又一遍地嚎叫着:"说,快说,警告信事件谁是主谋?局里的内部情报又是谁捅出去的?"

钱文湘被他们折磨得遍体鳞伤,但从昏迷中醒过来后,仍坚强不屈地说道:"你们要问我的同党吗?告诉你们,普天下的老百姓都是我的同党。"

甘觉连续审讯了几天几夜,还是审不出任何结果,只得无可奈何地向毛森作了汇报。"混蛋,你这个没用的东西,一定要撬开他的嘴巴!"眼看解放上海的炮声越来越近,毛森急得如热锅上的蚂蚁。他将甘觉臭骂了一顿后,决定亲自出马审讯钱文湘。

这天深夜,被冷水浇醒的钱文湘,透过血水模糊着的双眼,看到毛森那阴冷的脸庞,轻蔑地将头转过去。此刻的毛森虽然恨不得立即从钱文湘的口中掏出地下党的全部机密,但老谋深算的他却假惺惺装出一副仁慈的样子,先将审讯室里的打手喝退,然后,慢悠悠踱到钱文湘面前"规劝"道:"小伙子,你很年轻。才26岁,前程似锦,何必这样呢?只要你说出谁是共产党,我立即保送你和你的夫人到台湾。"

"呸!"钱文湘突然猛地回过头来,将一口血水朝毛森吐去。恼羞成怒的毛森立刻挥手喊道:"来人!"几个打手拥上来,又把一根根烧红的钢针钉进钱文湘的十指,他的双臂顿时因剧痛而猛烈地抽搐痉挛。尽管已被毒刑折磨得奄奄一息,但钱文湘的头脑依然非常清醒,他坚贞地说道:"共产党人是抓不完、杀不尽的!"

宋公园　血洒黎明

那天,陈秋益昏昏沉沉地从警察局回到家里,天都快黑了。她独自坐在屋里,根本无心做饭。想起平日每当这个时候,她和钱文湘有说有笑地坐在桌旁边吃饭边聊天的温馨情景,陈秋益的眼泪又情不自禁地流了出来。

以后的日子,陈秋益尽管千方百计打听钱文湘的下落,仍然没能得到一丝音信。而解放军已进攻到上海郊区,战斗也越来越激烈。陈秋益所居住的隆昌路一带整日炮火连天,邻居们纷纷劝陈秋益和他们一起搬离到较安全的市中心。她不肯搬,她怕钱文湘回来后找不到家,找不到她。最后在邻居们再三劝说下,她才同意借住到二马路(今九江路)上的一家小旅馆里。因为这里离福州路上的警察局不远,便于打听钱文湘的音信。

第二天上海就解放了。挤在欢迎解放军队伍中的陈秋益,听说解放军从警察局里救出了许多共产党,连忙奔到福州路。走进警察局的大院一看,里面乱哄哄的一团糟,来到牢房只见躺着几具尸体,经辨认没有钱文湘。在旁人的指点下,她又来到金陵东路上的黄浦分局寻找。在门口有一位解放军接待了她。那位解放军翻了翻登记册后,告诉她有"钱文湘"这个名字,让她到里面去看看。陈秋益激动得几乎要跳起来。谁知进去一找,还是没有。负责接待的解放军便要她到卢湾分局再去找找看。于是,陈秋益立刻叫了辆三轮车赶到卢湾分局。怀着焦急的心情,她寻遍了所有可能关押的地方,还是没有钱文湘的踪影。

1952年建于嵊县长乐镇的钱文湘(王大鉴)之墓

此时,一种不祥的预感掠过她的心头:"难道他……"陈秋益不敢再想下去了。

回到旅馆后,便听他人说,国民党在临逃跑时,在闸北宋公园秘密地杀了一大批共产党。她的眼泪不禁又涌出:"文湘,哪怕我活的寻不到你,也要找到你的遗体。"这一夜,她没合上一眼。

翌日,天还没亮,陈秋益便在厂里一个小姐妹的陪伴下,心急如焚地来到荒凉的闸北宋公园。走进去一看,全是来寻找自己亲人的家属。在一排排棺木前,望着一具具血肉模糊的遗体,秋益的心都要碎了。

突然,在一具身穿草绿色中山装的遗体前,她呆住了。"啊!这套衣服不就是那天我亲手交给那两个来我家搜查的人的吗?"她再也控制不住自己的感情,不顾一切地哭喊着扑上前去,撩开衣服一看,钱文湘的四肢全被打烂了,十个手指甲也全部被拔掉。顿时,陈秋益昏倒在地。

1949年8月29日,上海市公安局局长李士英、副局长扬帆亲自给钱文湘的家乡寄发了"钱文湘同志为革命牺牲证明书"。

1950年3月21日,上海市市长陈毅,副市长潘汉年、盛丕华以00214号文批准钱文湘同志为革命烈士。

难忘黎明前的战斗

薛 羚

在我家小楼上，举行了入党宣誓

1946年6月，国民党悍然发动内战。上海工人运动、学生运动风起云涌，大中学学生反美反蒋爱国民主斗争如火如荼。当时我就读的市北中学，行政领导权由校长、国民党市党部组训处处长、市社会局局长陈保泰把持，三青团的力量很强。1947年7月至1948年2月期间，中共上海地下组织敬业中学党支部负责人王一明（原名王关澄）转学来到市北，冲破重重阻力，发展培养积极分子，从中先后发展了五位同学加入中国共

薛羚（1948年）

产党，使校内党员人数增到八人，由此打开局面。我也通过火热的革命斗争锤炼，与四哥双双入党。入党后，根据王一明嘱咐，在特殊情况下万一失去单线联系后，为便于顺利恢复与组织的联系，每个党员都有一个规定的"党号"，即党内代号。我被告知，自己的党号是"拂—5156"。这说明当年地下党组织是非常严密的。

1948年4月12日，由王一明主持，在坐落于闸北宝山路404号的我家小楼上，举行了有我、马银汉、蔡瑞屏参加的新党员入党宣誓仪式。由于我家小楼是一幢"半截子"的里弄房子，沿马路一端的房屋因战火而夷为平地，所以小楼远离马路有几十米，外边方圆很大范围内还有竹篱笆围着，这样的

1995年，原中共七宝地下组织同志合影。左起：徐嘉骝、薛羚、侯国卿

地形既利于隐蔽，又容易疏散。因而这里一度成为市北地下党组织的活动场所。这一天，正是1927年国民党发动"四一二"反革命政变21周年。王一明沉痛地对大家说：21年前的中国，正当北伐革命节节胜利的时候，蒋介石在上海发动了"四一二"反革命政变，成千上万的优秀工人和共产党员倒在血泊中，胜利果实被蒋介石篡夺。在白色恐怖面前，一些党员动摇了、脱党了、逃跑了，而不少坚定的共产党人像毛泽东所说的那样，掩埋好同志们的尸体，擦干身上的血迹，又继续战斗了。王一明在引用了《钢铁是怎样炼成的》书中一句名言后说，人的生命是有限的，一个人可以碌碌无为，虚度终生，也可以生得伟大，死得光荣。要有价值地度过一生，光靠个人的力量是不够的，必须依靠正确的组织来领导。这个组织不是别的，就是中国共产党。

会上，王一明带领我们握拳庄严宣誓："为共产主义奋斗到底！党和人民的利益高于一切！百折不挠地执行党的决议！遵守党的纪律，严守党的秘密！做群众的模范！不断地学习！"当时处在地下斗争的环境，没有大会场，面前也没有党旗、没有党的领袖像。但是在这斗室中举行的入党宣誓仪式，照样庄严肃穆，以至这六条誓言是如此刻骨铭心，半个多世纪以来始终指引着自己的一举一动。

我参加党组织后的心情，如同久旱遇甘霖，日夜感到甜滋滋的。怀着神圣的责任感，白天利用课余时间上街义卖助学章（花），晚上躲在家里悄悄刻钢板、印传单、写"大字报"，制作反内战、反饥饿、反征兵的宣传品。在一个乍暖还寒的早春深夜，我和四哥一起外出，一边嘴里哼着"春季里，桃花红又红"的流行小调作掩护，一边选择有利位置，把那些大字报和传单分散贴到了塘沽路、昆山路一带的弄堂里。半夜1时许，我俩揣着余下的一叠传单，走进四川路桥堍的邮电大楼门厅，发现里边灯火通明但人员稀少，门厅正面有一对左右对称的台阶可以直上楼台，外侧有护栏非常适宜隐蔽。于是我俩直奔楼台，一个人将传单撒进楼道，一个人凭栏将传单凌空撒向门厅。眼见传单四散飘去，真是痛快。

在外白渡桥下，国民党骑兵冲向了学生游行队伍

不久，根据上级指示，市北成立由三人组成的地下党中心小组，由王一明亲自任组长，杨鸿训和我为组员。中心小组决定首先在校内开辟中心班级，以重点带动一般，开展"反美扶日"斗争。我和杨鸿训所在的高二甲、高二丙班被定为创建中心班级的对象。

我们利用办反美扶日专题壁报启发同学们的思想觉悟，并同反动校长陈保泰等作了坚决斗争。

1948年6月5日，上海市大、中学校学生举行了"六五"反美扶日大游行。我亲身经历了这场大游行。半个多世纪后，我和当年的战友一起聚会回顾，那段惊心动魄的历史仍然历历在目。

那天下午，市北中学中心小组组织党员、积极分子，以两三人为一组，纷纷走到外滩公园对面原英国领事馆外的人行道上会合。下午2时左右，从外白渡桥到南京路口之间的人行道上，集合的大中学生已有五六千人，加上围观群众共有万余人。游行的学生一面向群众宣读给美国政府的抗议书，发表演说，一面散发传单。4时，正当游行队伍面向南每排五人手挽手站定，

齐唱《团结就是力量》等革命歌曲，高喊"反对美帝国主义扶植日本侵略势力""美国佬滚回去"等口号，准备出发之际，国民党的骑兵骑着高头大马，列队从南京路口向手无寸铁的学生游行队伍发起了冲击，游行队伍很快被冲散。但学生们还是顽强地重新集结在一起，高呼口号准备"各自为战"。此刻，早已密布在外滩的国民党武装警察又发起第二波冲击，他们手持带刺刀的步枪强行闯入学生队伍，甚至动用高压水枪喷射，把重新集结的游行队伍分割、驱散。随即他们又发起第三波冲击，好多脚穿皮靴、手持棍棒的彪形大汉——特务打手，对一些四散奔逃的学生肆意逮捕。他们两个人架一个学生，一边拳脚交加，一边把抓住的学生塞进早已停靠在外滩公园门口的几辆

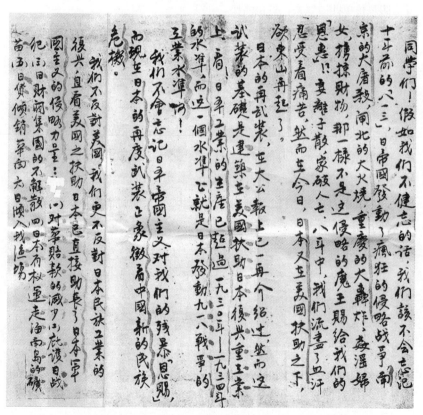

1948年，作者在市北中学高二甲班主持的以"反美扶日"为主题的壁报

"飞行堡垒"——红色警车里。当时,市北中学中共地下党员徐德惠看见大同中学学生被特务殴打,大叫着"特务打人",奔过去制止特务的残暴行为,旋即被捕。同行的蔡瑞屏、王龙至两位女同志一起上去阻拦,也相继被捕。他们被连夜审讯,但因属于群众性事件,同时被抓达数百人之多,无法定罪,加上社会各界强烈抗议,因而第二天都被交保释放。参加游行的市北同志回校后向同学们控诉敌人的暴行,要大家想一想:"反美扶日是爱国行为,为什么爱国却被认为有罪?"这次大游行虽然在国民党反动派强力镇压下没有成功,但是它充分暴露了国民党反动派媚美亲日、"内战内行"的丑恶嘴脸。

学生运动汹涌澎湃,反动政府气急败坏。暑假里,反动当局对革命学生进一步实施了大规模镇压和逮捕。市北一位陶姓女党员首遭毒手,被捕入狱;我与一批党员也被校方无理开除(或以"转学"为名,行开除之实)。对此,敌人自以为得计,殊不知通过反美扶日斗争,中心小组在校内早已播下了革命的火种,培养发展了一批党外积极分子。光是我所在的高二甲班,当我离开后不久就有三位积极分子接连加入了共产党。

为了保存有生力量,市北几个过于暴露的地下党员奉命有计划地撤离家庭、分散隐蔽,准备等待交通员接引撤退到解放区去。7月11日下午,我和四哥两人借口去南京报考大学向老母亲辞行。不久,我们隐蔽到三哥的朋友陈宗泽在复兴岛上的家里。离开宝山路404号寓所时,按照早先约定,在小楼面街的窗口拉上红花布窗帘,篱笆门上洒上蓝墨水等,发出"危急信号",以免党内或地下学联不知情的同志误入而发生危险。不久,解放战争形势飞速发展,按照党组织指示,我们的去向改为转移到上海郊区从事农村工作,以备日后配合解放军解放上海。我根据组织安排,将自己负责联系的四哥和另三位同志的关系分头转交出去之后,来到七宝镇南郊,以民校教师身份为掩护开展工作。

在七宝乡下,机智放走四个国民党逃兵

其实从两年前开始,中共地下组织为加强上海近郊农村的工作,就已先

后从市区抽调了二十多名从事工人运动、学生运动和教师运动的青年知识分子，到龙华区以民校教师身份为掩护，到农民群众中去做艰苦细致的发动工作。我也是其中一个，在1948年9月底从市区转移到七宝西南第九十五民校吉家巷分校工作。

当时，农村家家户户的客堂里都可以看到供着的"天、地、君、亲、师"牌位，"师"仅次于父母亲而居于第五位，足见教师在农村的社会地位之高。凭借教师这种独特的社会地位，我可以登门拜访当地的"甲长""区民代表"等上层人物，和他们周旋；但光凭这样的影响力，还不能取得群众由衷的信任。于是我利用青年农民来"读夜书"识字的机会，教大家一起唱歌，在齐声合唱中渐渐打消师生的界限，融洽感情。当时脍炙人口的歌曲，首推憧憬美好生活的《山那边呀好地方》。

由于同群众建立了鱼水深情，我在那里的工作局面初步打开。那年冬天发生的"放逃兵"的故事，可算是我小试牛刀，对自己开展群众工作效果的一次检验。

1948年初冬，蒋介石为了守住上海，命令其部下在七宝周围集结重兵。一个清晨，寒风刺骨，大雾弥漫，我住宿的大张家巷，整个村庄笼罩在一片白茫茫之中。我刚起床出门，就见吉宝秀气喘吁吁地从村西边走来。吉宝秀是民校识字班的女学生，一个20岁不到的大姑娘。一见面她就嗫嚅地告诉我：昨夜，有四个"中央军"的逃兵涉过村后的河浜进了庄，个个裤腿湿透，现正躲在她家里。"薛先生，怎么办？"她焦急地问我，希望我设法把他们打发走。说实在的，那时我才17岁，哪有多少办法？但是我深知，她说的话代表群众对我的敬重和信任，是绝对不可以辜负的。我心想，必须先去看一个究竟，再见机行事。

穿过迷雾，我信步走过村西的小石桥，随手推开位于桥堍下的吉宝秀家虚掩着的大门，只见四个逃兵蜷缩在灶后的柴堆边，正冷得瑟瑟发抖。见我进去，一个年纪较大约30岁左右操河南口音的士兵首先起身迎上来。当他知道我是当地教师且没有什么恶意时，就向我倾诉：他们原本是农民，被国民党反动派强拉壮丁而背井离乡，实在是因为活不好又饿不死，才冒险开小差。他们苦苦哀求我行行好，想法弄几身老百姓衣服换上，好安全上路远走高飞。我想，如果我直接出面向村民筹集便衣帮他们逃走，就可能暴露自己地下党员的身份，这不仅要招来杀身之祸，而且是地下党的纪律所绝对不允许的；只有充分利用合法条件来干这件事才行。

这时村里的"最高权威"是一个姓张的"甲长"。据我日常接触观察，他还不属于"铁杆反动"之流。此人能言善辩，烟瘾很大，一口门牙缝里尽是黑黑的烟垢。我的主意就打在他身上。

当我找到他时，他已经听到这件事的风声，而且正在犯愁呢。他既怕被上面发现村里藏着逃兵，干系重大，当局饶不了他；又怕如果不成全逃兵，他们会拼命，万一伤害了村民，群众要咒骂他。见我到来，他立即笑脸相迎，袒露了他的这种矛盾心态，并问我："可有啥良策？"我见他无意告发，便放下了心，顺水推舟说："这些人如果被抓回去，肯定都要被枪毙……人心都是肉长的，能忍心这样做吗？不如大事化小，小事化了，为他们筹集几套便衣放走了事，这也算你做了一件积福积德的大善事呵！"他点头认可，说定了就这样办。

饭后，在村西的小茶馆里，这儿照例是村里议事的场所，本村以张姓宗族为主的几个老长辈都被张"甲长"请来了，没费多少口舌就统一了意见。不一会儿，一袭长衫、三套短装凑齐，送到了四个逃兵手里。

黄昏前，那个年长的逃兵穿着长衫，已经判若两人。他郑重地邀我到屋外个别叙谈。原来，他曾被解放军俘虏过，受优待释放，不幸在回乡途中又被"中央军"抓去，并要他充当班长。这次，他们四人是经过较长时间酝酿准备后，才利用大雾天的掩护脱离虎口的，下一步投奔的目标是浙江四明山——解放军游击队根据地。他决定随身带走一柄短枪，而把一支长枪留下来。这支长枪昨夜已经埋在吉家屋后的竹园里，离枪正南一米处有一个标记，是一小张香烟盒中的锡纸，用小砖块压着。在结束这次谈话时，他悄悄地告诉我，他的名字叫"田培亨"。我知道，这是他对我的感激和信任，确是出自一片真情；但我却因地下工作的规定，不动声色，充其量只能给他留下一个行善助人的印象。

当夜幕即将落下时，他们迤逦西行而去。我目送他们的身影消失在市郊和松江县边界的小涞河畔，庆幸他们跳出苦海，走向新生，同时也从中窥见了国民党阵营分崩离析，败相毕露，蒋家王朝离倒台的日子已经不远了。

这天夜里，月色朦胧。等夜深人静之际，我和另外两个同志来到吉家屋后的竹园里，挖出了那支长枪，并悄悄地把它藏进了一间柴屋的菜籽壳堆里。七宝解放后，我把这支长枪交给了七宝镇的人民办事处。

在七号桥附近，配合工兵挖出了蒋军埋下的地雷

1949年5月22日，解放军突破敌七宝防线后向市区挺进。激战以后硝烟乍散的七宝镇，破天荒第一遭成立了人民自己的党政机关——中共七宝镇临时党委和人民办事处。连日来，我们这些原本处于地下工作状态的小伙子无不沉浸在参加公开工作的喜悦之中，没日没夜地投入了接管、支前工作。也

当地报纸刊登的《巧取碉堡图》的通讯

许是为了犒劳大家，镇机关的炊事员老于特意蒸了一笼白面馒头，烧了一大锅蹄膀汤。午饭时刻，度过了多少个艰苦日子的我们，禁不住喷香肉味的引诱，正把馒头蘸着那碗里的沸烫、厚腻的肉油，塞进嘴里大嚼时，冷不防噩耗传来：我原来教过的民校学生项佩玉、张正兴等四人，为端午节包粽子需要，在一处河边芦苇旁采集粽箬时，误触蒋军逃跑前埋设的地雷，不幸全部被炸身亡。"杀千刀的'中央军'呀！临死还要踢一脚，作孽啊！"前来向我报信的村民一边跺脚一边切齿咒骂。想到前不久这些学生还和我一起唱"山那边呀好地方"，音容笑貌宛然在目，而今他们没来得及过上一天好日子就离开了人间，我的心都碎了，剩下的半只馒头再也咽不下去了。

一定要尽快除掉这些严重威胁人民生命安全的隐患，决不能让这样的悲剧重演！镇党委立刻向七宝驻军求援。三名工兵迅即奉命前来扫雷。那时，我是七宝镇党委的青年委员兼武装委员。党委书记、渡江南下干部刘黎平决定把配合工兵扫雷的任务交给我。老刘同志个子不高，戴一副深度近视眼镜，平时待人和蔼可亲。他有一副出奇的相貌——只在左半边的脸庞上长有络腮胡子。我常开玩笑称他"一边有毛一边光"，他听了总是眯着眼睛哈哈大笑，毫不动气。这一次，他却以极其严肃的口吻对我进行了战前动员："小薛，这是一项光荣而又危险的任务。为了人民的利益，你要不怕牺牲，坚决完成它！"我毅然点了点头。

第二天，我陪同工兵小组出发了。雷怎么扫？我是一无所知，甚至还有几分迷茫和纳闷。迷茫的是七宝镇郊方圆十几里，地雷的分布地带心中无数；纳闷的是我所陪伴的工兵，虽然个个是敦厚壮实的青年人，论人品和体力都无可挑剔，可每人随身只拿一把小铁锹和一根长1米左右、直径约4毫米的粗铅丝，并没有配备像在科学画报上看到的那种"测雷器"，就凭这些工具怎能查得准埋设地雷的位置呢？

想不到，查雷、排雷却是意外的顺利。仗着我既会讲上海方言，又能说普通话，从中传话"翻译"，我们很快访遍了七宝前哨的七八个村庄。听说人民政府和解放军派人来扫雷，老百姓争相控诉敌军在溃逃前疯狂拆民房、毁麦田、砍竹园、埋地雷的罪行，他们愤怒痛骂国民党是"刮民党"，中央军是"遭殃军"，并竞相指出目睹敌军布雷的地点：有的在屋后河边的竹园里，有的在路旁的麦田中，有的在桥堍两侧……渐渐地一幅雷区图越来越清晰地呈现在眼前——雷区就集中分布在漕宝路七号桥东面半径不到2华里的扇形地带内。

我们的工兵身怀绝技，只要那根不显眼的粗铅丝往地面戳下去，凭手感就可以准确地判定深处藏着的到底是瓦片、石块，还是铁器；现在又有群众的指引，真是如虎添翼，一路上东戳戳、西戳戳，轻挖轻起，不到两天就把几十颗地雷从地底下挖了出来。

这时，我才大开眼界，原来地雷还不止一种呢。路旁田间埋的多是"拉雷"——雷顶部连着一根细如头发的铜丝，这铜丝贴地横跨路面，人走过绊着它就会立即引爆；竹园里的则多是"踩雷"——一个个如同扁扁的"汤婆子"，上边有个踩盘，脚踩上去才会爆炸。敌军最为狠毒的一着"棋"下在七号桥桥脚旁边，这里不仅埋着一只大型踩雷，而且以它为中心，四边还呈十字形平放着4颗又大又粗的六〇炮的炮弹，炮弹头簇拥着地雷。这只"连

留存至今的七号桥主碉堡

七号桥革命烈士纪念碑

环雷"如果爆炸,莫说一座十几米长的七号桥会顷刻化为齑粉,其杀伤半径还将扩及数百米的范围。然而在解放军工兵面前,这些"凶神恶煞"顿时都被卸掉了引信,变成废铁一堆。村民们欢呼雀跃,奔走相告,称赞人民政府和解放军为人民做了大好事。由此我深深地悟出了一条真理:真正不败的力量源泉,存在于"团结如一人"的军民之中!

父母在黎明前被捕之后

秦裕容

秦鸿钧和韩慧如的结婚照

1949年3月17日深夜,中共上海地下组织电台报务员秦鸿钧(电影《永不消逝的电波》中李侠烈士的原型之一)和妻子突然被敌人逮捕。之后,年仅11岁的女儿带着9岁的弟弟熬过了两个月零10天的苦难日子,终于迎来了上海的解放。在纪念上海解放60周年的日子里,她含泪撰写了这篇珍贵的回忆。——编者

深夜,敌人闯入家中抓走了我的父母

上海解放前,我的父母都在党的隐蔽战线工作,父亲秦鸿钧是秘密电台的报务员,秘密电台就建在我们家里。母亲是以小学教师作掩护,实际是传递情报的交通员。当时我们家住在打浦路新新南里315号(现已拆迁),是极普通的石库门房子,没有天井。弄堂里居民文化水平都不高,劳动人民占多数。我们家楼下客堂间是个佛堂,曾经香火旺盛,拜菩萨的人很多,老年人占绝大多数,大约从20世纪40年代末开始衰落。一楼的灶间里住着两位管佛堂的老太太,一位姓吴,不常住,常住的姓陈,大家都叫她陈太太,我和弟弟叫她陈阿婆。我们家住二楼和三楼,还有一个亭子间作我们家的厨房兼餐厅。

亭子间上面就是晒台，爸爸在一楼与亭子间之间的楼梯上装了小门，门的木板很厚（后来我才知道是防止外人随意闯入我们家）。二楼是我妈、弟弟和我住的地方，二楼还有后楼，面积很小，放些东西。爸爸休息和工作在三楼，三楼实际是阁楼，大人不允许我和弟弟进去的。三楼的房顶是斜的，屋子最南面的墙壁矮到成人不能站立，只有坐着，头才碰不着房顶，三楼有老虎天窗。

1949年3月17日深夜，我在沉睡中被强烈的砸门声、叫骂声惊醒了。我看见妈妈穿着衣服站在床上，一边喊着"来了，来了，等我穿上衣服再开门"，一边用长棒敲打着天花板。后来有好几个穿军装的国民党兵闯进来，还有不少便衣，他们手里都拿着枪，也有人上了三楼，进屋后乱翻，乱扔东西，将挂在墙上的照片都取下拿走。有三四个便衣围着妈妈，用枪对着她，问她男人去哪里了。妈妈说她不晓得。一个便衣狠狠地打了她两个耳光，母亲还是说不知道。我的被子也被掀开了，我衣服穿得很少，感到很冷。便衣特务不许我动，我只能蜷曲着坐在床上，不知道发生了什么事，害怕极了。那时我才11岁，弟弟9岁。忽然，室外有人喊："人已抓住了！"爸妈被带走了，站在我床边的军人和便衣也跟着走了。家里还留下一些便衣特务，他们继续乱翻，手表、怀表、名牌钢笔、招待客人的香烟、抽屉里的钱等都装入了他们的腰包。衣橱里的衣服他们挑着拿。后来一个便衣特务叫弟弟挤在我床上睡觉，两个特务横躺在妈妈的床上，我听到三楼也有人

1948年夏拍的全家福

住下，楼下佛堂间也住了人。我们这栋楼里住进这么多拿枪的特务，楼里的居民只剩下我和弟弟，还有楼下的陈阿婆，老的老，小的小。特别是两个陌生大男人和我及弟弟住在一个房间里，我很恐惧，无法入眠，睁着双眼从黑夜等到天渐渐发白。同室的都在熟睡，我下楼去洗脸，看见佛堂里住了三个人，两个在睡觉，一个坐着。看到我他就站起来了，问我为什么起这么早，我说我睡不着；又问我下楼干什么，我说我想洗一把脸。他说我爸爸是共产党，我妈也不是好东西，还说共产党就是"共匪"，是坏人。他还威胁我说，不能学你父母，对我们玩花招，如果我不老实，他们就对我不客气。最后他说，不许我去学校念书。没有他的同意，弟弟也不能出门，不能上学读书。我没有吱声，我不相信我爸妈是坏人。

在晒台上，妈妈机智地发出了家中出事的暗号

不多时，妈妈被四个特务押回家，我叫了声妈妈，妈妈"哎"了一声应了我。押她回来的特务不让我们与妈妈靠近。我看妈妈的脸肿了，手掌也肿了。母子连心，知道妈妈受罪了，我真是刻骨铭心的痛。妈妈回家后，她走到哪里，我就跟到哪里，因为不能靠近，我就拉开距离望着妈妈。那天早上特务要妈妈给他们做早饭，妈妈同意了，给他们做油饼。妈妈要我去她工作的小学给她请假，还说学校预支的工资要还给学校。看守我妈的特务头目姓李，其他特务都叫他李队长。李队长同意我替妈到学校请假。这时我的同学来找我上学，她刚进门喊了我一声，就被李队长拦住了，对她进行了搜查和审问，也审问了我。我妈妈证实那是我的同学，过了好几个小时才放她走，临走时还威胁她说到外面不许讲这里的事，如果瞎讲就会让她倒霉……

妈妈想让我早些为她请好假，从抽屉里拿钱时大叫钱丢了，李队长要她到别处找找。我妈说抽屉里的40美金没有了，这40美金可以请人代三个月的课。头天深夜我确实看到有人拿钱，但记不清偷钱人的脸。我当时想，我如果记清那人的长相多好啊，我就会指出那人来的！后来，有人将40美金

放回了原处。妈妈写了请假条，经李队长过了目，然后妈妈将请假条直接交到我手中。我也看了字条写的内容，大意是"我病了，病得很重，不能来教书了"。条子上还提到她拿出40美金，请别人代课。40美金由监视我的特务拿着，他紧紧跟着我到了学校。我找到教导主任张琼老师，就把妈妈的请假条交给她。她看了一眼站在我身后的特务，只对我点了点头，没有说话，也没有提钱的事（后来我才知道张琼也是地下党员，解放后曾担任虹口区副区长）。特务跟着我回了家，可那40元美金并没有还给妈妈。后来我找机会悄悄地告诉妈妈，那人没有把钱交给张琼老师，妈妈说她早预料到了。

妈妈回家后，忙着给住在我们家的特务一天做三餐饭菜，出门买菜时有两个特务跟着去。吃饭时，他们先吃好了，我们三人再吃，旁边还有人盯着。家里的事情如洗碗、早上倒马桶等全是妈妈做的。有一次妈妈对盯着我们的特务讲，孩子小，他们懂什么，盯那么紧，你们不让他们出门，也应让他们到晒台上去玩玩。特务讲玩玩可以，不准往下看。妈妈就叫我们趴在地上打弹子。我对妈妈悄悄说，我不喜欢打弹子。妈妈对我说，要听话，陪着弟弟玩。当时晒台上还养了两只母鸡。我就说，我还是喂喂鸡吧，我知道三楼有米。妈妈上了三楼，拿着扫帚扫地，李队长也上了三楼。三楼真是一塌糊涂，只有睡觉的地方是干净的。我看见家里的帆布床也抬出来了，才知道三楼也住了两个特务。我拿了一些米回到晒台上。三楼有两个摆在一起的大木箱子，李队长和另一个特务将箱子打开，似乎住在我家的人都跟着上了三楼。晒台离三楼的距离很近，我好奇地站在楼梯的底处踮起脚看他们要干什么。原来两大木箱里的衣服都被他们拿出来，他们在试穿爸爸的西装、大衣及其他衣服。妈妈看到我后使了个眼色，我便又回到晒台上趴在地上陪弟弟玩。我看见妈妈一会儿跑到晒台上，抽下晒衣服的竹竿，一会儿回到三楼，对特务说哪件衣服谁穿上好看。妈妈把抽下来的好几根竹竿紧紧地与晒台的栏杆捆绑在一起。她叫我和弟弟不要动它，说她不在家时，怕我们闯祸。解放后我才知道，这六根竹竿是联络暗号，架在高处表示平安，没有架在上面表示有情况。

后来，我发现住在我们家的特务是轮换的，最多是七人，一般是六人。这些人大多心狠手辣，我亲眼看到好几个无辜的人被打。有一个青年人，为了找他的女朋友，敲错我家的门，就被他们暴打一顿。打了半天，他们才发现此人确实是找人，才将人放了，一点歉意都没有。也有的人来我们家串门，被打后还送到警察局里审查。我恨死了这些住在我家的特务。

我看见妈妈有时对他们也很凶。有一次有几个人从外面回来，说妈妈为什么没给他们做油饼吃，只做油饼给李队长吃，胡说我妈看上李队长这个小白脸了，还说等我爸爸死了可以嫁给他。我妈听了，立刻拍着桌子大骂，说他们都不是好东西，都是走狗。她还说根本看不起他们，说"你们乱抓好人，我先生要是死了，你们都不得好死"。我以前从来没有看到过我妈妈发这样大的脾气。楼下的陈阿婆吓坏了，找机会偷偷地对我讲："告诉你妈，不要发火，少说几句，忍一忍吧，眼前亏是不能不吃的。"我后来将陈阿婆的话转告给妈妈了，妈妈说他们侮辱人，不能容忍。

妈妈在家待了五天，给这帮住在我们家里的特务做了五天饭。3月22日，她又被四个特务押走了（其中一个就是李队长）。其实妈妈早就偷偷地告诉过我，她回家是他们耍的花招，绝不是放她，早晚她还是要被抓回监狱的。妈妈还提醒我："他们无论问你什么，你都说不知道，他们就不会再问你了。"实际上我对爸妈的事知之甚少。尽管我们是小孩，特务也盯得很严，但是总可以找到和妈妈说话的机会，而且每天我都能见到妈妈，心里很踏实。妈妈又被押回监狱后，我失去了主心骨，又怕妈妈受刑，我心里很难过。

妈妈再次被押走后，我迫不得已学习做家务

妈妈再次被押走后，特务们要楼下的陈阿婆（他们也称她陈太太）每天清晨给他们烧开水、倒尿罐、打扫等。陈阿婆干了两天（也给我和弟弟烧饭），她就对住在我家的特务提出，我们家的事情应由我们家的人做，她可

以帮忙，教会我做家务。特务小头目表示同意，要陈阿婆直接和我谈。陈阿婆对我说，庙里的小和尚有的比我还小，他们都会做许多事情，你是女孩子，更应该学会做家务。她讲她年纪大了，做不动了。我表示只要阿婆教我，我会学会的。她听了很高兴，夸我听话，说我变成大人了。

每天清晨，我一听到弄堂里有"倒马桶"的叫喊声，就知道粪车来了，立即提着马桶下楼。因使用人多了，马桶很沉，我就用两只手提。楼梯又陡又窄，我怕脚没踩稳下一层楼梯，人倒马桶翻，于是屏着呼吸一步一步地慢慢往下挪，陈阿婆则在楼下接应。当马桶拎到粪车旁时，我才松了一口气。推粪车的工人将马桶里的粪便倒干净后，我就再提到自来水边，将马桶刷干净再用水冲，此时弄堂里每户人家都在刷马桶，发出同一种响声。我将马桶刷干净放回原处后，就生炉子烧开水。那时没有蜂窝煤，用的是煤球，用柴爿引火，我看陈阿婆怎么做，我就怎么做。有时炉子生得特别好，有时火上来不一会儿，很快又灭了。我弄不清原因，那时也不会细心观察，不懂得总结经验。早上住在我家的特务起床后，有的要喝开水，有的还要用热水洗脸或刮脸，我必须把家里四个暖壶全灌满。上午烧过以后，下午还要烧一次。另外，我和弟弟吃的三顿饭、洗衣服以及整理房间，也是由我来做。

省下鸡蛋和酱菜，送给狱中的爸妈吃

妈妈走后，刚开始我和弟弟在早上吃的是泡饭，中午和晚上一般是干饭，妈妈给我们留了点东西，可以当菜吃。但是没过多久就没菜吃了，我只能和弟弟吃酱油拌饭，妈妈剩下的半瓶酱油也很快倒光了。我做了两次饼，觉得太累不大愿意做。我们就开始吃白饭。后来陈阿婆发现我们没有菜吃，就送她炒的蔬菜给我们吃。我不肯要，因为我们从小受到父母的教育，其中有一条就是父母不在时，不能接受别人的东西。

后来，陈阿婆把一罐扬州产的什锦酱菜给我，说是我爸爸送给她的，她没舍得吃，现在还给我们。我这才接受下来。我和弟弟商量这罐酱菜应当留给爸爸妈妈吃，弟弟同意了。家里的母鸡突然下蛋了，我把鸡蛋放在篮子里吊在阴凉处，对弟弟说鸡蛋先攒着，多攒几个给爸爸妈妈吃，弟弟也点头同意。我们已好几天没吃到菜了，我也想过把那罐酱菜吃掉。当想到爸妈比我们苦得多，想吃酱菜的念头就打消了。陈阿婆忽然对我说，你们家还有豆油呢，小菜场地上每天都有不少菜皮、菜叶子，可以捡回来炒着吃的。她代我向在家里的特务请求说，孩子没有菜吃，你们就放他们出门弄点菜皮吧。特务说要向上面打个招呼，要等一两天。此时家里鸡蛋已攒了十个，如何交给爸妈呢？我想不出办法。

就在这时，住在我们家的一个特务，他正好在鸡下第十只蛋的那天晚上换班，并给我带来一张爸妈写的字条，上面列出他们需要更换的衣服（都是内衣、内裤）。我按爸妈的要求找出了衣裤，陈阿婆主动帮我煮熟了十只鸡蛋。我给爸爸妈妈写了字条，大意是：亲爱的爸爸妈妈，十只鸡蛋是我们家鸡下的，我们没有吃；一罐酱菜是爸爸以前送给陈阿婆的，她还给我们了，我们也没有吃，你们就吃吧！我用包袱把所有的东西包在一起，交给那个带字条给我们的特务，要求他一定把包袱交到我爸妈手中。这个特务平时对我们态度还比较温和。他说衣服一定会送到，吃的东西不能保证一定送到。我问他为什么。他说他只能把包袱交给管监牢的人，他不能进到里面见犯人，这是规定。

听了这话，我和弟弟都哭了，似乎对爸妈的思念，心灵深处抹不去的伤痛，全化作了泪水，无法控制，像雨水般流下。陈阿婆安慰我们说，她明天就给菩萨磕头，菩萨会保佑你们爸爸妈妈的。我不相信菩萨保佑之类的话，仍哭个不停。那个带信的特务也劝我们别哭了。他说你们父母是否能吃到你们送的东西，那就要看运气了。我们毕竟还是孩子，没有社会经验，听了此人说的话后，还真的抱有一点希望，幻想能碰上好运气（解放后从妈妈口中才知道，她和爸爸没吃到我们送去的任何东西，送去吃的东西一律被没收，但他们看到了我写的字条）。

在特务的监视下，我到菜场拾菜皮

大约两三天后，住在我家的一个特务对我说："上面已同意你去小菜场拾菜，但必须由我们陪着去。到了菜场不许乱跑，不许与别人说话；我们叫你回来，你就回来。"我听懂了他们的意思，就是他们还要在菜场盯着我。我只得答应他们的条件，因为我们需要吃菜。

所谓小菜场，就是当年在我们家附近有一段不很长、路面较宽的鹅卵石马路，路的两边是小商店和好几个石库门弄堂的进出口，每天清晨在鹅卵石马路两边，由上海郊区的菜农挎着篮子来这里摆地摊卖菜。菜都很新鲜、很整齐地码在篮子里，还有搭上案板卖肉的，也有在地上放个木澡盆卖活鱼的，还有卖咸菜、萝卜干的，总之品种很多。从此，熙来攘往的菜场是我每天光顾的地方。上午10点，我提着篮子去拾别人丢弃的菜叶子。我能走出家门，看到人群，还看到卖者和买者之间的讨价还价，心情比在家里好多了。有一个特务跟在我身后不远的地方看着我，那些邻居和熟人用同情的目光看着我拾菜叶子，但不敢搭理我，我也不吱声。在街头巷尾，经常有人目不转睛地对着我从头看到脚，还交头接耳。我知道他们在议论我或我的父母。我想，国民党抓走爸妈这件事，在附近的几条弄堂里早就传遍了。我不在乎别人说什么，我相信父母是好人，不相信共产党是什么匪。我不偷不抢，拾些菜叶子不丢人。我每天拾一篮菜叶子，绝大多数是青菜，因为青菜最便宜，贵一点的菜别人不会随意丢掉的。

回家后，我将拾回的菜叶子选择一番，太老的洗净切细喂鸡，大部分洗净后切一刀留给自己用。第一次炒青菜时，洗净的菜叶上的水没滴干，我就将菜倒入热油锅里，热油爆出来溅了我一脸，烫得我起了一脸泡泡，幸运的是没有伤着眼睛。虽然我脸上疼痛，但看到弟弟吃着青菜时，直说好吃，并且饭也多吃了，我很高兴。后来特务们可能觉得每天跟在我后面看我拾菜叶意义不大，就不跟踪了。但他们对我在外的时间作了规定。弟弟此时也跟着我一起到菜场拾菜叶子，两人拾得更多，回家后我选择的范围就更大了。养的鸡也能吃到更多的菜叶子。可恨的是，这两只鸡竟然被住在家中的特务，在一天深夜里偷偷地杀掉煮了吃了。我真是恨透了这帮没心肝的狗特务！

弟弟高烧不退，李大爷一家向我们伸出了援手

流年不利，祸不单行。有一天弟弟突然不肯吃饭了。他一会儿说头痛，一会儿说喉咙痛，我摸摸他的额头非常烫，我想是伤风（感冒）了。那个时代很少有人因伤风看医生的，经济条件略好些的去烟纸店买些药吃，条件差的人家就蒙上被子睡觉，发发汗就渐渐好了。也有的人家将缝被子针在炉火上烧红，等针退了红，不烫人了，就在额部当中用针扎出血后，再用手指挤挤血，俗称"放放毒"，说这样伤风会好的。总之将感冒看作小病。我给弟弟盖上很厚的被子，让他发汗，可是躺了两三天，他仍滴水不进。他每天大汗淋漓，衣服和被里都湿了，热度还是没退，人也瘦了。我焦急地坐立不安，想哭也哭不出来。楼下的陈阿婆只会磕头烧香求菩萨，可都无济于事。此时我更想念爸爸妈妈，如果他们在家，是绝不会发生这样的事情，我也不会挑这么重的担子。

大约4月20日，弟弟发病的第五天，住在我家的特务没有从我们这里捞到什么线索，就撤离了。特务们在我家总共住了一个月零三天，他们走时我没有理他们，他们也没有对我讲一句话，只对陈阿婆说："我们走了，不会再来了。"估计他们走远了，我赶忙跑到爸爸的同乡李墨林家。李墨林当时62岁了，我叫他大爷（伯伯），他们一家都对我们很好。我小时候，妈妈外出有事，就把我和弟弟寄放在他们家。解放后我不止一次地听妈妈讲，1933年爸爸在家乡干革命时，党内出了叛徒，敌人要抓爸爸，爸爸在家待不下去了，跑到东北找党组织时，碰到了李墨林大爷。他在大连做小生意，当时爸爸身无分文，穿着像乞丐。李墨林大爷给爸爸买了衣服和鞋袜，还给了爸爸

十块银元。爸爸就是靠这十块银元做路费东奔西走，终于找到了党组织。后来，党组织派爸爸到上海工作，李墨林大爷全家也来到上海，他们的住处离我们家很近，有利于相互照顾。论年龄大爷比爸爸大两轮，但他很敬重爸爸，按旧习俗他们结拜为兄弟。爸爸所用电台的备用零件就放在大爷家里。1948年的一年之内，大爷家有三人去世，先是他家的顶梁柱、当邮差的独生儿子得了痨病（肺结核）走了，后来他唯一的孙子夭折，最后是他的老伴也匆匆地走了。三个人的后事全由我爸爸一人包揽了。李家只剩下大爷、大爷的儿媳妇（我们叫她嫂嫂）和大爷的7岁孙女。

我刚跨进大爷家的门，他就拉着我的手说："你爸妈在家，你是你爸妈的孩子；你爸妈不在家，你就是我的孩子。"他还说："有我吃的就有你们吃的。"我告诉他，我的弟弟发烧好几天了，一直没有好转。大爷叫我不要太着急，说："天无绝人之路。"他叫他儿媳想办法带孩子去看病。我和嫂嫂一起回到我们家后，她叫我找了条小被子将弟弟裹好，然后她背上弟弟去找我舅舅的同学易荣上，由他介绍我们去找素不相识的张筱之医生。在他那里免费看了急诊，确诊是牙龈炎。张医生认为病情较重，需要住院治疗。当知道我们经济条件不允许住院后，他便不顾自身危险，将弟弟接到他家里。经过张医生和他夫人日夜精心治疗和护理，几天后弟弟病情好转，嫂嫂又把弟弟背了回来。

大爷家住的石库门房子房间都比较小，他们家住底楼客堂间和连在一起的后房间，后房间没有窗户。我们三顿饭都在他们家吃。吃罢晚饭，嫂嫂带我们三个小孩回我们家休息，大爷要嫂嫂照顾好我们，还要看管好我们的家。大爷不要我做什么家务事，他讲家务事有你嫂嫂做，他希望我和弟弟把读过的书复习复习，要求我们把书包放在他家，每天要读书、写字、做作业。他说，等你们爸妈回来后，你们还要重新回到课堂里去的。

自从大爷的儿子去世后，大爷家就没有经济来源了。大爷在家的附近马路边摆了一个卖茶水的小摊。来喝茶的都是拉黄包车、踏三轮车、拉老虎车以及其他卖苦力的人，因茶水比别人家便宜，所以回头客较多。我不好意思什么事都不干,每天吃白饭,于是就自己找点小活做。如常到大爷的小摊上看看茶水够不够,见到茶水不多,我就跑回去告诉嫂嫂,她会再烧开水冲茶,由我送到小摊上。大爷和嫂嫂规定我只能提一个暖壶,怕我提多了会烫伤。我每次去小摊,大爷都问我书念了没有,或问弟弟念书了没有。得到肯定的答复,他才放心。

探监不让见爸妈,我和弟弟伤心地哭了

三个孩子合影。左起:李家孙女、弟弟和本文作者秦裕荣

弟弟的病痊愈后,嫂嫂就经常抽时间带着我到各处关人的地方打听爸妈的下落,大爷有时给钱,叫我们坐车去,我们不肯坐。后来嫂嫂不要我跟她去,她一个人出去打听。终于打听到我爸妈关在北四川路淞沪警备司令部第二大队,并了解到监狱每个星期对犯人家属开放一次。到了探监前一天晚上,嫂嫂叫我们早点休息,她却在我们家给爸妈烙发面饼,烙到很晚才休息,做了一大摞。第二天我们四人都起得很早,先去他们家吃早饭,大爷已煮好粥,萝卜干和咸菜已摆在桌子上。早饭后,嫂嫂带着我和弟弟上路,把她自己的女儿留在家里,听大爷说他出摊时带她去摊上。我们三人步行到监狱门口时,看到许多人挤堵在那里。不多时,有个带枪的士兵出来,要大家排好队。许多人往前挤,士兵喊叫着,指挥探监的人排队,我们排在中间靠前,觉得还算运气。听到别的犯人家属讲探监时间最多五分钟,一次进去好几家,速度很快的。后来从里面出来一个监狱看守,拿着大本子(有可能是被关押人员花名册),他一家一家地询问要探望什么人,和犯人什么关系。走到我们面前时,我们报了爸妈的姓名,他看了看本子说:"政治犯一律不准探望,你们带的东西可交给我们,由我们转交。"没

想到抱着希望想看看爸爸妈妈,却不让看,我和弟弟都伤心地哭了。嫂嫂对那人说:"两个孩子想父母了,请你行个好,让他们进去与父母见一面吧。"那个看守讲这是上面的命令,他也没办法。嫂嫂继续央求他,好话说尽都无济于事。最后那人说:"要么你们下个星期再来看看。"我怏怏不乐地跟着嫂嫂默默往回走,步伐比来时慢多了。弟弟也显得特别乖,他没再说腿酸、耍赖要嫂嫂背他一会儿了。一个男青年在我们后面走着,方才排队等候探监时,他排在离我们不远的地方,我知道他探视的人也是政治犯。他走到我们身边时,问我和弟弟是不是秦鸿钧的小孩。得到肯定答复后,他自我介绍说他是张困斋的弟弟,叫张邦本,有什么困难可以对他说。我回答说没什么困难。当走到一个饭店的门口时,他要求和我们一起吃顿饭,由他请客。嫂嫂讲:"家里有现成饭,还有老人在家正等着我们呢!"我们不好意思接受他的好意,没有答应他。

　　七天后,我们又要去探监了。这次是下午探监,嫂嫂在上午就烙了一大摞发面饼,并带上许多自制的咸菜。探监的程序不变,轮到我们时,仍不准许我们进去,嫂嫂把带来的东西交给看守。经过两次探监的折腾,我们的承受力增强了,不像初次探视不成那么难过了。就在我们要离开监牢时,忽然听见妈妈大声喊着我的小名,我也大声应答着喊"妈妈"。我摇晃着头东转西转寻找妈妈的声音来自何处,可是没有看到妈妈的身影,看守监狱的人把我们三人推走了(解放后妈妈告诉我,她是偶然从墙缝里看到我们三人,赶紧就喊我,为此她挨了好一顿训斥)。

第三次探监,终于见到了妈妈

　　尽管又没有见到爸爸妈妈,孩子对父母的亲情是隔不断的。我们还是怀着一丝有可能见到爸妈的希望,望眼欲穿地期待着第三次探监。七天等待的日子好像特别长,等到探监的日子来临时,弟弟不如以前起劲了。大爷就叫弟弟不要去探监了,和他一起去卖茶水,可是弟弟最后还是跟着我们去了。

张承宗（左）与张困斋

令人意外的是，这次看守竟同意我们探视了。那天我们好像排在最前面，我们一进门，大门就立刻关闭了。我看见妈妈就在大门里面站着，妈妈瘦了许多。有两个带枪的男人站在她身后，我哭着说还要看爸爸，妈妈也在哭。我问妈妈，爸爸到底在哪里？妈妈把一条薄被子交给我，说是我爸爸盖过的，要我保存起来作纪念，叫我们不要再想着爸爸了，也不要去找爸爸了，说我们找不到的。当时我没有听懂妈妈的意思，两分钟时间已到，我们三人被推出去了。解放后妈妈告诉我们，1949年5月7日爸爸被害后，她向看守所长要回爸爸盖过的被子，要留给我们作纪念，看守所长同意了。后来她又要求亲自把这条被子交给我们，理由是如果她也被杀，这纪念品还是留不下来，应该由她亲手交，看守所长也同意了，但会见的时间只有两分钟。

在回家的半路上又碰到张邦本叔叔，他拿出两枚银元要给我，我不肯要。后来他对嫂嫂讲了几句话，嫂嫂替我收下一枚袁大头银元，并表示了谢意。我问嫂嫂，为什么要收人家银元？嫂嫂说我和弟弟都瘦了许多，她想用银元换成钞票，买些肉给我们补补身体，并说以后会还给他的。很多年后我才知道，张困斋烈士被害前曾对他弟弟交代过，要他关心秦家的两个孩子。

回到大爷家后，嫂嫂把爸爸的被子拆了，将被里和被面泡在水里，被里上有血迹，还有一块紫红色很硬的血块，嫂嫂搓了很久也弄不掉。后来浸泡了很久，血块虽掉下来了，痕迹是洗不掉的。我看见大爷在流泪，嫂嫂在后房间偷偷地哭，我也跟着哭。我说我要去找爸爸，明天就去，要嫂嫂带我去。嫂嫂不说话,光流泪。大爷对我说,找爸爸不能瞎找,这样吧,你写个条子再问问妈妈,爸爸去哪里了。

第二天一早,嫂嫂带着我又去了监狱。因不是家属探视的日子,门口一个人也没有,只有两个士兵拿着枪站岗,他们不许我们靠近。嫂嫂不理他们喊话,拉着我的手,继续朝门口走去。两个士兵都离开了岗位,要赶我们走,一个抬起枪吓我们。嫂子给他们一把钱(都是小票子),他们答应把我写的条子送进去。我在条子上写的是:"亲爱的妈妈:请你告诉我,爸爸到底去了哪里?我要去找他。"

解放初,与胜利归来的李家姐姐合影。前排右为姐姐,中为嫂子;后排左为弟弟,右为李家孙女

和嫂嫂回到家后,我就去茶摊上找弟弟,看见弟弟和大爷的小孙女蹲着,看地上的蚂蚁。我问大爷是不是还要送开水,大爷讲不用了,最近两天生意不好做,喝茶水的人少了。我说:"真不该给监狱门口当兵的那么多钱。"大爷说:"给了好,不给钱,条子送不进去,你不踏实,我们也不踏实。"他还说:"钱就是用的,该花的钱就要花……"

那天晚上,大爷和嫂嫂对我说,外面的情况很紧张,劝我以后不能再去监狱探视了,说共产党会打进上海的,我爸妈的仇早晚会报的。大爷问我是否记得我还有一个姐姐(指他女儿),我说我知道。这时大爷告诉我,姐姐在民国廿九年(1940年)由我爸爸介绍去苏北参加了新四军,那年她17岁。大爷说只要共产党打进上海,我姐姐也会回来的。我心里已明白大爷想念女儿了。这天我很高兴,他们给我讲他们家的秘密,他们把我当作大人了。我对他们说，我绝不会到外面去说的。

  第二天一早，嫂嫂就去市场上把张邦本给的银元换成钞票，买了一大块五花肉回来，弟弟和嫂嫂的女儿高兴地跳着、喊着："吃肉了，吃肉了！"我虽没有说什么，但我快两个月没吃过肉了，见了肉后也馋了。嫂嫂说："上午炉子忙，下午给你们烧肉，晚上吃。"那天下午在烧肉时，满屋子都是肉香。住在楼上的女邻居下楼时，闻到肉香，出门对别人说，李家的老公公卖茶水赚了许多钱，做红烧肉吃。也难怪，大爷家弄堂里住的大都是底层小人物，生活都过得紧巴巴的，吃荤菜较少，除非过年，平常很少吃红烧肉的。那天下午肉烧熟后，我们三个小孩垂涎欲滴，没等到吃晚饭，嫂嫂就把肉分给我们三个小孩，一人一碗。我们立刻狼吞虎咽地吃下肚了。开始时，我还想到要给大人吃点。他们都说不吃，我就再没谦让。吃完后，我很后悔，觉得自己太不懂事了。弟弟和嫂嫂的女儿还把碗舔得很干净。嫂嫂对我说："你的碗不用洗，留到晚饭时，用饭把碗里的油蹭干净。"

5月25日清晨，我看到了坐在马路边的解放军

  已记不清从何日起，隆隆炮声已清晰可闻，大人讲从炮声可以判断出，炮是从外往里打的，方向在上海的西面。我高兴，我兴奋。因为我知道，我的命运、我家庭的命运已和共产党紧密相连。可能是天气暖和的缘故，大爷家只要有人在家，大门就敞开。弄堂里的一些男性居民，在吃晚饭时，端着饭碗来大爷家串门、聊天、发牢骚。挑担卖馄饨的小广东，走街串巷，见识广，说国民党军警乱抓人，还说生意难做，当兵的吃了馄饨不付钱，去讨钱就可能吃生活（挨打）。现在他晚上不做生意了，怕血本无归。还有一个去轧大米的，天不亮就去排队，几个钟头下来，还轮不着……当时物价飞涨，钞票贬值，民不聊生，老百姓怨声载道，似乎到大爷家的人都是一肚子牢骚，凑在一起发泄不满，以解心头之郁闷。虽然这些人对共产党不甚了解，但对国民党政府早已失去信心，认为这个政府早晚要垮台的。

1954年，我和母亲、弟弟在父亲墓前留影

　　5月25日清晨，我听见人们讲中正南二路（现瑞金二路）已有共产党的军队。我在大爷家吃罢早饭后，赶紧出门。我看到马路一边的人行道上，一个挨一个整齐地坐着许多穿着黄军装的军人，在左胸前都缀有"中国人民解放军"的标记。他们脚上都穿着黑色布鞋，鞋底是用麻线一针一针人工纳出来的，针脚很密。

　　当时围观的市民很多，有人问："你们当官的在什么地方？"一个战士回答："解放军官兵一律平等，当官的就在我们中间。"他们还对市民讲，他们是人民解放军，就是人民子弟兵，是为人民服务的，保护人民的。这几句话给我的印象很深。

　　我整整站了一上午，吃午饭时才回到大爷家，看见弟弟一人坐在门口等我回来。我想，我应该管好弟弟，我要带着弟弟一起去看解放军。

　　第二天吃罢早饭，我带着弟弟一起去看解放军了。战士们整齐地坐在人行道上，人数少了些，仍有许多市民围着他们，问他们各种问题。如有人问:"今后我们能做什么?"解放军回答是,你现在做什么,以后可以继续做下去。有人问:"上海什么时候全部解放?"解放军说:"我们军队很快就会全部占领上海,上海全部解放是转眼间的事。"这天晚上吃罢晚饭,嫂嫂照例带着我们三个小的回到我们家,准备睡觉时,大爷家的邻居突然来找我们,叫我们快返回去,说是李大爷家的女儿回来了。我们四人一路小跑回去。看见姐姐坐在床上,穿着解放军军装,梳着短发,特别神气。有两个女邻居在她身旁问长问短。这个说:"你也是共产党,我们一点没想到。"那个讲:"我向你爸爸问起你,老人说你在外地读书,家里没钱叫你回家,我们都相信了。"姐姐讲:"我爸爸讲得不错的。我是在外地读书,解放军就是大学校,那里常有人讲课的。"

邻居回家后,嫂嫂拉着姐姐的手久久不放。姐姐对嫂嫂说:"咱家的事,咱爹都告诉我了,嫂子你辛苦了,我谢谢你……"嫂嫂哭着说:"对不起,我没管好这个家。"姐姐说:"正是你和我哥在咱爹娘身边,我才能在部队干下去。"姐姐看着我们三个小孩很高兴,说她参军时我只有两岁,我弟弟才几个月,现在长这样大了,她的侄女,她还是第一次见到哩!她还讲,是秦叔、秦婶(指我父母)领她走上革命道路的,她感激他们。她说她这次是路过这里,领导允许她请一会儿假,回家看看的,所以不能待得太久,她马上要回部队,过几天她还会回来的,和她丈夫一起来。她还说,再过一段时间他们还要南下。大爷讲,要听部队的安排,该走就走吧,他绝不阻拦。后来我从大爷口中知道,姐姐属第三野战军,姐夫是三野的高级军官。

上海解放的这一天,妈妈回家了

第二天是5月27日,是上海全部解放的日子。清晨,我们四人还没去大爷家吃早饭时,妈妈就回来了。她还带着一位很漂亮的女共产党员沈光旭阿姨。沈阿姨很年轻,当时24岁。妈妈已有36岁。妈妈给我们介绍说,沈阿姨是和她关在同一个监牢的。5月25日,他们已知道上海有部分地区已解放。她俩还有男监狱的四个男青年，趁敌人混乱时，一起越狱逃出来了。因监牢所在的区域散兵不少，并不时开枪杀人，他们不能回家，只好先去了和他们一起越狱的一位难友的朋友家住下，等到外白渡桥上的战斗结束，可通行后才回家了。妈妈说，爸爸是在5月7日被敌人杀害的。前些日子，大爷和嫂嫂多次对我暗示过我爸爸可能已经没有了，我都没有吱声，因为我还抱有幻想，希望他们说的不是事实。现在妈妈已证实"爸爸已经没有了"，

刘晓（右）与刘长胜

令我十分伤心，泪水不由自主地就流了下来。后来，不断有人来家里看望我们，有解放前我曾在家里见过的叔叔阿姨们，也有与我妈一起越狱的难友。当知道妈妈越狱回来的消息后，张困斋烈士的哥哥张承宗立刻派人送来30元生活费。接着，刘长胜伯伯来看望我们，妈妈和我、弟弟都哭了。刘伯伯也流下泪水，他说："鸿钧同志是党的好儿子，党和人民是不会忘记他的……"

后来越来越多的人来我们家，大家都说，上海已解放了，不应再哭泣，应该高兴才是。他们还说我爸爸38岁就为革命献出了生命，大家都要学习他的革命精神。大家还勉励我继承烈士的遗志，将来也要成为一名好党员。我把这些话记在心中。

上海解放，使我结束了两个月零十天的痛苦、不安、彷徨的日子。

我们在黎明前越狱

富 华 口述　　山海人 整理

著名画家富华，原名富继武，满族。1926年7月生于北京。1943年他在南京市立二中上学时，参加了党领导的学生运动；1944年转入江北淮南新四军二师参加抗日斗争，并担任江浦县委书记刘力行的交通员；1945年，担任中共南京地下市委书记陈修良的通讯员兼秘书；1946年2月，在由陈修良主持的支部大会上，加入了中国共产党。1947年11月调到上海郊区，为迎接上海解放作准备工作，不幸被国民党保密局特务逮捕，受尽严刑拷打，仍坚贞不屈，并于上海解放前夕，与难友们一起成功越狱。——编者

1949年1月13日，我在宝山被国民党特务逮捕后，先被押送到上海市警察局，遭受严刑拷打，后又被移送国民党上海淞沪警备司令部监狱关押。在监狱中，我看到许多共产党人坚贞不屈、誓死如归的感人事迹，也看到了敌人在失败前的绝望与疯狂。

陈默是戴着克罗米脚镣的政治犯

1949年的大年初五（2月2日），我们三个人从上海市警察局特刑处被押走了。我和缪剑秋两人合铐一个手铐，沈光旭单独铐一个手铐，那个姓铁的看守押送我们。

我们被押送到淞沪警备司令部。记得司令部对面就是虹口公园。那时，司令部门口架着铁丝网、机关枪，那阵势，要是胆子小一点的话，吓都吓趴下了。

进到司令部里，姓铁的和他们办理交接手续。我发现有一个曾经打过我们的特务，穿着便衣也在那里。接着，由警备司令部的警卫把我们送进看守所。

从大门口到看守所，要转两个弯。进看守所后，先让我们解下裤带，交出手表，剑秋1 000多度近视，也得把眼镜交出来。身上的钱倒是不收的，况且本来就没多少。

沈光旭被关在女号子里，我被关到9号牢房，缪剑秋被关到10号牢房。

富华

我下车看到淞沪警备司令部门牌时，心想这下完了。当时政治犯是应该送到一个特刑厅的，送到这里是要按军法处置，进来就别想活了。但就我个人而言，还是高兴的，因为该放的人已经放出去了，我的案子范围缩小了。只是缪剑秋和沈光旭要陪我去死，觉得怪可惜的。

在淞沪警备司令部的牢房里，有几个人不能不说。

第一位是陈默烈士。

陈默同志从被关进军法处看守所到牺牲，最多两个星期，时间应该是1949年4月下旬到5月7日之间。他被关在1号牢房，与李静安（化名李白）、秦鸿钧两位同志关在一起。从看守所工作室进入走廊的铁门，第一间牢房便是1号牢房。

1号牢房关的大多是要犯、主犯，所以被难友称为死牢。只见过其他牢房的犯人转到1号牢房关押，没见过1号牢房的犯人转押到其他牢房，足见进此牢房必死无疑。

1号牢房大约可以关押十五六个犯人。此牢房犯人进出量最大，也就是说牺牲得最多。至于什么时候关进，什么时候执行，里面牢房的犯人根本看不见，只有放风时才可知道1号牢房犯人的变化，因为1号牢房犯人出去不经过其他牢房门口，直接押到看守所工作室查验后押走了事。

235

沈光旭　　　　　　　　　　陈默夫妇

李白、秦鸿钧等是5月7日牺牲的。陈默在他们牺牲前，就不见了，也不知道他的去向。

陈默的个子比我略高一点，大约1.70米，年龄40多岁。从他有神的眼睛、强壮的体魄、高傲的神气，以及脚上带着的那副克罗米脚镣，就知道他是非同一般的犯人。

一次我趁放风时，悄悄地走到1号牢房的走廊里，与陈默有过短暂的谈话。

我低声问他："你是什么案子？"在当时形势下，关进来的犯人大都是政治犯。他将我上下打量后，很警觉地用无所畏惧的语气答道："他们谁也不能审问我。"

只此一句话，我就不需要再说什么了。这肯定是一位更高层的政治要犯了。我们是同志！

第二位是徐植芳。

此人大约30多岁，是由南京押解到这里的政治犯，案情比较重。据说他是由我们的地方武装打入国民党国防部里的。事发的原因，是因为他的一个姓邱的联络员，在火车上被国民党特务逮捕了。听徐植芳告诉我，他们把一份秘密文件送往解放区去，文件是藏在牙膏里的，没想到姓邱的在南京上车时就被人盯上了。快到镇江时，敌人要动手了，联络员就把牙膏扔出车窗外。因为离站不远，敌人找到了那牙膏，从中发现了徐植芳手下全部人员的名单，于是被敌人一网打尽。

敌人先抓其他人。徐植芳是最后一个被捕的，属于要犯，据说准备押解到台湾。邱联络员被关在13号牢房。

在狱中，他俩发起绝食。起因是邱联络员有一双银筷子被看守截下了，不准带进牢房。

当时还有几个案子，一个是比较有名的黄河书店的案子。这个书店是我们地下党员开的，一下子被敌人抓了四十多人。

这地方一共能关一百多人，现在光黄河书店就进来了四十多人，加上邮政局的有七八个人，政治犯人多势众。

徐植芳看准这一点，就抓住银筷子事件，带领大家进行绝食，抗议敌人压迫犯人。当时我入狱还不到一个星期，也参加了。

这事闹大了，看守所当然要向上面汇报。第二天，敌人发还了筷子，大家就恢复了进食。不料第三天，敌人就把徐植芳和邱联络员开了脚镣押走了，不知去向。但我们心里明白，他俩是被拉出去枪毙了。因为那天是把他俩的脚镣打开后带走的，这是敌人枪毙人的惯例，大概是为了免得从死人身上摘脚镣吧。

此前，徐植芳有预感。他告诉我，他有个哥哥在交通大学，叫徐树芳，关照我如果出狱，就去找他哥哥，把他在狱中的情况跟他哥哥说一说。

这就是绝食斗争，我们虽然胜利了，但牺牲了两个同志。话说回来，不斗争，他们也得牺牲，只是时间提前了。

解放后，我去交通大学找过几次徐树芳，但没有找到，甚是惋惜。

第三位是童隆章。

此人有点斗鸡眼，是邮政局的。我们关进来之前，他们就知道山海工学团出问题了。交谈中，他说他们的案子乱套了，上面在找人保他们出去，并说出去后帮我们找正泰橡胶厂老板杨少振，因为我们跟他们谈起与杨少振的关系。他们邮政局的七个人后来真的被全部放出去了。

秦鸿钧让我把一碗菜递给韩慧如

这里我要重点说一下李白、秦鸿钧两人。

李白是我进去后就看到的，关在1号牢房。李白那时化名李静安，比秦鸿钧早关进去。我们进去后，知道他是搞电台的。我跟他没有讲过任何话。他很沉默的，从不与其他犯人讲话。搞电台的同志在我们眼里都很了不起，我们很尊重他们，既然他不爱说话，我们也就不主动跟他去攀谈。他被捕的原因，是解放后才听说的。据说当时上海地下党就两部电台，李白的电台先被破获，之后秦鸿钧的压力就大了，终于也被敌人侦破而被捕。

秦鸿钧是4月初被关到这里来的。时间是下午放风时，准确地说是吃晚饭前。因为放风就在大走廊上，所以一般情况下，放风的时候不接受新犯人，要等其他犯人进牢房后才进人。

这天放风时，秦鸿钧是背着一个人进来的。后来才知道，他背进来的那人叫张困斋。张困斋个子小，长得像外国人。秦鸿钧个子高。张困斋的腿被打断了。他们被关进1号牢房，也就是和李白关在一起。

那会儿，只要有新的犯人进来，大家都很关心：一是向他们打听外面的最新消息，二是我们也把狱中的一些规矩告诉他们。

譬如我关进去的那天，黄河书店的人早已知道了。因为《大公报》上早登过山海工学团的大案了，所以我进去的时候，他们就说："呵呵，陶行知山海工学团的来了。"他们感觉来了生力军了。

秦鸿钧进来时也是同样情况。第二天早上，我利用上厕所的机会主动挨近他。我问他："你叫什么名字？"他回答说："秦鸿钧。"他比较喜欢讲话。他问我："你是什么案子？"我说："政治犯，陶行知那边的。"他说："真的？"我说："那还有假的？"就这样跟他初步交流了一些信息。

下午放风的时候，再接触就比较深入些了。我告诉他，我是北郊的，他说，他是电台的。他和张困斋，还有他爱人，一起被抓进来了。

再过了几天，他问我："你能不能帮我做点事？""什么事啊？"我问。原来，我们比较年轻，又是老犯人，所以监狱对我们管得相对松一些。我跟沈光旭隔了一道门，靠近门时常可以有些接触。可是监狱对秦鸿钧他们管得紧，他的夫人韩慧如可以过去，但秦鸿钧不能过来，他们不能隔着门接触。

秦鸿钧让我把一碗菜递给韩慧如，说是碗底有一个条子，托的时候小心些。于是，我把碗交给沈光旭，让她转交给韩慧如，同时关照她碗底有条子。韩慧如回忆录里写到了这一段，但没有说到借碗递条子的事。条子上写的什么我不知道，但他让我办的事我帮他办了。后来就越来越熟悉了，不过前后也就二十来天时间。

秦鸿钧进来后的第三天，又关进一个人来，秦鸿钧认识。这个人一看就是行伍出身，上穿白衬衫，下穿军队的黄裤子。我再去找秦鸿钧时，他悄悄告诉我，注意些，此人是来监视我的。

那人进来后，睡在第一个床铺，也就是牢房中空气最好的位置。按惯例，新进来的犯人得睡在马桶边，不可能让他睡外面的。他进来后，对秦鸿钧说："你的案子是我办的。"他参与了对秦鸿钧、张困斋的审问和拷打，那怎么会进来的呢？他解释说是办这案子时，他贪污了。实际上他是来卧底的，要看李白和秦鸿钧有什么联系。

他跟我还套起了近乎，问我是什么案子、跟秦鸿钧什么关系、怎么会关进来的。我回答他，我跟秦鸿钧不认识，我就像被一阵风刮进来的，我也不知为什么被抓。他想了解我跟秦鸿钧的关系。其实本来就没有什么关系。过了三天，这个人就出去了。

那时我每天在里面唱歌。连黄河书店的人也不会唱八路军军歌、新四军军歌。我把在陶行知山海工学团学唱的进步歌曲，从早唱到晚。秦鸿钧让我把歌词抄给他。我感觉他文化程度不是很高，否则，他听后自己可以记下来。后来我才知道，他最初是在山东卖油条的，从东北到苏联学习收发报，后被派到国内来了。

我把歌词抄给了他。又过了几天,早上起来放风,他把一块大饼切成三份,分给我和缪剑秋、沈光旭每人一块,然后说:"这两天很紧张啊,因为每天都往外拉人。看样子我们要牺牲几个了,你怕不怕?"他忽然问我。我顺口就回答他:"到了菜市口,伸着脖子是一刀,缩着脖子也是一刀。"他听了连连称赞说:"好、好、好!"

5月7日,他被押出去了。我们在里面,不知道情况,韩慧如他们看得很清楚的,是被绑了以后押出去的。等中午吃饭的时候,我们才发现他们不在了,一共是九个人。按我们当时的心情,总盼望他们能活着,哪怕是被解到其他地方去。

我被关进了1号死囚牢房

那天晚饭后,查号子、点名结束后,看守拿了一串钥匙,哗啦啦响得很。听到这种声音,号子里所有的犯人都会鸦雀无声,那是一种条件反射。

看守的脚步声在我的号子跟前停住了。看守的名字叫大毛,他冲着我喊道:"富华,把东西收拾好。"没什么东西,我把铺盖卷卷好,再拿上牙刷。看守就把门一开,说:"走吧!"我寻思,真的要上路了。

看守回头又到10号,叫缪剑秋。我就回过头去接应他,因为缪剑秋高度近视,看不见。我们出去时,其他牢房中的难友都趴在栅栏上看着,一声不响地目送我们出去。我对他们笑笑。

走到1号牢房前,我还继续往前走。看守大毛一把揪住我,骂道:"不他妈枪毙你,给你换号子!"大毛跟蒋介石同乡,对犯人最凶。

于是,他把我和缪剑秋关进了1号牢房。我睡在秦鸿钧的位置,缪剑秋睡在张困斋的位置。第二天,我整理秦鸿钧留下的铺盖时,发现我给秦鸿钧抄的歌词,他把它写在了铺位边的墙壁上,但写得还不完整,"你是灯塔,照耀着黎明前的黑暗……"

关进1号牢房后没几天,军法处忽然提审我,军警是戴着钢盔来提人的。审讯室里面有一个法官，一个书记员。法官约50岁左右，南方人，有些话我听不太懂。

法官按警察局起诉我的状书，这样构陷我："匪富华，系上海北郊20路军司令，抢劫民间财物，准备武装暴动。"在这之前，例行公事地问了姓甚名谁、出身职业等。我告诉他，我是教书的，父亲也是教书的。

他接着问道："那怎么说你是司令啊？"我反问道："你看我像不像司令啊？"我又说："我在山海工学团教书的，你可以去打听啊！"他说："是陶行知那儿啊？"我说："是啊。""那你怎么当共匪去了？"我说："我哪知道什么共匪啊！"

他又问道："那缪剑秋、沈光旭是什么人？"我说："那是我们分校的教师，我是校长。"

他翻了翻卷宗，问："那他们为什么抓你们进来？"我说："我也不知道啊。大概是要钱吧？""这名是不是你签的，手印是不是你盖的？"我说："手印是我的，但那是他们打了我以后，强按着我的手盖的。""那签名呢？""名不是我签的。"他让我自己签个名给他看看。

这时我才回忆起来，敌人在警察局为什么替我签名。因为敌人知道，这样打完后，让我自己签名，我是绝对不会干的，他们再要搞我，吃力得很呐。干脆送你去死吧，还让你自己签什么名啊。

法官看了我的签名后，接下来一句话很厉害的。他说："看样子你是受了人家欺骗了，你给我写个悔过书吧。"我没吭声，他就让我回去了。

回牢房后，徐植芳听了我的描述，告诉我："这里一共有四个法官，审你的这一个姓余，还有一个叫魏而复。如果是魏而复的话，你的案子很快就可以了结了。今天是余法官审你，你的案子还有得拖一拖了。为什么呢？凡是政治犯落到他手里，还没有看到被判死刑的。"说着说着，他把一本书拿出来，问我："你打不打算写悔过书呢？"我说："那怎么可以写呢？""好，不能写。"他接着打开书，从书中取出一个小纸包，里面是一点点白糖。他把我当孩子，将糖倒进了我的茶杯，说："你喝一点吧。"他保留的一点糖就这样给我喝了。

右侧悬挂灯笼处原是上海淞沪警备司令部军法处看守所大门

正泰老板杨少振花钱救了我一命

有个叫杨少振的关在10号牢房,也就是与缪剑秋同一牢房。他关进来的时候,比秦鸿钧早一些,大概在4月初的样子。此人长得文绉绉的,穿长袍,里外都是呢子的,很阔绰。后来才知道,他是正泰橡胶厂的老板。杨少振家有钱,每次送来的东西很多,有咸鸭蛋、肉松、高档罐头。

我对缪剑秋说,应当做做他的工作。我在监狱,每天唱歌大家都听得见的。缪剑秋便告诉杨少振,我是他同一学校的,是他们校长。

这会儿,外面的炮声每天晚上都听得到。越是大炮响,牢里被处决的人越多。我就利用放风的时间钻到10号牢房去,直接做杨少振的工作。监狱的情况是,放风结束犯人自行进牢

杨少振

242

房，一般不清查的，混到晚上回自己牢房便是了。

我向杨少振介绍陶行知的教育事业，还向他宣传党的政策。杨少振也向我们介绍了他的情况。他是因为买了国民党500桶汽油才被关进来的。他做回力鞋，需要汽油，手下的人就向国民党军队的人买了。钱付出去，人也跟着逮进来了，罪名是"私买军火"。

他的厂里也有地下党组织。作为民族资本家，他也吃了国民党不少苦头。我们的工作固然起到一定作用，但他本来对这些已经有所认识了。

我在10号牢房跟他混了一个上午。他说要花钱把我们弄出去，我没有吭声，不好表态的。说实话，我们进来了，就没准备活着出去。你要抱一点幻想，敌人用刑时你早就开口啦！

不久，杨少振被释放了。关于他说的花钱营救我们，我也没有放在心上。后来邮电局的童荣章也被放出去了，走之前他跟我说："我帮你去找杨少振。"我说："不要找，你给我去五层楼酒家，找沈秋涛，让他们按时开学。"为什么让他传这个话？这是向组织上表明，我们在监狱没有变节。

5月20日，临睡前，还是那个看守大毛，突然前来对我说："富华，杨少振看你来了。"我愣了一下，杨少振来看我？正说着，杨少振过来了，在1号牢房门口，提着一个大篮子。大毛接过篮子，打开牢门，送了进来。我一看，全是罐头。过后我数了一下，一共16个罐头、8个大面包，还有4条短裤。大毛把大门"砰"地关上，杨少振站在大门外说："小富啊，在里面好好待着。"其他什么都没讲，但我能听出他的弦外之音。

我那时穿着短裤和父亲的一件大衬衣，趴在栅栏上听他说话。杨少振能进监狱来看我，这是我做梦也没有想到的。他走后，我忽然发现上衣口袋里多了四个"大头"。回想起来，是我趴在栅栏上听他说话时，他伸手塞进来的。这四个"大头"，后来在越狱时可起了大作用了。

杨少振出去后，大毛进来说："你这案子可以解决了。"他已不是前两天的口气了。事后我才知道，杨少振事先跟余法官已经沟通好了，来监狱时还带来了一车子回力球鞋，给司令部警备二队每人一双。余法官问杨少振:"你跟富华他们有什么关系?"杨少振说:"没有什么关系,我是动了恻隐之心,看他们都是教书的好青年呐。"后来我知道了这事,心中非常感激他。

趁敌混乱之机冲出了牢笼

监狱里,平时不放风的时候,总有一个案情比较轻的犯人被安排在牢房外,负责给其他犯人烧开水。那会儿负责烧水的姓王,是从河南抓回来的国民党逃兵。我观察了很久,这个人对我行事没有什么大碍。于是,在策划越狱时,我便打起了他的主意。

厨房里有把劈柴的斧头,是消防队用的大斧头。用的时间久了,斧头把子已经松动。劈好柴禾后,我让他将把子退出来,斧头和把子分两处藏好。他问:"这是干什么?"我说:"你别管,将来要派用场的。"

原上海淞沪警备司令部外景(主体建筑未变)

那天杨少振来时，我趴在栅栏上跟他讲话，心中忽有所动。等他走后，我有了新发现。原来牢房那栅栏，横档是铁的，竖档是木棍，因为年代久远，木棍下端与地面接触的部分，已经腐朽和松动了。我表面上不动声色，没有告诉任何人，但心中暗自高兴。为什么？因为只要蹭断其中一根木棍，人就可以钻出去了。

这还只是酝酿，究竟有没有机会，不知道呢。但有一个信念我是十分坚定的，绝不能坐以待毙！

到了5月23日早上，该放风的时候，不见敌人来给我们放风。

怎么回事呢？1号牢房有个洞，从这个洞里，可以看到对面敌人的动静。这时我们发现，敌人有的在烧文件，有的在搬东西，一副仓皇出逃的样子。

放风时没来人，到9点来钟，应当是烧午饭的时间，还是没来人。这时，女号子的韩慧如、沈光旭也看到外面敌人的动静了，而且发觉里面的看守也一个不见了。女号子没上锁，她们就溜了出来。

事后才知道，看守那会儿全跑了，可能是换防，但接防的还没到。监狱里面没人看守，可外面的国民党兵人来人往，还是挺多的。我们看见几个穿黑衣服的人被敌人押着经过。

再说沈光旭她们走出牢房后，径直走到看守室。打开抽屉一看，里面有一大串钥匙。沈光旭拿了钥匙，就直奔我们男牢房来了。她试了一下，过道的门打开了。我在牢房能看到她的动作。

沈光旭惊喜地说："富华，门打开啦！"我见状，赶紧趴下身子，猛地蹭断了一根木栅栏。1号牢房的人全部出来了。

我对沈光旭说："你先把它锁上，钥匙交给我。"这时候情况还不明，不能轻举妄动。于是，我先叫几个犯人去烧饭吃。有一部分犯人则把裤脚扎起来，往里面灌大米，他们是怕出去后没饭吃呢。

这时，我叫上小王，并把沈光旭叫过来，递上钥匙，让她把门重新打开。小王穿的是国民党兵的服装，配合我行动比较方便。

我径直走进看守室,翻箱倒柜,找眼镜,找皮带,还要找开脚镣的工具,因为有八个人还戴着脚镣呢。

现在的形势是,外面的人看不到里头的情况,进不来;里面的人不了解外面的情况,出不去。

犯人中有一个叫郭耘夫的,是个农民。他杀死了一个国民党连长。那天这个国民党连长去他村子里抓壮丁时,强奸他小兄弟的老婆,正好被郭耘夫撞见了,他抡起铁镐就把那连长砸死了。因为他杀的是淞沪警备司令部的人,所以就被押解到上海来了。

郭耘夫有命案,必死无疑,所以一进来就戴上了脚镣。我看他身高力大,这会儿正好派上用场。所以先让人把郭耘夫的脚镣砸开,让其他人在一旁排队等候,由郭耘夫帮他们一一砸开铁镣。

焦伯荣烈士　　黄秉乾烈士　　周宝训烈士　　吕飞巡烈士

严庚初烈士　　郑显芝烈士　　赵寿先烈士

牺牲在黎明前的七烈士

这一头，我还得去找大门的钥匙。找啊找，我一下翻到了香烟、火柴，便美美地抽了起来。抽烟的当口，我忽然冒出了个念头，何不装成国民党兵？现在外面的情况不明，万一遇到什么事，容易对付过去。我到洗澡间，抹了点水，把头发先梳理了一下，又挑了件像样的衣服穿上。

监狱东侧、西侧两边都有大门，必须把钥匙找到。沈光旭和我跑到二楼，在转角处有个壁橱，打开一看，里面全是钥匙。我拿了一大串就下楼了。

不料当我下楼时，大门外忽然有一个国民党军班长模样的人叫道："过来过来，你是干什么的？"我说："看守兵。""把门给我打开。"他说。

莫不是来接防的？我掏啊掏的，先掏出了香烟。"给我一支。""啊，你抽烟？拿一包去。"气氛缓和下来了。我问："兄弟，这月发薪水没？""他妈的，就发了两个大头。"我说："我们一个也没有发。""来，你给我把门打开。"

这门我究竟开还是不开？如果不开，那就要露馅，可要想打开，我一时半会儿还找不到开这锁的钥匙呢。我磨蹭着，一眼看到大锁上有个7字，而我手中的钥匙赶巧也有个7字，真是命大，一捅就开了。

门一打开，他就进来了。我随后把门反锁上了。那一头，小王早让人把过道的木门关上了，这样，外面的人就看不到牢房里的动静。这会儿里面开镣的开镣，装大米的装大米，肯定乱成一锅粥了。

那家伙问道："这里还有什么犯人啊？"我说："重要的政治犯都押解走了，剩下一些小偷小摸、赌钱吸毒的。"话说间，我一抬头，看到了墙上的木牌子，第一个名字就是富华。他没看见，回头打算走了，说："你把钥匙给我。"不给不行啊。我想，给就给，没有我配合，你也进不来了。可我要出去，同样也就出不去了，心里不免有些懊恼。

前面的门不能走了，唯一的出路是打开后门，原先准备的斧头派上用场了。

这时候，里面有的犯人不耐烦了。政治犯一般比较配合，主要是那些地痞流氓开始闹了，要我把他们放出去。

越狱是一项有组织的活动，哪个环节上不小心出了差错，那可是人命关天的事。我说："吵什么吵？要死一块儿死！"我把郭耘夫先放出来。他有重要任务要担当。

正在这时候，对面港口司令部大楼起火了。韩慧如一直在楼上女号子里，这时候才下来。沈光旭胆子大，但我当时也让她待在上面，主要是观察对面敌人的动静。

失火的大楼前面停着四辆大卡车，估计是为了逃跑的国民党大官们搬运东西的。这时候，大部分敌人救自己的行李去了。司机不在，剩下的那伙人吆喝着，"一、二、三——推！"想把车子推走。

过道里平时放着一张家属会见犯人时用的大木台。这时，我让人把它竖起来，用以挡住外面人的视线。

趁着外面混乱的当口，我让郭耘夫砸牢门。我指挥他合着外面推车的吆喝声，"一、二、三——砸！"

郭耘夫砸了半天，砸得铁锁直冒火星，就是砸不开。我上前一看，方法不对。因为直接去砸锁，它会乱跳，我让他改为砸牢门铁栓上的环。这下还挺管用，一砸铁环就掉下来了。

牢门砸开后，我拉着韩慧如、沈光旭、缪剑秋，跟在大伙后面，准备逃跑。门外有土围子、铁丝网，什么情况也不清楚。我便让第一拨人先出去探一下虚实。隔了一两分钟后，看看外面没有什么动静，再放第二拨人出去。等大家走得差不多了，我才说："我们走吧。"

隐蔽四天后迎来了上海的解放

出门大概是黄渡路，有一条小铁路通往江湾。过了铁路就太平了，因为出了监狱的范围，越过敌人的视线了。

一出门，我们就横穿铁路往西走。对面的里弄人家，看见我们从监狱里逃出来,隔着铁门大声叫喊。我们这时哪管这些,只顾往前奔。奔了大约一百来米,迎面遇上一个老人,中等个子,穿着长袍,见到我们几个后,示意我们往另外一个方向跑。我们信了他的话。不料,他让我们走进了一条死胡同。

起初我还以为上他当了,再仔细一观察,胡同尽头是一堵一人高的矮花墙,翻过去便是人家的花园洋房。

缪剑秋高度近视,韩慧如伤还没好,我便先帮沈光旭翻过墙去,让她在里面接应,然后再连扛带推地帮韩慧如、缪剑秋翻过去。

我最后一个翻进墙去。只见花园里有三幢小洋房,人去楼空,门窗全无。我寻思这儿不是久留之地,便带大家继续前行。

出门是河州路。一路上我们往前走,国民党的军队和我们相对而行往后赶。他们问:"干什么的?"我们说:"逃难的。"路旁有人说:"监狱里有人逃出来啦。"国民党兵看我们穿戴挺整齐,有男有女的,倒没起疑心。

说来也巧,走了没多远,遇上了沈家楼总校的农民沈长根。他一见我就说:"老富啊,你们的人全在四川路育才学校。"他告诉了我具体地点。这

李白、秦鸿钧、张困斋三烈士墓地

时，我可以直接去育才，这样就安全了。可转念一想，万一有人跟踪，尾随我们而去，岂不是把敌人引到家里，给组织带来麻烦？

长根这会儿已卖完菜，自行车上晃着两个空篮子，一个劲儿说："育才的人全在那儿，我带你们去。"

我说："这会儿我不能去。你去告诉大家，说富华已经出来了。"于是，我们一行五人继续往前赶路。

怎么有五个人呢？前面没有交代，与我们同行的还有一个姓朱的同志，是黄岩游击队的。这时候，苏州河边还在打仗，我们去哪儿呢？朱同志说："你们跟我走，我有个朋友，就在河州路，很可靠的。"

于是，我们跟着他来到河州路上的一个弄堂里。这家人住在过街楼上。他把楼上的房子让给我们，自己住到楼下去了。

我们在河州路这户人家住了四天。我把三个大头给了房东，让他管我们的饭。因为外面的情况不清楚，不能随便下去。

七烈士纪念册

这户人家有个无线收音机。5月27日早上，我们听到新闻，说什么国民党上海警察局投降了，还有哪些个地方解放了。后来才知道，当时是我们的人占领了敌人的广播电台，是上海解放后我们播出的第一条新闻，播音员是陈奇。

听到广播后，我们从窗户往下看去，马路上出现了一些穿黑衣服的人，我一看便知是解放军的先头部队，或者是侦察部队。于是，我们就敢下楼活动了。

我们一行五人走过河南路桥，这时，路边、桥上还有尸体，战斗刚结束，没来得及收尸。

我们的第一个目的地是福煦路（今延安中路）正泰橡胶厂办事处。到了厂里，接待我们的人一见面就说："你就是富华啊？"他抚摸着我的脑袋说："老板为你们的事可急坏了，花钱都没把你们保出来，你们是怎么出来的？"

杨少振为营救我们花了不少钱，虽然没能救出我们，但争取到了刀下留人。后来，杨少振在回忆录里写到他与余法官商量时，余法官答应先放出两个人，但富华的案子比较难办。杨少振让他要放一起放，余法官说富华的案子他实在没有办法，杨少振就让他拖着。杨少振给了余法官金条、手表，还帮他买了三张飞机票，准备让他逃走的。

厂里负责接待我们的人为我们准备了衣物，安排我们洗澡、理发。沈光旭这时去了她姐姐家。韩慧如也回到家，见到了两个孩子。

没过多久，杨少振来了。他到后安排的第一件事是让人给缪剑秋买眼镜，接着让人给他家里发电报。这一天，杨少振还和我们三个人一起合影留念，可惜现在找不到照片了。

那天晚上，杨少振招待我们吃饭，又安排车辆送我到周家桥二姐那儿。

见到二姐，我二姐高兴啊。那时，我爸爸住在常德路的一所小学里，我去的时候，我妈都饿晕了。唉，那时候我们地下党员没钱养家糊口啊。

我在二姐那儿休息了三天。6月1日，我正式回大场向党组织报到。至此，我终于回到了党的怀抱。记得我在狱中写过这样一首诗："蒋匪天下乱如麻，飞行吊打何可怕。大好头颅向天抛，血中开出自由花。"这首诗可以表达我当时的激动心情。

新上海的神勇卫士

陈正卿

在上海的一所空军干休所里,笔者见到了慕名已久的老红军、原空军学院副政委瞿道文将军。他听说我来采访建国初期保卫大上海的斗争,情不自禁地说:"上海这些年的变化太大了。回想刚解放的那些日子,敌我交错,生死搏斗,真不容易啊!"

调集众精英　成立军法处

枪声还在苏州河畔稀稀落落地响着,征尘未洗的解放军战士已巡逻在上

罪大恶极的匪徒被押赴刑场枪决

海的大街小巷了。这是攻城主力第9兵团的部队。不难想象,当时的敌情有多么严重!这里不仅有党通局(原中统)、保密局潜伏下来的一大批特务,还流窜着上万名刚被打散的国民党残兵游勇,加上旧上海原来就是流氓恶势力的大本营,因此,这场保卫新生政权的斗争的艰巨性是不言而喻的。

1949年5月28日上午,淞沪警备区一宣布成立,司令员宋时轮、政委郭化若就急召9兵团保卫部长瞿道文去接受任务。郭政委庄重地说:"奉市军管会陈毅主任的命令,警备区下设军法处,由你担任处长兼警备区保卫部长,担负起警卫上海、肃奸反特的重任。"

当年的军法处下设2科1股1队,个个都是精兵强将。不过让瞿道文棘手的,是这些同志刚随军南下,一不懂上海方言,二不熟悉上海马路,三不了解市民生活习惯,这将严重影响工作的开展。接受任命的隔天晚间,郭政委叫他前去谈谈情况。进门一看,陈毅正在听汇报。看见瞿道文,陈老总马上问:"你上任后有啥子问题没有?"郭政委示意他直接说。他便摊出了"三不"的困难,请示是不是可从地方党组织抽调一些力量来充实新成立的军法处。陈老总一听当场答复:"可以。"即指示郭化若直接和市委联系。几天后,便有一批来自复旦、交大、同济等校的学生党员20余人前来报到。他们朝气蓬勃,会一口流利的上海话,熟悉上海大街小巷,还掌握不少社会情况。他们多数被分配到侦察岗位。同时,军法处也扩充至6科1队,和公安等机构组成上海军警联合办事处,成为保卫大上海的一把神剑。瞿老说,这批年轻的侦察员,后来都成为上海政法战线上的骨干,有的还在斗争中结成了伴侣。如曾任上海高级法院庭长的陶全成、谢咏学夫妇便是其中一对伉俪。他们的到来,无疑使保卫工作如虎添翼。

首战出奇兵　消灭"治安军"

解放军初进上海,就听市民反映,说有一支"解放军上海治安军",常夜入民宅搜查，还行凶打人，劫夺财物，甚至奸淫妇女。瞿道文听后，不禁眉头紧蹙。他断定这又是敌特故伎重演。

一周之前，瞿道文带兵团保卫部刚到达驻地励志社总部（今瑞金宾馆），就接到20军保卫部的报告，说有一支"解放军华东先遣队"，已经接收了邑庙、蓬莱两警察局。他当即与中共地下组织联络，仔细一问，从未有过这地下武装番号。于是他向宋司令员报告，宋时轮一挥手说："消灭它！"20军的先头团一阵猛打猛冲，这伙特务即刻如鸟兽散。抓住几个一审，原来这是敌人的一大阴谋。它想趁我军立足未稳，盗用名义为非作歹，既扰乱人心又混水摸鱼。

想到这里，瞿道文命令侦察科暂且不动，让敌人再暴露得彻底一些。果然，这伙匪特自以为得计，抢劫了几处民宅后，又去演"接收"愚园路原中央银行金库的把戏，命令行员按册点缴钱款财物，等候"政府"处理。与此同时，侦察科在另一头已摸清了这伙人的底细。来头还真不小，为首的叫顾震，曾是保密局东北站头目，眼下是毛人凤亲自委任的"敌后游击司令"。他勾结潜逃来沪的敌苏州城防司令部参谋长吴正亚，网罗一批残敌，大模大样地编成了4个纵队，任命了司令、参谋长，阴谋在大捞一把后，窜到沪浙皖交界山地打游击。摸清敌情后，瞿道文马上向陈老总和宋、郭两首长报告。他们命令火速布置，一举歼灭。6月7日，上海军警联合出动，一夜抓获一百余名匪特，为新上海清除了一大隐患。

江北"赶鸭子"沪上擒匪首

敌人是不会甘心失败的。1949年9月22日晚间，天空飘着细雨，客船"鸿升轮"由十六铺起锚向崇明驶去。旅客多为小贩、农民，没有料到其中竟混入了二十余名匪徒。船刚驶出码头，一个像是南通一带农民装束的人，先在各舱房里东张西望，若有人问，他便答称是寻同伴的。很快，他便溜进了一间四人小舱房里，里面攒动着十余颗脑袋。"都侦察清

新四军保卫干部1940年在淮南黄花塘合影(左起:郑从政、许震、龙潜、瞿道文、梁国斌)

楚了,统共是七个共军,六男一女。"那个家伙神色慌张地说。随后,一个满面胡茬、显然是头目的人便如此这般地吩咐着。待船到了长江口,这伙人开始在船舱里三三两两地走动起来。突然一声口哨,这伙歹徒就猛地扑向分散在船舱各个位置的七名解放军战士。这七名战士因不属一个部队,也不是集体外出,因此被他们分割包围着,陷入被动。一名战士拔枪还击,被匪徒用利刃捅倒在血泊中。另几名战士因顾虑开枪会伤及群众,只得徒手与敌搏斗。毕竟敌众我寡,结果四名战士牺牲被抛尸江中,三名战士包括一名女兵遭劫持。匪徒们临下船,又将旅客洗劫一空。他们不仅抢走人民币500万元,一大批面粉、大米、食油、煤油、布匹等,还夺走短枪1支、长枪7支、子弹300发。紧接着,匪徒们又在江上劫持了一艘木帆船,把3名解放军战士带到苏北川港勒死。9月25日,他们公开打出了"反共救国军通海纵队"旗号,发传单,贴标语,鼓动反革命暴乱。在南通城郊，还公然枪杀了三名土改积极分子。气焰真是嚣张至极！

消息传到上海，陈老总大为震怒。他命令瞿道文随警备区韩念龙副政委同去汇中饭店汇报。瞿道文正在事发地调查途中，接电后，命令侦察科刘步周科长随韩副政委先去。当晚，他赶回处里召开紧急会议。刘科长传达了陈老总指示：赶快制定破案计划向他报告。瞿道文经和大家讨论，决定实施"赶鸭子下海"的战术。他认为，这批匪徒虽流窜在南通，但从种种迹象分析，窝巢还是在上海。派部队在南通、崇明大张声势围剿，有意"打草惊蛇"，逼它入洞，然后布下侦察网，当他们以为已混入茫茫人海时，就撒网"一窝端"。同志们都点头称好。

隔天，瞿道文前往警备司令部向陈老总报告。陈毅一听完，便大声地说："好，好，就这样来个江北赶鸭子，上海张网。限你们三个月破案。"于是，南通军警奉命开展了大搜捕行动。匪徒们如惊弓之鸟，仓皇逃回上海隐蔽。不久，侦察网传来信息，在沪西曹家渡、三官塘桥以及打浦桥、斜土路、虹桥路等处发现一批可疑人员。瞿道文命令继续侦察，很快便查清了制造"鸿升轮"惨案的正是这伙人，为首的司令黄志英，副司令徐锡昌，大队长朱国范、江范山、樊祥泰等全是恶贯满盈的特务、惯匪。其老巢在曹家渡状元楼。10月末的深夜，秋风萧瑟，当这伙匪徒骨干又聚在状元楼密谋时，军法处作战员如神兵从天而降。除一名拒捕被当场击毙外，其余七人乖乖就擒。同时，各路人马又扑向其他匪穴，将那些留守的匪徒共十余人一网打尽。

陈老总听到报告，高兴得在电话里哈哈大笑："好哇！好哇！我给你们三个月，你们提前只用了20天。"潘汉年副市长也在当天的办公会议上予以表扬。没几天，公安部罗瑞卿部长也从北京来电视贺。

根据市军管会的命令，黄志英、徐锡昌等七名罪犯在上海公审枪决，樊祥泰、徐小祥等九名罪犯押回南通公审。判决那天，南通人民鞭炮齐鸣、敲锣打鼓庆祝这一胜利。会后，还派代表专程来沪送锦旗。

卧底探敌情　确保沪宁路

长江航道上的歹徒刚消灭，军法处又发现另一伙匪徒。他们打的旗号是"反共救国军第1纵队"，企图在陆路沪宁线上作案，而且来势凶猛。敌情就是命令。瞿道文迅速向陈老总和郭政委报告。遵照首长指示，瞿道文制定出一个"放长线钓大鱼"的方案。这就需要有一位智勇双全的同志打入敌人内部，彻底摸清敌情。经过研究，他决定派治安科副科长海萍去。海萍是一位新四军老战士，长期做侦察工作，多次立功受奖。按计划，由已被我军策反的原保密局人员郏子超介绍，海萍化装成从台湾派来的行动总队长，与特务接上了头。嗨，真不可小觑这伙匪徒。其幕后策划人是敌保密局上海潜伏站站长江涛，他自任纵队司令；副司令兼参谋长余松年及下属的行动队长杨忠路、支队司令何愚、陈汉杰等都是保密局骨干。

海萍通过秘密方式向瞿道文报告了敌情，瞿命令他继续隐蔽，务必挖出敌人的核心机密。时间一天天在流逝，海萍与敌人百般周旋。就这样侦控了一百多天，敌特歹毒的阴谋终于浮出水面了。他们丧心病狂地要炸毁沪宁线苏州至常州的重要桥梁，制造车覆人亡的惨剧；同时，再趁乱炸毁望亭发电厂、戚墅堰机车厂，使全路彻底瘫痪。万分火急，不能再拖延了。瞿道文立即报告陈老总和郭化若政委，紧急布置收网。初春的一个深夜，军警联合出动，犹如神剑出鞘，在市内和沪宁路沿线城镇将江涛等14名案犯一举拿获。除缴获3支手枪外，还查到一大批炸药、雷管等物。这伙顽敌在铁的证据面前不得不低下了头。

瞿老说，海萍打入敌人内部侦察破案时，就险遭毒手。敌第4支队司令陈汉杰阴险凶狠，他始终怀疑海萍的来历。他约好与海萍接头的地点，是郊区的一个小饭店。为了不引起更大的怀疑，海萍只能孤身前往。敌人却在周围布下了"钉子"。果然，两人在对话中发生障碍时，陈汉杰先下手为强，操起备好的利斧迎面向海萍劈去。海萍见势一个倒地躲闪,迅速掏枪逼住对方,陈扭头便跑。这时已布置好的我方人员全部赶到,陈汉杰用头撞墙自杀未死,终于被活捉。

英勇侦察员　为国忘生死

谈到这些往事,瞿老深情地说,为保卫新生的大上海的安全,有多少好同志冒着生命危险同敌人进行殊死的搏斗,特别是那些奉命打入敌人内部的,真可谓"英雄虎胆"。

继破获敌特阴谋炸毁沪宁线这一大案后,紧跟着又发现了"反共救国军江苏游击司令部"的踪迹。那是在1950年的"二六"轰炸前后,潜伏特务以为我们遭到了重大破坏,人心动荡,居然在浦东的东沟、东昌路、大团、南桥、周浦等一带暗中招兵买马。经和公安部门沟通研究,瞿道文命令侦察员刘效能、郏子超打入虎穴。刘效能是一位新四军老战士,长期做侦察工作,忠诚可靠。郏子超曾在敌军统息峰特训班受训,后来经策反成为中共地下工作者。郏子超趁机向敌人介绍,刘效能(当时冒名"李国强")是国民党中央军校第15期毕业生,愿意为反共复国效力。由于两人的巧妙配合,"李国强"被台湾保密局委任为"反共救国军江苏挺进纵队"联络参谋兼第3支队司令,郏子超为第4支队司令。

不久,有一个自称是"反共救国军"第2纵队参谋长的袁化南从舟山秘密潜来上海,他竟以中央军校第15期老同学的身份来和他们拉关系。他得意地说,他是从台湾直接委派来的,一旦事成,他也将成为一个"司令"。刘效能、郏子超立即向上级报告,瞿道文布置密捕袁化南。袁一受审,立即招供。于是由他带路,军警迅速出击,将敌纵队司令宰时以下50余名匪特全部抓获。当时他们正做着到舟山的海岛上建立据点、长期在海上"打游击"的美梦。

难忘陈老总 三留瞿道文

在那些令瞿老难忘的记忆里,陈老总对上海保卫治安工作的高度重视给他留下了深刻印象。尤其是陈老总直接坐镇上海的那段时光,几乎每个星期他都要在郭化若政委处,在听取驻沪各部队汇报的重要情况后,都要召瞿道文去汇报上海的治安情况。有时他还同瞿道文等一同分析敌情形势。他爽朗、亲切的音容笑貌,长久地留在瞿道文的心中。

瞿老说,为了保证军法处与兄弟部门共同承担的保卫大上海的重任,陈老总曾三次直接挽留他继续战斗在这一岗位。第一次是初入城,第三野战军政治部保卫部长调离,政治部主任钟期光和瞿道文很熟悉,在华中军区时是老战友,于是想调他去负责保卫部。调令已经到了警备区干部部。郭政委报告陈老总后,陈老总说:"现在军队的人员情况相对干净些,上海地方的情

申新九厂召开反匪特大会

况比较复杂，在国际上又有很大的影响。我看是不是另做考虑。"瞿道文当时很想到野战部队去带兵打仗，听了陈老总这番话只好作罢。

第二次是中央从军队高级干部中抽调一批人到外交战线工作。瞿道文当时年仅35岁，从红军时期就做政治保卫工作，文化基础尚可，能应付一定的场面，总政有关领导指名推荐他。结果汇报到陈老总那里，陈老总还是前面那番理由，另推荐了一位同志去。

第三次是总政治部保卫部要调瞿道文去担任重要职务。那边已经商定了，电报发到上海，郭政委感到不好办，又去找陈老总。陈老总说："你和北京讲一讲，瞿道文还要留一留，上海的保卫工作还需要他。如果需要的话，我直接和罗荣桓主任讲一下。"

瞿老边笑边说："陈老总三次留我，是对我的信任。作为一名老红军战士，还有什么可计较的？值得欣慰的是，我们没有辜负党和人民的期望。在解放的最初一年间，我们警备区保卫部门就侦破各类案件3 000余起，捕获特务、惯匪、流氓万余人，缴获枪支数千支，为上海的稳定、繁荣作出了贡献。作为一名老共产党员，说说当年那些往事，还是希望年轻人不要忘记今天的胜利是怎么得来的。"

解放上海的最后一战
—— 铁瑛将军谈取缔上海证券交易所始末

文 楚

在喜迎上海解放55周年的日子里,笔者在杭州西湖之滨、栖霞岭南麓的一幢小楼里,采访了原中共浙江省委书记、中国人民解放军原浙江省军区第一政委、88岁的老将军铁瑛同志。铁老在上海解放初期,担任由华东军区警卫旅改编的上海市警察总队(后又改编为市公安总队)副政委,亲自参加

上海人民举行"反对银元投机,保障人民生活"大游行

上海解放初期,铁瑛在大新公司(即中百一店)阳台上作报告

了取缔上海证券交易所的特殊战斗。往事悠悠,但铁老对那场特殊战斗的许多细节仍历历在目……

交易所兴风作浪

铁老回忆说,解放后的上海,百废待举,除了清剿残匪外,更重要的是压住经济阵脚,恢复生产,保障这个有着数百万人口的大城市的人民生活基本需求。为此,人民政府组织货源,从老解放区调集大批粮、油、煤、棉布及日杂用品,运用各种交通工具,源源不断运进上海市。不出我们所料,因为物价近乎神话地暴涨,给人民带来了无穷灾难。为了挖掉这颗毒瘤,稳定物价,人民政府实行币制改革:取消伪金圆券,发行人民币,并公布比价为1元人民币兑10万元伪金圆券。收兑工作很顺利,仅7天全市就完成了。上海金融形势初步得到控制。

但时隔不久,人民银行发出去的人民币却流了回来。在市场上,用人民币无法买到生活必需品,伪金圆券固然已成废纸,但是美钞、金条、"大头、小头、鹰洋"(各种成色的银元)等成了硬通货,成为市场交易的主要手段。

上海证券交易所大楼（汉口路422号）

人民政府千辛万苦组织运到上海的物资，却为大大小小的奸商所抢购、套购，进而囤积居奇。他们藐视人民政府的权威，不断地兴风作浪，不仅害苦了工人、店员、教师及广大市民，而且也威胁到民族工商业者的正常生产和经营。一度活跃的市场又变得死气沉沉。

铁瑛说："我还记得当时有一个统计数字：6月2日以后的一个礼拜里，一块银元从600元（人民币旧币）一下猛涨到1 800元；一两黄金从39 100元（人民币旧币）竟暴涨到11万元。"

"显而易见，旧上海那些金融霸头又在群魔乱舞，为非作歹了。而他们的魔窟就是位于汉口路、山西路上的赫赫有名的上海证券交易所，那幢有名的九层钢筋混凝土大厦——'上海证券大楼'。"

据说，当时这座大楼内已装有两千多部内线自动电话，还有对外的专设直线电话。在底楼，铺了绿地毯的"大市场"即交易所大厅内，每天从开盘到收盘，业务进出额达万两黄金之巨，控制了上海金融命脉。国民党曾扬言，经济上共产党将败在他们手中。

于是金融投机分子利令智昏，国民党潜伏特务推波助澜，使投机活动愈演愈烈。证券大楼的交易所大厅里每天照样人声鼎沸，成百上千的人在那里半公开地进行投机买卖,遥控市场;多如牛毛的银元贩子遍布大街小巷,蛊惑人心。一时间,上海滩人心惶惶,经济形势日趋严峻,一场决战已不可避免。

华东局下令取缔

怎么办?新生的人民政权态度明朗:对非法金融投机活动必须取缔!不过,我们的做法是"先礼后兵"。

首先,陈毅市长等领导同志接连发表讲话,《解放日报》也发表社论,严正指出:上海人民已当家作主了,我们有充足的物资,财力也十分雄厚。美钞、银元流通与投机倒把、抢购套购物资、囤积居奇等活动都是非法的,严重冲击了金融市场,危害工商业者正当生产与经营,严重影响市民生活。希望那些扰乱市场的人悬崖勒马,痛改前非。然而,警告收效甚微,银元投机势头未见丝毫减退。

取缔证券交易所、一举端掉银元贩子老巢的时刻到了。中共中央华东局领导听取了财经委员会主任曾山的情况汇报后,断然作出了这一决定。

"据说那次会议,刘伯承、邓小平两位首长也在场。"铁老说,"他们是率二野进军大西南之际,由南京来上海,转道沪杭、浙赣铁路时,向三野司令员陈毅等老战友辞行的。听了情况反映后,邓小平同志立刻表示应当'坚决取缔',全力支持华东局这一决策。"

华东局的这一决策,交由上海市军管会、市人民政府贯彻,市军管会和市府命令市警察总队具体执行。陈毅市长在作部署时说:"要把这次行动当作经济战线上的'淮海战役',不打则已,打就要一网打尽!"

一昼夜战果辉煌

铁瑛回忆说:"我警察总队是6月8日接到命令的。总队党委当即作了研究部署，并对部队进行动员教育。两天后，接收战斗开始。"

6月10日上午9时，警察总队参谋长王朋率150名干警组成的先头部队，进驻证券大楼，实行军事管制，封闭了大楼仅有的两个出口，即汉口路的南大门和九江路的北大门，禁止所有人员进出。

顿时，证券大楼内正在做着各种交易的一千多人乱成了一窝蜂。那些心怀鬼胎的投机商、经纪人惊恐万状，狼奔豕突，躲进这个房间，感到不行，又窜上一层，隐匿于另外一个房间，仍觉得不妥，伸出头来，窥视方向，妄图找个空子逃出去。他们有的把金条、金砖等硬通货塞进沙发肚、抽水马桶水箱、天花板夹层、壁炉，有的则悚悚呆立，魂灵出窍般的不知所措。

与此同时，市军管会组织了一大批工人、学生在证券大楼外面向围观的市民作宣传和解释工作，以稳定人心，维护社会治安和交通秩序。

接着，市军管会派出的一支由专业人员组成的检查队伍按计划赶到了。市警察总队的后续部队也分乘10辆卡车进入了证券大楼。他们逐个房间地对各投机商号进行登记，查封非法财物，一一清点入账。然后将他们集中到底楼交易所绿地毯大厅内。在接管同时，我工作队对大楼的工勤人员展开谈话活动，说明这次行动的目的；对一般经纪人则交代政策及打击的目标。做

在取缔证券交易所的战斗中被逮捕的金融罪犯

了一系列政策宣传工作后，大楼内的秩序稳定下来了，一般人员的对立情绪消除了。不少工勤员工还站到我们一边，揭发首恶分子，帮助我工作队追查非法财物。加上海地下组织提供的大量情报，使工作队对证券大楼内的投机商号、经纪人的违法活动情况，早已了如指掌。在行动前，市军管会已掌握了主要的投机商和经纪人名单，因此从一开始就能有的放矢地开展清理、甄别工作。

工作队仅用了一个通宵，就取得了赫赫战果，仅收缴的大、小金条，合计就有一千八百多两。

6月11日清晨，华东军政委员会公安部长兼上海市公安局长李士英进入证券大楼，主持接收事宜。前不久还是"开盘""收盘"喧嚣异常的"大市场"，如今却安静得出奇，楼内所有人员都被召集到绿地毯上，他们或垂头丧气，等候发落，或斜眼窥测，惴惴不安……李部长登上昔日的行情操纵台发表讲话。他详细阐述开展反击银元投机倒把斗争的重大意义，再一次表达了人民政府坚决打击破坏金融秩序、扰乱市场的首恶分子的决心，并具体交代了有关政策。下面千把人屏息静听。有些人揣度自己的命运，就像昔日在这块绿地毯上做"空头""多头"时那样的心惊肉跳，额头上沁出了汗珠。李部长最后一一点名，宣布将两百余名奸商包括"双皮老虎"（特务兼奸商）当场实行逮捕法办，全场震惊。武装警察押走这批人后，余下千余人员，经教育，宣布既往不咎，一概放行。一阵轻松的骚动后，人群渐渐走稀，不少人迈出大门时，还向解放军频频鞠躬，道谢告别。

证券大楼外的马路上，聚集着不少市民。除来接亲属的人外，人们无不拍手称快，称赞"共产党真有办法""人民政府真有威力"。

安人心渡过难关

一个多星期后，上海市警察总队司令部、政治部、后勤部进驻这幢大楼。在办公室的一些角落里，时常会意外地发现一些"条子""大头"及首饰等，捡到的同志都一律自觉交公。

铁瑛将军对笔者说，华东局英明决策，接收上海证券大楼，象征着我人民解放军攻占了旧上海的最后一个堡垒——经济堡垒，大上海因此完整地获得解放。体现这场特殊战役胜利结束的重要标志是，华东军区司令部颁布的公告《华东区金银管理暂行办法》和《解放日报》社论《彻底消灭投机活动》。前者，对工商市民保存的黄金、银元、美钞等，制定了合情合理的处理办法，重申禁止金银计价使用、流通和私下买卖，规定了处罚原则。后者，则表扬了接收部队的出色工作。

铁瑛将军感慨地说："困扰上海老百姓的货币投机活动，在国民党统治时期一直无法从根本上加以解决，就连蒋经国雷厉风行的'打老虎'，最后也是败阵而去，但在我人民解放军一个昼夜的战斗中——包括上海地下党长期在敌人堡垒中艰苦卓绝的工作——奇迹般的一举解决了。从此，人民币坚挺了。上海市经济形势日趋好转，并健康地向前发展。"

"说来这场战斗的意义实在深远，并不局限于当年。第二年发生了'二六'空袭，国民党飞机轰炸南市和闸北电厂、杨树浦发电厂，企图制造停电、停水、停滞交通来搅乱上海社会秩序，但上海人民在共产党和人民政府的领导、指挥下，人心安定，群情振奋，渡过了一个又一个难关。这难道不就是我们解放上海后有效地控制了金融局势所得到的回报吗？"

最后，笔者随意谈起今天的上海股市。铁老笑着说，四十多年后邓小平同志决策恢复中国证券股市业，上海成为中心之一，那是中国特色社会主义发展的客观规律所决定的，也是邓小平经济理论的一个重要组成部分。

1949：中国银行接管纪事

宗 泉

1949年5月28日，阳光明媚。军代表龚饮冰、冀朝鼎手持陈毅、粟裕亲自签发的命令，率队来到外滩接管中国银行。大门口早就聚满欢迎的人群。一些老行员看见身穿解放军军装的龚饮冰、冀朝鼎时不禁惊诧万分：龚饮冰，他不是外滩的建业银行总经理吗？冀朝鼎，他不是国民政府外汇管理委员会主任、政府平准基金会秘书长、中央银行原经济研究处处长吗？原来他们是共产党。共产党真厉害！

当时敌对势力曾叫嚣，共产党能打下上海，但管理不了上海。他们低估了人民群众的力量，低估了广大银行员工的觉悟，也低估了接管干部的工作能力。实际上，中共中央早就选拔了一大批优秀的干部，特别是专业干部，从事接管工作。如出任中国银行总经理的龚饮冰，1923年入党，1927年就担任我党中央的主任会计，后来长年从事地下工作。根据党

1949年5月28日，军代表龚饮冰（左一）、冀朝鼎（左二）率队进驻中国银行时，受到行员们的热烈欢迎

的指示，1943年他在重庆参股四川实业家范旭东创办的建业银行，任常务董事，后任总经理，以便于掩护和资助党的地下斗争，是党的一流金融人才。1946年他设法将设在重庆的总行迁到上海，并任总经理，增强地下工作的力度。著名电影《永不消逝的电波》中的李侠的原型之一李白，就是龚饮冰所领导的三个地下电台报务员之一。1948年赴港后，他于年底随护著名民主人士、国民党革命委员会主席李济深等乘船秘密北上，商议建国大计。1949年初，龚饮冰随军南下，进入上海，领导接管中国银行的重要工作。

任中国银行第一副总经理的冀朝鼎，更是充满传奇色彩。他早年参加五四运动，后留美深造，获法学博士和经济学博士学位，曾任上海著名的圣约翰大学和暨南大学的兼职教授。1927年在苏联加入中国共产党。1929年，经周恩来批准，随同其父亲远赴美国，为长期深入敌营作准备。果然，1941年回国后，他以留美经济专家的身份，成功打入国民政府金融系统的高层，担任国民政府外汇管理委员会主任等多个要职，被外界认为是孔祥熙的得力干将。1944年7月，孔祥熙率团出席著名的布雷顿森林会议，冀朝鼎是秘书长，可见其潜伏之深。1948年他应傅作义邀请，到北平任职，参与和平解放北平。

有中央的英明决策，有这样杰出的干将俊才，中国银行的接管工作自然是掌控自如，胜券在握了。

龚饮冰、冀朝鼎一上任就显示出银行家的稳健和革命家的决断。5月29日，进驻的第二天，他们就在中国银行四楼大饭厅召开职工大会。可容纳三四百人的饭厅，坐满了职员、中高级经理和从未坐在一起开会的劳工，虽然人人面带笑容，但各自心态迥然不同。龚饮冰首先朗声宣读了由陈毅、粟裕签发的接管命令，尽管大家都知道命令的内容，但会场里依然一片肃静，都生怕漏听一个字，因为这毕竟是关系到每个人命运的大事。接着，冀朝鼎讲解了接管政策。他首先诚恳地说："对本行同人在近数月来保全行内人民财产企业机构之努力，表示充分感谢。"会场气氛一下子轻松了。他宣讲了九条政策,特别强调了"自上而下,按照系统,原封不动,整套接收"的接管政策。这十六个字,犹如定海神针,迅速稳定了全行人心。面对改朝换代的大变革,原来还有些惴惴不安的中高级职员,也放下了多日的疑虑,积极地与全行员工一起,夜以继日地投入资产账册的编制交接和繁重的复业准备中。最紧急的一项任务就是回笼金圆券。当时,金圆券已贬值到连手纸都不如,上海一解放就停止流通,所以要尽快限期收回,以减轻老百姓的损失,并抢运到敌占区购买物资。中国银行员工响应军管会的号召,全行动员,开展竞赛,收兑旧币,总数为全市各银行之冠。

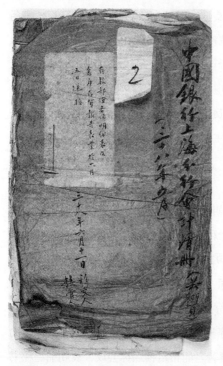

1949年中国银行接管账册

6月3日,华东局向党中央报告了有关接管中国银行的"六条方针"。

同日,华东区《外汇管理暂行办法》颁布。

6月4日,中央迅即批复华东局的报告:完全同意。

同日,华东局第一书记邓小平召集会议,传达中央决定,宣布中国银行原封复业,尽快恢复营业。

同日,陈毅、粟裕、饶漱石、谭震林联署命令,任命龚饮冰为中国银行总经理,冀朝鼎等为副总经理。

6月6日,仅过了短短十天,中国银行总行和上海分行率先宣布复业,大受市民欢迎,人心大稳。

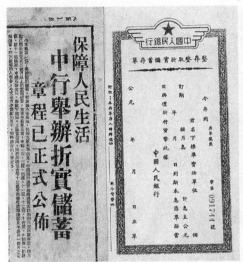

解放初期实行的保值储蓄存单样张和宣传报道　　陈毅、粟裕联署命令实施《中国银行上海外汇交易所规程》

要知道上海是当年全国的金融中心，中国银行的成功接管和迅速复业，意义非凡。从此，中国银行乃至上海银行界在军管会、人民银行的领导下，以极大的热忱投入到发行人民币、推行保值的"折实储蓄"等工作中去。

6月8日，陈毅、粟裕又联署军管会布告，严禁外币市场流通，公布《中国银行上海外汇交易所规程》。中国银行担负起收兑外币和银元的重任，银行门口很快排起了兑换的长队，打击了投机倒把，稳定了金融市场。与此同时，中国银行在汇价极不稳定的第一年，一改旧银行为转嫁汇率风险而采取的、侨汇还在途中就折成金圆券的掠夺性做法，实行一律原币汇交眷属，使其不受损失，保护了百姓利益，得到了人民群众的拥护和支持。

似乎是苍天有心考验，新中国成立才一年，就遇上帝国主义发动侵朝战争。以美国为首的帝国主义集团，对我国实行全面禁运、封锁、冻结政策，参与国家达45个，禁运货物达一万多种，连牙膏都在禁运之列，企图扼杀新中国于摇篮之中；又因国民党撤退时从上海三次劫运黄金277.4万两，银元1420万元，把金库扫荡一空，国内外汇奇缺，物资紧张，外贸萎缩。尽

解放初期,上海市民在中国银行门前排队等候将外币换成人民币

快恢复经济,巩固政权,成为当时的第一要务。中国银行以外汇外贸专业银行的特殊优势,全力以赴投入到反禁运反封锁反冻结的斗争中去。如以开创性的做法,在上海等地设立银贸合作的"易货交易所",令人击节。你不是采取冻结外汇账户的办法来封锁我国进出口贸易吗,我就采取最原始的物物交换来突围,采用对开信用证等方式,由中国银行为双方记账清算,减少外汇交易。在当年极端困难的情况下,这种"土办法"解决的国家急需物资的进口,竟达总进出口量的五分之一以上,打破了帝国主义对我国的禁运和封锁。

妓女大收容目击记

商一仁

解放前的上海，十里洋场，无奇不有，旧称四马路的福州路及其附近一带，更为集中而突出。这里文明与野蛮交织，光明与堕落并存。鳞次栉比的书店和各类文具商店，受到知识界的青睐，因而有"文化街"的美称。但是，就在同一条马路的另一头，即邻近西藏路一带，空气混浊，情况就大不相同。这里妓女暗娼麇集，人肉市场充斥。这一藏垢纳污的地方，曾吞噬过许多妇女的青春和生命，出现过许多令人作呕的勾当。虽然，旧上海娼妓各地区都有，但比起"四马路野鸡"来，"名气"就要差多了。

那天，我又去福州路上海书店，穿过原来是跑马厅的人民广场，过西藏路天桥，踏上福州路约百步，眼前就出现了过去著名的烟花巷——妓院林立的会乐里。历史的铁扫帚早已扫除了这里的垢秽，"会乐里"三个字也消失了，现在，这条里弄整洁光亮，干干净净。它和时代同步前进了。

大上海的"扫黄活动"

1951年，我的记者生涯开始不久，曾有幸参加过一次具有历史意义的采访活动，那就是1951年11月25日的全市第一次妓女大收容。用今天的话来说，这是大规模的"扫黄行动"，但这比西方的所谓"扫黄行动"干净、彻底。

那天早晨，我们得到命令，要各报记者晚上到老闸公安分局（即现在的黄浦分局）集中，说是有一场特殊的战斗，要记者前去采访。我在新闻日报社吃完晚饭就出发了。那时正值深秋，走在路上，冷飕飕的，晚风把人行道树上的叶子一片片吹落下来，朦胧的路灯下，行人疏疏落落。我一边走，一边捉摸"特殊战斗"的含义。走进老闸分局，《解放日报》《文汇报》《新民报·晚刊》的记者已经在场。局里的气氛与平时大不相同，肃穆中透着一丝神秘。后来才知道，这次"革命行动"的对象既不是反革命分子，也不是为非作歹的奸商，而是操皮肉生涯的妓女。快近午夜时，外面忽然喧闹起来，接着传来一阵又哭又叫的声音。只见便衣干警挟着一个个涂脂抹粉的妇女进来了。

这是一场别出心裁的"战斗"。看不到硝烟迷漫，听不见子弹呼啸。战场就在大上海的闹市，战士由数百名公安干警和民政局的同志组成，他们脱去制服，换上便装，披着沉沉的夜色，带着特殊使命，分散于南京路、福州路、大世界、先施乐园、西藏路一带。到了目的地后，他们故意左顾右盼，走走停停，装出若有所待的样子，吸引目标主动上钩。这一带是暗娼出入的地方，她们像平常一样正在这里物色"猎物"。这次她们可犯了错误，把干警当成狎客，中了锦囊妙计。白白的手伸过来了，装腔作势的媚眼抛过来了，惯用的伎俩施展出来了，早有准备的便衣战士以迅雷不及掩耳的动作，一把收紧胳肢窝，"锁"住了"野鸡"们的"翅膀"。这一下真是"出其不意、攻其不备"，"野鸡"明知上当，要脱手已是万难。就这样，硬拖硬拉，将她们带进了分局。

上海的公娼固然很多，但都登记在案。取缔起来，按图索骥，比较容易解决问题，而对那些数目众多、昼伏夜出、居无定处的暗娼，却要困难得多。于是出现了上面所说的乔装打扮一幕。

被押送进来的暗娼，各种表情都有，更多的是惊慌失措。哭啊，叫啊，颠啊，骂啊，形形色色，不一而足。她们被这一突如其来的行动弄蒙了，又不了解政策，只知道用粗野的方法来宣泄内心的不安。

忽然，人群中有人高呼："姐妹们，哭！"好像一下子拧开了自来水龙头，"哗啦哗啦"的"女高音"直冲夜空。原来是个别"独唱"，现在变成了"大合唱"。哭完就破口骂娘。那些从涂满口红的嘴巴中喷吐出来的下流话，实在不堪入耳。她们恐惧与不安交织，一心想往外逃，逃到自己走惯了的老路上去。

一个头发像瀑布般泻在脑后的年轻妇女,不知是真是假,哭得尤其伤心:"我的孩子睡了,等我回去喂奶,放我走吧!我是'难板'(偶然)一次!"这个私娼原来是个"半开门"户头(指家有丈夫孩子,为生活所迫出来卖淫者)。

面对着这一群灵魂被扭曲的女同胞,我始而惊愕,继而感到难受,万物之灵的人啊,怎么会沦落到这个地步?

公安局和民政局的同志以极大的耐心对待这一批被侮辱、被伤害的姐妹。热茶送来了,点心买来了,温情打消了不安,诚恳战胜了狂暴。情绪稳定下来之后,思想教育工作接着开始:"姐妹们,我们人民政府是为了帮助你们脱离苦海,重新做人……"干警们语重心长,姐妹们聚精会神,听得真切。

忽然,其中一位眉毛描得细细,长着一对丹凤眼的姐妹,"通"的一声跳上凳子,激动地说:"姐妹们,我们过的是啥日子啊,我们受的苦没有人知道。现在解放了,共产党救我们跳出火坑,还要给我们治病,教我们本领,给我们工做,这有啥不好?姐妹们,大家好好想想啊!"她讲完话,下面响起了几声稀落的掌声。

这位姐妹姓王,不过20岁,她是镇江人,为生活所迫,被人骗到上海来,已经在"地狱"里挣扎了三年。她经常以泪洗面,自叹命苦,希望有一天,老天开眼,帮她离开这个鬼地方,如今如愿以偿,当然分外激动。

这一夜,上海共收容了近千名暗娼,除游荡在街头巷尾的"野鸡"外,还有部分是在溜冰场、咖啡馆、游乐场、旅馆搞淫乱活动时捕获的。那时,变相卖淫花头很多,女招待、按摩女、向导女、舞女等,明的暗的,为数不少。

第二天傍晚,我们几个记者,为了了解妓院和曾在这里生活过的妓女的情况,特地相约去会乐里。我们怀着好奇心,第一次跨进了妓院。这里已人去楼空,仅留着几个工作人员照看。门前的封条是刚贴上去的,妓女已被收容,妓院老板、老鸨等根据罪行大小,捉的捉,关的关,遣散的遣散,已一个不剩。踏进房内,空空如也,妓女的衣物已被取走,留着的,只有桌椅板凳了。走进这一肮脏的地方，我们坐也不是，站也不是，浑身感到不自在，仿佛空气中仍有一种看不见的霉菌在浮动。

接着，我们又走访了一个暗娼的家。那是在一条曲曲弯弯的小弄堂的阁楼上。楼梯狭小，只能只身通过，房间不过七八平方米，除了一张床和两只凳子外，别无他物。

陈毅市长亲自决策

共产党要改造旧世界，必然不能容忍娼妓制度这一丑恶现象的存在。但上海解放初，形势十分严峻，大批工厂倒闭停工，大量工人失业在家，加上美帝封锁，敌机轰炸，特务破坏，物价飞腾，困难一大堆。政府把主要力量用于政治、经济的基本改造，消灭帝国主义、封建主义、官僚资本主义的残余势力，对于罪恶的娼妓制度并没有立即加以取缔。一直到1951年11月25日才明文下令禁娼——封闭妓院、收容妓女，严惩作恶多端的妓院老板及老鸨。

在这次妓女大收容之前，对如何割除这个脓包、消灭野蛮的娼妓制度，有关方面早就进行过周密的调查研究了。确切地说，早在解放军雄赳赳地开进大上海之前，即1949年5月初，上海市军事管制委员会和市人民政府的领

上海市公安局查封残存妓院

导机构在江苏丹阳组成之时，已着眼于解决这一问题了。对上海的娼妓问题，曾进行过多次讨论。同志们普遍对这一最残酷、最野蛮的制度感到厌恶，对妓女的悲惨生活，寄以深切的同情。因此有的同志主张上海一解放就明令禁娼，一天也不能容忍它的存在；更多的同志考虑到当时的实际，认为不宜意气用事，操之过急。因为我们没有足够的医疗条件为她们医治性病，也缺乏专项经费安置她们就业。一旦取缔，只能使她们流离失所，走上暗中卖淫的道路，这会导致更惨的悲剧。陈毅综合了大家的意见，最后决定："刚进城不能马上解决妓女问题。"又说："只好让她们再吃几天苦了，不过，一定得尽快解决。"

上海解放三个月后，市公安局颁布了《管理妓女、妓院十四条》，勒令妓院老板严格执行，凡有违犯，严惩不贷。在这之前，报纸也造了舆论，赞成妓女脱离卖淫生涯，协助她们逃出苦海；反对妓院老板为非作歹，鱼肉妓女等。

禁令发布之后，政府又打击了一批作恶多端的妓院老板和违反规定的妓女，许多操此营生的人，感到"这碗饭吃不下去了"。尤其看到北京、天津雷厉风行取缔妓院，更感到心惊胆颤。正是由于形势逼人，妓院自动关闭了不少；一些高级妓院，即所谓"长三堂子"，关闭停业的尤多。这类妓院，过去车水马龙，狎客中多为大官僚、大军阀、大流氓、大商人。这些狎客，随着解放军的隆隆炮声，早已逃之夭夭；来不及逃的，也多销声匿迹，不敢再抛头露面。"长三堂子"的靠山倒了，财源枯竭，本已失去了存在的基础。

继颁布"十四条"之后，同年11月，有四百多名流浪街头的妇女，其中大多是私娼和乞丐，被妇女教养所收容，其中染有吸毒恶习的、患有各种性病的为数不少。

到1951年11月上旬，各方条件比较成熟了，人民政府在禁娼问题上，又采取了进一步的措施。先是由市公安局治安行政处召集全市残存的数十家妓院老板训话，通知他们立即停止营业，并规定在停业后，必须做到三点：第一，替妓女治好性病；第二，照顾妓女生活；第三，安排好妓女出路。妓院老板当面唯唯诺诺，背后却对妓女暗施淫威，还散布谣言，恐吓、威胁准备迎接新生的姐妹。妓女有了人民政府撑腰，胆子大起来了。群玉坊就有十姐妹联名投书人民政府,控告老板。梅龙镇、夜都会等妓院的妓女,还自己组织起来,举行"迎接新生活"座谈会。她们僵冷的心开始复苏,开始觉醒了。

1951年11月23日上海市人民政府接受市各界人民代表会议、市政协关于彻底粉碎娼妓制度及封闭妓院解放妓女的建议。会上,公安局长扬帆、民政局长曹漫之分别作了取缔计划及教养办法的报告。当时任市政协副主席的潘汉年,铿锵有声地指出:取缔妓女,首先必须打击那些拐骗人口、逼良为娼的幕后操纵的恶霸流氓分子。

如同一声春雷,千年冰河开了冻。两天以后,七十多家残存妓院纷纷贴上了封条,妓女被收容,老鸨根据罪行轻重,得到了应有的惩处。

妓女们走向新生活

脱离苦海的姐妹们来到了通州路上的妇女劳动教养所,进入了一个新天地。工作人员笑容可掬,把这些受人欺凌的姐妹当作自己的亲姐妹,用自己的诚意与温情,抚平她们心上的伤痕,使她们树立自信,恢复人的尊严。

妇女教养所的学员经过学习提高思想认识后,由家属陪同离所回家,参加生产

生活上的安排是周到的：双层床、新被褥、新毛巾、新面盆，还有图书馆、文娱室、医务室以及拥有数十张床位的病房。带着创伤的姐妹们，开始过上了集体化的有规律的生活，对个别有乳婴，需亲自喂奶的姐妹，还协助她们把孩子带进所来。

姐妹中许多是带病进来的，患有性病的百分比高得吓人。根据来自上海性病中心防治所的报告，五百多人中，患有各类性病的人数，竟高达二分之一以上。市卫生局调了十多位经验丰富的医生来为她们治病。医治这种毛病需要"盘尼西林"，可是当时我国自己不会生产，进口也有困难，因为美帝国主义正对中国实行封锁。这种贵重的药物到何处去想办法呢？

消息传到了陈毅市长那里。陈市长提起笔来，命令解放军某部把计划供应部队使用的"盘尼西林"集中起来，先给上海妇女劳动教养所使用。

对妓女的改造，人民政府坚持做到三条，除上面提到的为她们治病外，接下来就是帮她们学习劳动技术，安置她们走上工作岗位，彻底与腐朽的寄生生活决断，可是这也并不容易。当时经费相当缺乏，上海这个花花世界也并不利于她们的彻底改造。

正好，联合国救济总署有一批救济物资留下来，就拿它派用场罢！不久，苏北、皖南地区，以及新疆、甘肃等省区相继办起了工厂，建起了农场。姐妹们的就业问题才迎刃而解。

在上海，安置这些姐妹们就业同样得到了各阶层的支持，上海有一家鸿兴织造厂，劳资双方一商量，就捐给妇女教养所300台手摇织袜机，并派人来教养所，担任义务技术培训。

当时《婚姻法》刚刚颁布，被压迫的妇女已经走上新生的道路，应该同样受到《婚姻法》的保护，享受正常人能享受的幸福生活。因此，支持她们或者帮助她们找对象，使她们结婚成家，也是大事一桩。当时规定，姐妹们有家可归的，送她们回去自己找对象；已有对象的，帮助她们完婚；对于那些无家可归、无偶可配的，则组织她们学习生产技能，助其新生。在教养所的帮助下，许多家庭得以团聚，重享天伦之乐。

姐妹们控诉"鬼见愁"

20世纪50年代初,著名演员石挥主演电影《姐姐妹妹站起来》。这是一部暴露妓院制度罪恶的电影,石挥扮演妓院老板"鬼见愁",轰动一时。上海妓女大收容以后,受尽苦难的姐妹们获得了新生,纷纷要求向迫害她们的"鬼见愁"讨还血债。妇女劳动教养所满足了她们的要求。

一天,武装民警押着几个罪恶累累的妓院老板,来到了妇女劳动教养所。在那些过去听其宰割、任其蹂躏的姐妹中,顿时掀起了一场血泪控诉的风暴。

一位面无血色、骨瘦如柴的妇女,患了严重性病,挣扎着走上讲坛,只听她以微弱的声音,断断续续地说了两句:"我被老板买进又卖出,我比狗还苦。"接着就泣不成声。

妇女劳动教养所的妇女们一个个都有一本血泪史。在妓院老板的淫威下,她们每天接客十个八个不算多,有病也要接,接不到,皮鞭、藤条相继抽来。一位妇女说:"我染上性病,得了梅毒,老板说:'来,我给你治疗!'他一手拿起烧红的铁条,一手拿起剪刀,就在我下身动起'手术'来,痛得

控诉妓院老板罪行

我昏死过去……"

女性和母爱几乎是与生俱来的,但成了妓女,就被剥夺了做母亲的权利。一位妇女控诉:"有一次我怀孕了,老板强行替我用土法打胎,结果大出血,差一点送命。我们不幸生而为女人,更不幸沦落为妓女,生儿育女不可能。为了防止受孕,一早起来吃明矾、吞蝌蚪,弄得浑身是病。"

妓院老板、老鸨狼狈为奸,血债累累,制造了多少人间惨剧!

根据检举揭发调查核实,114名罪大恶极的妓院老板、老鸨由政府逮捕法办,214名被送去强制劳动改造。少数不杀不足以平民愤的,则依法处决。当消息传到教养所时,姐妹们一片欢腾。

丑恶的"东方花都"

1931年,据公共租界工部局统计,租界中各类妓女竟有十万之众。这是一个多么惊人的数字。1949年1月,据统计,仅登记在案的妓院,就有八百多家,公娼四千多人,实际上靠卖淫为生的,有三万人左右。国民政府甚至把"花捐"作为主要税源之一。

上海解放初期,人民政府果断地取缔万恶的娼妓制度,引起了国际社会的关注。一位美国学者说:像上海这样解决娼妓问题,全世界并无先例。这倒是事实。当时,妇女劳动教养所收容的七千五百多名妓女和各种变相卖淫者,经过几年的教育,绝大多数都成了自食其力的新人。今天,她们中的许多人已经儿孙满堂,享受人间快乐。但在当年,为了改造她们的灵魂,政府和社会是作出了多么艰巨的努力啊!

(本文部分材料由周哲、贺宛男同志提供,在此表示感谢)

陈毅批准枪决的军代表

王 岚

1949年8月15日，刚刚解放才两个多月的上海，就像一个新生的婴儿，在薄雾弥漫的清晨，啼出了稚嫩而嘹亮的一声。"卖报！卖报！快看今天的《解放日报》！""快来买报，接管军代表欧震知法犯法被处死刑！"太阳刚露了个头，报童们活泼的身影就蹦跳着向四下里散开去了。

"军代表被处死，究竟犯了什么弥天大罪呀？"确实，这个欧震，既不是隐姓埋名的国民党匪特，也不是扰乱社会秩序的地痞流氓，他确实是曾经佩戴着上海军管会臂章、参与接管工作的军代表。捧着报纸，善良的人们都震惊了。

蒋军妻妾度日正惶惶

在上海的一条僻静的石库门弄堂里，有一个女人此刻心潮难平。她20岁出头年纪，眉清目秀，细皮白肉，匀称苗条的身段特别诱人。虽是早晨，却穿戴得一丝不苟，淡青色的绸缎旗袍，襟前挽着一方白帕，头发也梳理得妥妥帖帖。她坐在窗前，手里拿着报纸，眼睛死死地盯住"知法犯法，罪在不赦""玷辱军纪，破坏纪律，欧震被处死刑"的大幅标题。

"阿姐，吃早饭啦！"随着一声清脆的叫声，从客堂间走来一个年纪略小的姑娘，只见她身着花布单衫，梳着两根又粗又黑的大辫子，双手端着一个小锅，里面盛着甜甜的豆浆，左手上还挽着一只精致的篾竹小篮，上面放着两根炸得香脆的油条。她把手上的东西小心翼翼地放到桌上，一边拿毛巾擦手一边说："阿姐你知道吗？街上的人都在说欧震被枪毙了，不知道是不是真的？"她顺手拿了把蒲扇，走到阿姐背后，见阿姐手上的报纸被泪水濡湿了一大片，忙伏下身子歪着头看阿姐的脸色，"阿姐，难道是真的？这个乘人之危的坏蛋，终于遭到报应了，活该！"那个被称作阿姐的女人慢慢站起来，从襟间抽出手帕，轻轻拭了拭面颊，幽幽地说："一切都过去了，再也不要提他。"

这两位年轻女子其实不是亲姐妹，她们是国民党空军司令部第21台台长毕晓辉的妻妾。两人年龄相仿，身世也差不多，平日感情较好，故以姐妹相称。毕晓辉解放初随蒋军南逃，家中留下这一妻一妾相依为命。本来，家里还有一些钱，生活暂时没有问题。可是不久，她们平静的生活被打破了。

6月8日那天早上，整条弄堂里静悄悄的，有工作的人都上班了，没工作的家庭妇女们也都到居委会学习去了。她们坐在客堂间里一边剥着毛豆，一边有一搭没一搭地说着闲话，说到伤心处忍不住为各自的前途暗暗垂泪。男人撇下她们跟着国民党部队逃走了，还不知道猴年马月才能回来，今后的日子怎么过呢？毕晓辉的妻子朱氏更是心中难过：如今是共产党的天下，自己是反革命军官的妻子，不知共产党将会怎么对待自己……

正想着时，门被敲响了。朱氏回过神来，忍不住心中发慌：这种时候，会有谁上自家的门哪？亲戚邻居躲都来不及，难道是政府的人？朱氏用手按了按心窝，那心跳得就像汪洋中的小舢板，七上八下得厉害。小妾艳红心里也怕，她看看屋门，看看同样不安的朱氏，声音颤颤地问道："阿姐，要不要去开门啊？"

朱氏毕竟是见过一点世面的人，她站起身来走到水龙头边洗了洗手，整了整衣服，边向里间走边对艳红说："去开门，反正是祸也躲不过。"

上门搜查偶遇美娇娘

朱氏没有猜错，来的正是上海公安局的办案人员，他们是来查找毕晓辉藏匿在家中的武器的。其中一个相貌英俊的年轻人就是欧震。

欧震时年25岁，一身制服，两眼有神，举止间颇见干练。他一进门，朱氏就注意到了他，而欧震的眼睛在屋内快速扫视一周后，也不由自主地落到了朱氏的身上。欧震是江苏萧县龙城镇人，年纪虽然不大，但经历却很丰富。他先在国民党军202师1旅2团1营2连当上等兵，在浙江省台州当过保安队排长，在江苏省南汇县警察局当过警察，后又在蒋军部队当过连长并加入三民主义青年团。1948年12月，在淮海战役的战场上，他被人民解放军俘虏，经教育后释放。但他不甘心回乡当农民，而想凭着自己年轻和聪明，混出一点人样来。就在他东奔西跑寻求出路时，恰逢山东省人民政府济南警官学校招生，他跑去报考并幸运地被录取。从欧震进入济南警官学校的那一天起，他的命运无意中发生了根本性的转折，不知不觉地成了革命队伍中的一员。

从此，欧震随着南下大军，渡过长江，解放上海，接受了革命斗争的洗礼。当上海人民扭着秧歌迎接解放军进城的时候，他也无例外地享受了被欢迎的殊荣。进城后，他成了上海市公安局榆林分局的接收干部。当他穿着中国人民解放军军装，戴着上海军管会的臂章，昂首挺胸走在上海的马路上，迎着人们向他投来的敬慕的目光时，他陶醉了。他感谢命运之神对他的恩宠，竟然让他这样一个曾经是阶下囚的小人物，忽地变成了一个胜利的革命者。

此刻，欧震就是以一个胜利者的身份，居高临下威风八面地站在瑟瑟发抖的国民党军官的妻妾面前。"还有什么没有交代的吗？"望着眼前面容姣好、体态婀娜的漂亮女人，这个来自老区的欧震不禁为之目眩。他突然萌发了一个罪恶的念头：一定要把她搞到手。

公安局办案人员在毕家查获了武器之后，考虑到毕晓辉的妻妾年轻无知，态度较好，所以对她们作了宽大处理，不予拘捕，此案便就此了结。可是，欧震在见了年轻而又丰腴白皙的朱氏之后，一整天都恍恍惚惚，像掉了魂似的，朱氏的身影总在眼前晃来晃去。这晚正好轮到他外出执行任务。此时，他早已忘了自己的任务，军管会的纪律也被抛到了爪哇国，他的双脚不由自主地迈进了毕家。

色迷心窍伸出贪婪手

连晚饭也没有吃，惊魂未定的朱氏，见军管会的人再次上门，又惊又怕，不知如何是好，连忙起身让座，端茶递烟。"你很不老实，没有把问题彻底交代清楚。"欧震往沙发上一坐，接过朱氏点燃的香烟，大模大样地跷起了二郎腿。见朱氏不作声，又说："要不是我可怜你，为你疏通，早就把你抓起来了。不过——事情并没有完，以后怎么样，还很难说。你是聪明人，不会不知道怎么办吧？"

朱氏毕竟跟着毕晓辉当了一段时间的官太太，多少也算是场面中人，敲诈勒索的事没见过也听说过。其实她早已听出了欧震的弦外之音，为了应付眼前尴尬的局面，一转身从写字台抽屉里摸出四枚银元，双手递给欧震："只要你肯帮忙，以后我一定设法重重谢你。"

欧震接过银元，在手中掂了掂，笑着摇了一下头。其实，他并不是来要钱的。眼前这女人换了月白色的小褂子，头发松松地披散开来，或许是由于心情紧张，脸色苍白得让人心醉，和白天相比，在微黄的灯光下越加显得楚楚动人。他意味深长地看了朱氏一眼，装出一副漫不经心的样子，把银元放入了口袋。

朱氏以为可以把他打发走了，谁知道欧震拉过一把椅子，干脆坐到了她的身边，双眼不安分地把她浑身上下看了个遍。终于，他厚着脸皮说出了真话："你知道我是军管会的干部，如果你肯跟我，什么事情不好办哪？"

朱氏满脸通红。她虽年轻却是个过来人，如何会看不出欧震对她的贪婪之情呢？她对着他莞尔一笑，侧过身拿起桌上的苹果，拿了刀慢慢地削皮，心里却似一团乱麻。其实从第一眼看到这个男人起，朱氏就预感到会出什么事，只是没想到来得这么快，这么突然，让她来不及做什么打算。难道自己的命运真的和眼前的这个人有关联吗？这个人是自己的救星还是灾星呢？她

285

把削了皮的苹果递给欧震,眼角一瞟,凭着女人的敏感,知道自己是躲不过这男人的手掌心了,拿苹果的手不觉微微颤抖起来……

欧震端起茶杯喝了口茶。他本是个机灵人儿,察言观色,见朱氏心里有点活动,更加胆大,一把握住她递苹果的手说:"你放心,我决不会亏待你的。"

朱氏的眼睛红红的,想到自己的男人归来无期,今后生活无依无靠,而眼前这个年轻风流的男人至少是当权的军代表,他看上自己,大概也是自己的福气吧。不如答应了这个男人,至少他可以保护自己,反正自己还有些钱,只要他真的对我好,也不枉虚度了此生。

朱氏抬起头,望定了欧震,嘴唇动了动,似有话要说。但欧震早已等得不耐烦了,他一把将朱氏拉坐到膝盖上,拥住她就迫不及待地把嘴凑了上去。朱氏扭捏抵抗了一会儿,迫于欧震的淫威,终于答应了这个闯上门来的军代表的无耻要求。欧震喜不自禁,随即把她带到外面,找了个僻静去处过了一夜。

从此,欧震便欲罢不能,常常找借口往毕家跑,俨然成了毕家座上客。为了达到与朱氏长期同居的目的,他偷偷地通过榆林分局一个留用旧警,在外面找了一间房子,对同事谎称乡下的未婚妻来了,和朱氏堂而皇之地过起了夫妻生活。

四块银元泄露风流案

也许是过于容易地将一个女人搞到了手,欧震有点得意忘形。这天下午,办公室里就他一个人,他心不在焉地草草做完了事,闲得无聊,忍不住从抽屉里摸出了朱氏送他的那四枚银元。他把银元放到鼻子边嗅了嗅,又放在嘴边重重地吹了口气,然后眯起眼睛放到耳朵边仔细听,嘴里还轻松地哼着小调,心儿快乐得像要飞起来一样。不知过了多久,走廊里传来了"咚咚"的脚步声,外出执行任务的同事们陆续回来了。他抬起手腕看看表,快要下班了，又能见到朱氏这个妙人儿喽……

就在欧震将银元放回办公室抽屉的一刹那间，门被推开了。跨进门来的老刘突见一道白光，他警觉地侧过头，恰巧一眼瞥见了那几枚银元。解放初期的上海，生活条件还很艰苦，对享受供给制的我军将士和政府工作人员来说，银元是十分稀罕的东西。欧震怎么会有银元？他老家是贫农，又没听说过有富亲戚。一个不祥的念头忽地闪过老刘的脑海：难道是受贿或者贪污？

老刘是公安战线上的一名久经沙场的老兵。他不动声色地看了欧震一眼，一边和欧震打着哈哈，一边留意着他的反应："怎么，未婚妻来了，也不带来让我们认识认识？什么时候请大家吃喜糖啊，大伙儿都等不及了呀！"老刘脱下制服，用一块干毛巾擦了擦身子，换上便装，边扣纽扣边朝着欧震故意说笑。

欧震快速地把抽屉上了锁，有点掩饰地说："刚刚解放，大家生活都很艰苦，还那么多讲究干什么。乡下姑娘，见不了大世面，叫她出来也不肯……"一面说一面从墙上取下外套，脸上显出一副无可奈何的模样。

"老弟啊，这可是人生一大喜事，咱们是老同事了，经济上有什么困难，言语一声，不要不好意思，啊？"老刘边说边远远地审视着他。俗话说，若要人不知，除非己莫为。老刘发现，尽管欧震表面平静如常，但他拿衣服的手还是不自觉地停顿了一下，脸上似乎也变了颜色。

"嗨，这是小事嘛，哪里用得着麻烦大家？我年纪还轻，还是先考虑立业吧！"此时，下班的铃声响了，欧震朝老刘笑笑，摆摆手走了出去。

老刘望着他的背影，不禁皱起了眉头。虽说欧震是从农村出来的，可以前从没听他说起过在老家有未婚妻啊。本来单身一人在上海，下班后经常留在办公室，食堂里吃完饭还要回来看看书读读报，可是现在一到下班铃响，就没了这小子的人影。要是正正经经从乡下带来了未婚妻，也不怕被人撞见嘛，何必搞得云遮雾绕、神秘兮兮的？这小子心里面肯定有鬼！

执法如山枪声震上海

榆林分局局长刘永祥听到老刘的汇报后，顿时拧紧了双眉：如果事情属实，那么，这将是上海解放后的第一桩腐败案。刘局长建议马上召开分局领导碰头会。会上，刘局长严肃地指出："抗日战争结束后，国民党的接受大员们在上海'五子登科'，争相抢夺金子、房子、车子、票子、女子。国民党接受大员的行径，使饱受沦陷之苦的上海人民大失所望。得民心者得天下，失民心者失天下。前车之鉴，历历在目，我们共产党决不能重蹈历史的覆辙！"

会场气氛凝重起来。屋角的两个电风扇扇出阵阵凉风，可是却驱不散人们心头的阴霾。上海刚刚解放不久，层出不穷的问题急等解决，如今，自己队伍中出现了腐败分子，怎么不令人心悸！刘局长激动地站了起来，环视了一下四周，语气越加深沉："同志们啊，还记得不久前南下干部在丹阳集训时，陈毅同志是怎么说的吗？他说：'我们是解放上海、改造上海呢，还是被上海人撵走？我们是红的大染缸，要把上海染红，不要我们红的进去，黑的出来！'"刘局长把手往下一按，斩钉截铁地说道："查，这件事一定要查个水落石出！"

调查在秘密状态下进行。善良的人们多么希望这不是真的，可是经过深入调查，欧震的犯罪事实像剥去了老壳的笋，一览无余地摆到人们的面前。上海市公安局决定上报市委。陈毅市长接到报告后，挥笔批示：同意枪毙。

欧震万万没想到这么快就"东窗事发"，心里不由地暗暗吃惊。欧震确实有着一颗聪明的脑袋，思前想后，觉得没露出什么破绽。当组织上跟他正面交锋时，欧震故作镇静，抛出了他精心炮制的谎言。面对熟悉的领导和同事，他以为可以自圆其说，凭着自己的机灵劲儿搪塞过去。

那天下午，天气闷热得使人异常难受，远处有隆隆的雷声隐隐约约地传来。欧震感到一种前所未有的恐惧，他在房里不安地来回走着，把双手的骨关节捏得格格响,嘴里发出一声声重重的叹息。

门"哐"的一声被打开了。欧震像一头发疯的狮子般转过身来,可是,他马上又像被放掉了气、剥掉了皮的橡皮鱼,整个地瘫倒在地。他看到公安干警身后的朱氏!只见她低垂着脑袋,眼睛红得像两个大核桃,一名女公安人员在背后轻轻地扶着她。她没有看欧震,只是不停地抽泣着。一见到朱氏,欧震就知道完了,由谎言硬撑着的心理防线彻底瓦解了。他脸色煞白,大汗淋漓,眼光呆滞,浑身颤抖。当威严的公安干警站到他面前,拿出锃亮的手铐时,他乖乖地伸出了那双罪恶的手。

1949年8月14日下午,淞沪警备司令部军法处执法人员怀着沉重的心情,扣响了手枪的扳机——这是上海解放后第一声惩治腐败分子的枪声。

《白毛女》进军大上海

姚征人

1999年是上海解放50周年,也是人民解放军第20军文工团首次在上海演出歌剧《白毛女》的50周年纪念。弹指一挥间,我们这些当年英姿飒爽的姑娘小伙子,而今都变成了白发苍苍的古稀老人;唯有那如火如荼的岁月,仍长久而清晰地留在记忆中。

文工团的驻地竟是毛森公馆

1949年5月25日,我们20军各部遵照陈老总"瓷器店里打老鼠,只许消灭敌人,不准打破上海一坛一罐"的指示,从高桥、川沙、浦东、苏州河南段攻进上海,最后在虹口凯福饭店一举全歼了守敌。我们文工团从梅陇入城后,被分配在八区(当时划的区域)高安路国民党大特务、上海警察局长毛森的公馆。

我们一接到命令,马上直奔高安路。可是赶到那里,大家都傻了眼:原来军管处只指定了房子,却没有给钥匙。那是座很漂亮的洋楼,钢窗铁门,白砖外墙。然而铁将军把门,谁也进不去,既不能违反入城纪律破门而入,也不能爬墙入室,因为墙头没有空隙。正在为难之时,有人忽然大叫一声:"爬窗进去!"他指着一扇开着一条缝的气窗:"从这里爬,可以进去。"当即有人自告奋勇地出来说:"我来!"这名勇夫就是我团最小的年仅14岁的小团员,也只有他瘦小的身子才钻得进这扇气窗。只见他站在最高的一个团员的肩上,推开了窗,一下子就爬了进去,接着打开正门,把大家放了进去。

啊,这座在高级住宅区的洋楼真豪华富丽,上下三层,钢窗蜡地,有会客室、饭厅、吸烟室、卧室、洗澡间、储藏室,还有个不小的花园,设备一应俱全,但就是没有我们可睡的地方。走遍上下所有房间,只有一张大床,当然这应该留给首长,其余的人依旧发扬传统,在打蜡地板上铺铺,像罐头里的沙丁鱼一样排列着睡觉。当大家打扫着本班分配的房间时,在二楼的卧室里发现地上有一只玻璃已被打碎的镜框,镜框里是一个穿着军装的中年男子的半身像,那严肃的目光中似乎透着一股杀气。看着这张相片,大家面面相觑:"这是谁?"这时候有人在一个角落里回答:"这是毛森。"虽然话音极轻,可所有的人都听到了,大家的目光都不约而同地射向那个说话的人,原来是我团做后勤工作的沈××。"你怎么知道?"

"他是我的姐夫。"

20军文工团部分演职员在毛森公馆合影(第一排左一为白浩,第二排左二为"阿土",第三排左一为喜儿的扮演者,右一站立者为本文作者)

啊？大家都吓了一跳。文工团里出了个大特务头子的小舅子，"不会是内线？"旁人不免有些怀疑，但他却如此坦率，再笨的人也不会自己坦白了身份而来做内线的。此人平日在团里不声不响，埋头苦干，无论多么艰苦的战勤任务，他都不折不扣地完成。大家认为，他有这么个大靠山，不来上海投靠他姐夫封个一官半职，反倒去四明山穷山旮里投奔共产党吃苦受累，就凭这点，也不能不对他产生敬意。

演职员大多是上海中学生

说起来人们或许不信，当年我们文工团《白毛女》剧组的演职员中，百分之九十都是1942至1944年从上海去参军的中学生。由于是弃学从戎，家庭多半是反对的，不少人只得偷逃离家，几乎每个人的参军过程都有一段传奇经历。

如在《白毛女》中演大春的小名叫"小龙"的团员，他来自上海建成中学，原是青岛有名的张裕葡萄酒厂老板的儿子，家庭生活优裕，但他受了母校老师们的影响（著名诗人锡金就是该校的地下党员），毅然离家弃学，去四明山参加了浙东三五支队。他的一位小名"老虎"的哥哥，认为弟弟受了骗，误入"匪区"，便立志要救他弟弟出"火坑"。当时我部按"双十协定"，江南的部队北撤去山东途经上海时，他乘机假装入伍，跟随到了山东，打算找机会把弟弟拉回上海。不想他入伍后，跟着参加各次运动，投入了各次战斗，眼看着国民党兵败如山倒，他不但没把弟弟拉出"火坑"自己反而也"陷"了进去，再也不肯回去了。

再如团里那位专演特务、打手一类角色的棒小伙子，来自上海辅仁中学。他来文工团后一直不安心于文艺工作，曾屡次跑到军部敌工科，要求做敌工工作。可是敌工科长总是回绝他说："别人要求做敌工工作尚可以考虑，唯独你，我绝不会答应。"原来，他父亲是国民党宁波专署的一个科长，是专门提供国民党内部情报的我党内线。他把自己唯一的独生子托付给我们，是防止自己哪天有个"万一",可以给他留一个根苗。不幸的事到底发生了,不久这位地下同志被国民党发觉并枪杀了;而我们真的把他的根保了下来,并且还生根发芽,现在他的子孙有的已"蔓延"到了澳大利亚。

笔者早年曾在上海肇光中学就读。1942年太平洋战争爆发后,上海所有学校都被日寇接收,我因不愿接受奴化教育而正在家中苦闷。忽然有一天,我收到一张折叠得像百叶结的小纸条,里面写着"请在×时到三马路慕尔堂门口等我",具名"40"。我按时前往慕尔堂,望见门口有一个穿着黑色短棉袄像农民的小伙子,走近一看,原来是同校高中班的同学,编号"40"。一见面,他开门见山就问:"肇光中学已封了,你今后怎么办?"他鼓动我跟他去参加抗日。

"抗日?去四明山还是天目山?"当时四明山是共产党的三五支队所在地,天目山是国民党党校所在地。

"去苏北根据地!"他斩钉截铁地回答。

"好吧,跟你去苏北!"一锤定音,两人约定于某日某时在十六铺码头见面。我所以如此爽快地作出决定,是因为我在学校已接受过高年级进步同学的教育,已看过《共产党宣言》,看过苏联话剧《自由万岁》苏联电影《钢人铁马》等。不幸的是这次出走没有成功,我因偷了姐姐包里的20元大洋作船费而被发觉,被拖回去,关了一个星期。我不得不再三向家中保证不再出走了。家里看我没什么动静,就打开了房门。第二天,我穿上了春夏秋冬四件旗袍,外加一件皮大衣,带了一只皮包,说是去看同学,就径直赶至码头,刚好开船。这一走自此不回头,直到1949年才随着20军文工团回到阔别多年的上海。

用《白毛女》打响第一枪

如今部队打了胜仗,解放了上海,我们文工团该做些什么?大家正无所适从,葛鑫副团长(后为上海电影厂著名导演)立即赶往军部,向军首长请战。军党委的首长们稍一考虑,就喊出了振奋人心的口号:"用革命的文艺去占领上海舞台!"

怎么去占领?总不能在大都市的正规舞台上演快板、莲湘和秧歌吧?当时上海舞台上绝大多数演的是才子佳人古装戏,电影院里放的是美国的歌舞片《出水芙蓉》。我们马上想到了自己的歌剧《白毛女》。记得在淮海战役的追击战中,连队伤亡较大,上级就把刚解放过来的战士充实连队。为了及时激发他们的阶级仇恨,反转枪口对敌,我们决定演出《白毛女》。为此,我们一路行军一路演出,每晚行军百来里,赶在部队前面搭台化妆,部队一到立马开锣唱戏;演完,部队出发打仗,我们又提前赶到另一个部队的集结点演出。为此连续奔波,每个团员平均每天只睡三四个小时。我们所尊敬的音乐股长葛林同志(上海音乐学院教授葛朝祉的弟弟,原名葛朝禛)就这样在演出的乐池中倒了下去,再也没有站起来。令我们欣慰的是,很多解放战士看完戏后就扯掉了头上的国民党帽徽,立誓跟着共产党走。一些营的教导员都表示《白毛女》的演出胜过几十堂阶级教育课,为此在战役结束后为我们文工团报了大功。

《白毛女》在战争时期曾激励过多少解放区军民的心,难道就不能打动上海人民的感情?何况这是一部在大都市从未见过的从形式到内容都是崭新的我们自己的民族歌剧!"对!就用《白毛女》来打响第一枪!"

《白毛女》剧照:除夕夜逼债

"阿土"将一瓶啤酒都倒进了肚里

当第二天全团正准备开排《白毛女》的时候,忽然不见了演黄世仁的"白浩洛夫斯基"和演大锁的"阿土"。这两人是一对搭档,一个是从浙江农村来的十足的土包子,而另一个是懂俄文又懂英文的洋包子,他原名白浩,所以就给他起了个苏联名字"白浩洛夫斯基"。过去在开封外线出击时,每遇到地主庄园,嗅觉灵敏的"阿土"就邀着白浩去地窖里找洋酒洋罐头。这些洋文非"白浩洛夫斯基"不识。今天两人同时不见了,大家心里都明白,一定又去发什么洋财了。

不出所料,不一会儿,只见"白浩洛夫斯基"扶着满脸通红的"阿土"回来了。原来在我们进军上海的路上,许多上海兵心情特别激动。阔别上海多少年,谁不思念家乡?尤其是走得口渴时,大家不约而同地想到了上海的冰淇淋、正广和汽水。有人就说,如果这个时候有瓶汽水解渴,该有多么舒服!旁边的"阿土"听上海兵侃上海,忍不住迷惑地问:"汽水?这是什么玩意儿?"

"就是甜水。"

"为什么叫汽水?"

"里面有汽呗!"

"水里还有汽?"他百思不得其解。因此一到上海,安顿好住宿,他就迫不及待地拉着搭档往街上去,要去买汽水。白浩带他到附近的一家烟纸店里,指着架上的啤酒说"开"。"阿土"接过啤酒,不问青红皂白,直着喉咙咕嘟嘟就往下灌,很快把一瓶啤酒倒进了肚里。白浩看着他满脸通红,知道出了事,马上扶他回团。聚集在厅里准备排戏的同志们一问原因,知道"阿土"又出洋相,故意问他:"汽水好喝吗?"他哭丧着脸说:"谁说汽水是甜的?汽水是苦的!"说得在场的人哄堂大笑。

出了这件事,引起了领导的警惕。团里上海同志多,谁不想家?外地的同志又好奇,保不定会出什么洋相。为了保证演出,让大家集中精力排戏,就

五月黎明

关上铁门并上了锁,宣布了纪律:"不准探亲,不准访友,不准请假,不准单独上街……"上海的同志尽管家在咫尺,也不能回去。演出期间是全团一部大卡车,进出剧场都点名数人,直到演出结束离开上海,再没有一人离开过集体。

上海文艺界热情伸援手

当时只有军管会属下的文艺界朋友被允许来毛森公馆走访。上海昆仑电影公司的蓝马和上官云珠刚拍完电影《万家灯火》(他两人过去和副团长葛鑫曾同在一个剧团演戏),几乎天天来看我们排戏。上官还每天送牛奶和鸡汤来给葛副团长补身体。她觉得他实在太辛苦,又要当导演又要当演员。葛鑫在《白毛女》中演穆仁智,其实这类角色对他来说并不陌生:他过去在唐槐秋的中旅剧团演《日出》《雷雨》时,是有名的活福生和活鲁贵。

我们那时演戏还不懂演技,完全凭着对解放区老乡的真实感情来扮演角色,排到伤心处,常常泪流满面,泣不成声。蓝马和上官虽然也常常为我们的排演而动情,但过后他们又解释给我们听:作为演员光靠真实感情,要连续演出是支持不下去的,要有第二自我,要靠演技。为此,电影导演郑君里还特意为我们上了一堂"演员自我修养"课。这是我们第一次接触文艺理论,也由此多少懂得些如何掌握感情的技巧,因此在连续演出一个多月中,没有一个演员败下阵来。

《白毛女》决定在上海虹口乍浦路原日伪时期的"文艺会堂"(后改为解放剧场)演出。偌大的舞台,总不能仍用我们战争时期的一块天幕一块面幕、一桌两椅的简陋形式吧?于是,中国福利会儿童剧团的任德耀同志来帮我们画出了舞台设计图,儿艺的舞美同志为我们制景和设计灯光,上海原演剧三队的同志则每晚按时赶到剧场,为我们装置布景。我们的《白毛女》就在他们热诚的帮助下,在上海舞台上站起来了。

《白毛女》剧照：杨白劳过年

《白毛女》演出轰动申城

《白毛女》将要在解放剧场演出了。我们兴冲冲登了广告，贴出了海报。谁知演出的第一天，近千个座位的观众席上只坐了七八个人，大家都不知所措。是戏不受欢迎呢，还是宣传不够，群众不知道这里在演出？可我们并不气馁。在前线，我们有时也为一个战士演出一台戏，我们照样认认真真地演完。我们相信，上海的观众会爱看我们的《白毛女》的。

果然，在七八个观众传播之下，第二天就卖出了百分之八十的票，第三天、第四天、第五天则出现了满座，有的观众买不到票子，还要求买站票看戏。以后的日子，不但剧场走廊被站得水泄不通，连剧场周围的窗户都被无座的观众占满。每场落幕后，很多观众都久久不肯离去。到我们演满一个月要移防嘉定时，那些没有看到戏的团体和观众纷纷来信来人挽留我们，要求延长演出日期，哪怕是多演一星期也好。但军令如山，我们只能服从命令，按指定时间离开上海。

不过，当我们离去不久，上海的许多剧团如上海沪剧团、上海京剧团都纷纷演出了《白毛女》，来满足上海观众的要求。此外，上海电影制片厂的演员剧团排演了讴歌纱厂女工的《红旗歌》，周信芳剧团的《明末遗恨》、玉兰越剧团的《北地王》等相继上演，一批革命的和爱国主义的戏剧已开始覆盖上海舞台。

蓝马参军当了戏剧教员

当我们在解放剧场停锣息鼓离开上海的时候，我们的队伍扩大了。上海的一批中学生，自从看了我们戏后，纷纷辍学跟着我们到嘉定去参军；有的学生还特意从常州赶来上海参加我们文工团。如我们团里的"孟氏家属"，一家六个子女，除了老三、老四去了三野文工团，其他四个都在我们团里，以后都成了团里的艺术骨干。电影演员傅伯棠则送来了他的一双弟妹和他们的朋友。

特别值得一提的是当时已非常著名的电影演员蓝马，在了解了我们的生活后，尤其是看到过去和他一起演戏的懒散的葛鑫如今已大变样时，他情不自禁大声喊："我要革命！我要参军！"于是他舍弃了已经拥有的一切，卖掉了最后一辆自行车，执意跟着我们到了嘉定。我们为他在嘉定天主堂里（我们的驻地）开了一个欢迎会。在会上大家要他发言，他高兴得在地上翻了一个跟斗，起来说："过去种种譬如昨日死，今后种种譬如今日生，我要重新做人！"开始，他对军队生活很不习惯。当我们每天早晨6时起身出早操时，怎么叫他都起不来床，他说"我在文艺早睡"（这是针对着"文艺晚会"说的）；要他参加形体训练，他动动手脚，说是在跳"天鹅六"（这是针对《天鹅湖》说的）。但经过了一番痛苦的磨炼，最终他还是实现了自己的诺言，慢慢地习惯了军队的纪律生活。

蓝马是我们的戏剧教员，但他既不上课，也不排戏。他的教授方法别具一格：每天把我们带到嘉定的一个大茶馆里泡上半天，说是观察生活。见一个提着鸟笼进茶馆店的，他要我们注意他的举止，说他应该有怎样的音容笑貌；当见到一个挑着箩筐进店的，他就告诉我们，他的坐相为什么不同于提鸟笼的。他用实际生活中出现的种种现象，启发我们如何掌握各种人物的特点。我们很喜欢他的这种训练方法。可是正当我们和他日益融洽的时候，总政却来了调令，把他调去总政话剧团演出《万水千山》了。

打着腰鼓进上海

孙肖平

在丹阳排练《王贵与李香香》

1949年春季，我们新安旅行团（简称"新旅"）随大军横渡长江之后，就在江苏省丹阳县待命。此时，上海战役已经打响。团长张拓领着大家赶排进上海之后立即就要演出的节目。著名舞蹈家舒巧、李仲林、李群等日夜不停地排练《胜利腰鼓》。那时，他们才十四五岁，但已是参加革命好几年的"老战士"了。现任上海音乐学院教授的陈聆群，当时好像只有十一二岁，在乐队里敲小锣。人虽小，可是把小锣敲得山响。我当时大他几岁，算是"老干部"了。两年前，在黄河北岸，他从沈亚威、沈西蒙所领导的华东文工团，调到我们"新旅"。我是他的小组长。半夜，我得起来抱着他撒尿，不然，他要在被子上"画地图"了。小家伙白天工作挺卖力，晚上一睡就不醒。我抱着他吹半天口哨，才能把他的小便引下来。他头上长一绺白色的头发，我们大家都喊他"白毛"。如今，他已六十有零，是名副其实的白毛了。在丹阳待命时，我在表演队。其实，我是一个最没有表演才能的人。我考"新旅"时，张拓问我："会演戏吗？"我说："不会。"他又问："唱歌呢？"我说："不会。"他再问："那么，你会什么？"我说："我会打鼓。"我们村子里过年兴打鼓，人人都会的。张拓说："好，收下你！"解放济南以后，张拓当导演，排梁寒光作曲的歌剧《王贵与李香香》。张拓要我演王贵的父亲王麻子。直到现在，我们都当爷爷了，可"新旅"老同志一见面，还叫我"王麻子"。我虽然不会演戏，但我来自农村，而且又是受苦的贫雇农，所以导演看中了我。演小王贵的是前面提到的李仲林。导演提倡演员之间培养感情，于是我

就把每天发的一个鸡蛋送给了我的"小儿子"李仲林。他也就不客气地接了过去，好像我真的是他"老爸"。现在想起来，我还有点怨张拓。他那么一号召，我少吃了多少鸡蛋啊！不过，我出身虽好，可音乐修养太差。简谱在我眼中是1、2、3、4、5、6、7，五线谱在我眼中是一堆豆芽菜。乐队最怕排我的戏，因为我经常跑调。好在我有真情实感，一进入角色，就能鼻涕一把、泪一把地大哭起来，把乐队打鼓的、吹号的、拉二胡的，感动得鼻子发酸，唏嘘不已。当时的乐队队长就是前几年我国驻叙利亚经济参赞方南君。他按照导演的指示，叫乐队根据我跑调的唱腔，随机应变。而今想起来，我也要捧腹大笑的。这也是我为什么一进上海就赶快改行的原因。

王树元的"恶作剧"

不过，在丹阳时，我还是积极参加小歌剧《光荣灯》的排练。因《杜鹃山》一剧而闻名全国的王树元，在《光荣灯》中担任男主角。若现在报考上海歌剧院，又是初试，又是复试，过五关斩六将，最后还未必一定录取。解放战争时期参加"新旅"，可就简单多了。我们南下路过山东滕县时，有一个小伙子拿着羽扬（《上海文化艺术报》负责人之一）的一个纸条，算是介绍信吧，于是就成了我们队伍中的一员。《光荣灯》一剧写得太概念化，而导演又要求在剧情结束时，全体演员纵情大笑。那种硬逼出来的干笑，实在令人尴尬。作为一名演员，我宁愿叫人用刀在我腿上割一块肉，也不愿在笑不出来的时候干笑。但是，在对成千上万的战士彩排时，全体演员却笑得前仰后合，有几个演员笑得岔了气，一边擦眼泪，一边用手捂着肚子"哎哟、哎哟"直叫。广场上顿时响起雷鸣般的掌声。导演高兴极了，要我们总结经验。可是，这个经验我们没法总结。因为这是王树元的"恶作剧"。在到丹阳之前，卫生员李伟给我把痔疮切除了。在全体演员要大笑之前，王树元突然轻轻地说："王麻子有两个屁股眼！"于是全体演员发疯似的大笑起来。进上海之后，王树元在演出时就再也不说那句剧本上没有的台词了。不过，在快要到大家大笑时,他不由自主地向我身后看看。他这一看不要紧,大家又疯了似的大笑起来。于是,又引起雷鸣般的掌声。我们表演队加油排练各种演出节目。美术队也忙得够呛。"文革"前后在杭州任美术学院院长的王德威和后任院长的肖峰,在丹阳时,都是美术队的小画家。肖峰十一二岁时参加革命的。王德威的资格更老,1938年,他九岁时,就和八岁的弟弟王山(解放后留苏,是新中国著名的光学家,已病故)在西安参加了"新旅"。王德威十三四岁时,不仅创作了大量的美术作品,而且还任苏北抗日根据地一家画报的主编。在丹阳,他和同志们一起,积极准备上海解放之后的宣传画。

含泪眺望家乡的上海团员

那时,我们除了赶排节目之外,还得学习入城知识。陈毅军长在报告中说,有些同志,入城后不学新知识,竟闹出在马桶里洗菜这样的笑话。为了不闹笑话,我们这些在农村长大的老土,一有空就向上海战友请教。晚饭后,这些上海战友不约而同地到村南稻场上散步。当夜幕笼罩大地时,南方天边一片光亮。啊,那就是我们即将奔赴的上海。我们这些老土也要大开眼界了。当时,上海在我的心目中是一个玻璃世界,琉璃乾坤,灯红酒绿,到处闪金光,连大街上都洒香水。真想一步就跨到上海。而上海"阿拉"们,踮起脚尖向上海张望时,禁不住泪流满面了。你看,陶影又哭了。这位年轻漂亮的女战士,就是前些年上海昆剧团团长。她是在抗战胜利前夕,由上海到苏北参加新四军的。那时,她虽然只有十三四岁,但是,革命意志却非常坚强。父母就只有这么一个宝贝女儿,哪里舍得她远走高飞?半夜,她逃离家门时,被父亲抓住了。父亲命令母亲严惩女儿。父亲再三强调,一定要母亲狠狠地打,就是打死也不要心痛!可是,慈爱的母亲下得了手吗?然而,不打又不行。于是,母亲把女儿拉到另一个房间,用鸡毛掸子"叭、叭"猛抽沙发,还大声斥责:"你还敢向外逃!"陶影心领神会,故意装成被打得疼痛难熬,一面哇哇大哭,一面求饶,总算瞒过了父亲。母亲知道女儿去苏北的决心不会改变，偷偷拿出一只戒指，让女儿路上备用。啊，陶影离开上海，离开母亲整整五年了。人在丹阳，心早已飞到双亲身边。还有他，毛国强，打腰鼓的能手，"文革"前上海某剧团的党支部书记兼团长。他本是一名资本家的独子，和陶影一样，为了追求光明，中学还没有读完，就投奔苏北，参加了新四军。新四军的物质生活和自己家相比，当然差多了。但是，热血沸腾的有志少年，一点也不后悔。他和王山、羽扬以及大林（现任中央歌剧院长）一起，千里迢迢，长途跋涉，到太行山"华北联大"学习腰鼓和战鼓。中国南方盛开的腰鼓之花，也有播种者毛国强的一份功劳。可惜他因受"文革"摧残，已离开人间。他母亲设法找到他的地址，从上海赶到苏北，一定要把他拉回家。他不答应，母亲就跳到河里自杀。他把母亲从河里救起后，流着眼泪对母亲说："姆妈，请您原谅儿子，忠孝不能双全啊。"最后，母亲回上海了。不过，她是流着眼泪走的。在丹阳，毛国强向上海眺望着，心里却在大声呼喊："妈妈，妈妈，儿子就要回来看您了！"在毛国强身后，有一位少男，低头思念他初恋的情人。那恋人是一位15岁的少女，名叫白洁。她十岁在上海当童工，12岁参加"新旅"。她打起腰鼓，忽而威武如战士冲锋，忽而优美似天女散花。后来患了病，只是一般的肺结核，却因无药治疗而长眠在黄河北岸。她是那样想念上海，想念自己的父母。不知从哪儿拾到一块印有"上海出品"字样的牙膏皮，她像珍惜珠宝似的藏在背包中。想妈妈、想上海时，就把那块牙膏皮拿出来瞧几眼。眼看上海就要解放，可我们的白洁却再也不能回上海了。

陈毅市长请我们吃蛋糕

新安旅行团成立于1935年，前身是周恩来故乡江苏淮安县新安小学。这个小学是伟大的人民教育家陶行知先生应莲花镇安徽同乡会之邀，特派自己的得意门生汪达之前去创办的。新安旅行团成立后的第一个行动，就是去上海宣传抗日。这次随大军南下，是他们第三次进上海了。

刚刚解放的上海，虽然晴空万里，艳阳高照，可是，市民们听到的却是雷声隆隆，荡人心弦。啊，原来是新安旅行团的腰鼓！在浩浩荡荡、气吞山河的入城仪式里，"新旅"腰鼓队和庞大的军乐队一起行进，苍天也被激动得泪流满面了。站在国际饭店楼上检阅的陈毅市长，看到在昂然行进中的"新旅"小同志，倍感亲切。他请军管会文艺处长陆万美把"新旅"同志叫来，请小战士、老朋友，吃蛋糕，喝咖啡，共祝上海解放。

新安旅行团把振奋人心的腰鼓带进上海。直到今天，一代又一代上海人，只要一看见腰鼓，就会立刻想起新安旅行团，想起那些可爱的少年朋友。

五月黎明

二进上海

刘秀臣

我是山东泗水人,现在已从泗水县人民检察院离休。回想我年轻时曾经两次到上海的经历,不禁感慨万千。

流浪上海街头的讨饭娃

第一次到上海,是1947年。我是一路行乞到上海的。那时,我已家破人亡。早在抗战期间,父亲带领全家逃荒到东北,本想在营口谋个安身之地。谁知,父亲被日本鬼子抓去做苦工,母亲被逼上吊自杀,姐姐被卖到妓院做丫环,哥哥则离家出走谋生路。后来,父亲只得带我返回山东老家。可是途经天津时,他老人家竟病死在码头上,孤苦伶仃的我被送入了孤儿院。过不了多久,我因不堪忍受孤儿院的非人生活,就跑了出来在街头流浪。

我在流浪中,从一些街头墙壁的招贴画上看到上海高楼林立,街道繁华,汽车如蚁,行人如梭,如同人间天堂。我当时十分向往上海,心想:只要到了上海就不会饿肚子,就能过上好日子了。于是,我一路讨饭、流浪到上海。可到了上海一看,却使我十分失望。在那繁花似锦的南京路上,既有富丽堂皇的高楼大厦、飞驰而过的豪华轿车,也有衣衫褴褛、蓬头垢面、骨瘦如柴、向人行乞的叫花子。他们躺在路边发出求助的呻吟。冬天,一阵寒流袭来,次日早晨必有不少叫花子冻死在路旁。唉,真是"朱门酒肉臭,路有冻死骨"啊!凄凉的惨景与豪华的生活,恰好形成强烈的对照。我到上海以后也加入了行乞者的行列,每晚都露宿在南京路街头,睡梦中常常被冻醒,睁着眼睛期待着天明。我和其他流浪者一样,在马路上截过饭挑子,在苏州河桥上推过洋车，在街头巷尾捡过垃圾……就是这样悲惨的生活也未能维持多久。一天，我和其他的流浪者突然被一群警察抓住，押上汽车拉至市郊"驱逐出境"，并警告我们从此不准再进入上海。于是我就被迫离开上海，到杭州当起了清道夫。

解放上海的一名光荣战士

我第二次到上海，已是1949年5月。当时我17岁，是作为中国人民解放军第三野战军的一名小战士，在参加了渡江战役后，打进上海的。

那年，我在杭州做了一段时间的清道夫，由于物价飞涨，市面混乱，无法养活自己，就辗转回到已成为解放区的山东老家，是部队收留了我，让我小小年纪就成了一名革命战士。

4月20日晚，渡江战役打响。我们连和兄弟部队一起驾船向对岸挺进。在敌人的飞机、兵舰和大炮的阻击下，有几艘兄弟连队的战船被击中沉没，战士纷纷落水壮烈牺牲，鲜血染红了江面。船上的战士们看着牺牲的战友，个个眼睛里喷射着怒火。指导员对着战士们大声喊道："同志们看见了吧，我们的同志为人类的解放事业牺牲了，这是他们的光荣！他们未完的事业应当由我们去完成，我们应当勇往直前，不怕牺牲，打过长江去，解放全中国！""对！打过长江去，解放全中国！"我们高呼口号齐声响应。已经将生死置之度外的战士们，举起机枪向敌机扫射，向对岸还击。很快，一艘敌舰被击沉，其余的敌舰狼狈逃窜；一架敌机被击中起火栽入江中，激起冲天的水柱。整个江面上战斗场面十分壮观，令战友们豪气倍增。在我军排山倒海般的攻势面前，南岸守军溃不成军，未等我军登岸，就已放弃阵地狼狈逃窜。到24日晚，百万雄师渡江完毕，国民党妄图凭借长江天险保住江山的美梦彻底破灭！

我军突破长江之后，国民党军队一败涂地，残兵败将纷纷向浙赣及上海、杭州方向溃逃，一路上丢盔弃甲，到处可见伤兵。公路两侧的电线杆

解放军进入上海后严守城市纪律,坐在马路边吃自带的干粮

上和废弃的汽车上写满了粉笔留言:"霞:你带着孩子速到上海的舅父家找我——A""邦:我和孩子到上海的姨妈家等你——倩"。沿途尽是敌军丢弃的包裹、皮靴、衣服、军毯、绸缎被褥等物,但我们对这些东西都不屑一顾。过江之后就一路小跑追击残敌,经常州过无锡抵苏州,都是穿城而过,一刻也未停留,一口气追到了上海,才遇到敌人的顽强抵抗。

在进军上海的路上,班长刘国林问我:"过去你在上海流浪,睡马路捡垃圾要饭;现在你又要进上海了,有什么感想?"我说:"过去我在上海流浪是为了求生存,现在我是参与解放上海,是为了上海人民,我很自豪!"

上海守敌妄图利用钢筋水泥构筑的"子母堡"负隅顽抗。但是仅仅几天的激战,敌人的外围防线就全被摧毁,敌人又退至市区顽抗。为了保存上海市区建筑的完整性,我军改用轻武器与敌人开展巷战。经过半月的激战,5月27日上海全境解放。战斗结束后,在上级没有分配防区和住房之前,部队一律露宿街头。饿了,就坐在人行道旁干吃炒米;困了,就躺在人行道上和衣而卧,头枕黄帆布包,身盖黄棉被。从繁华的南京路到各主要街道两旁,睡满了中国人民解放军指战员,形成了一个壮丽的历史奇观。上海市民对我们这种特殊的"入城式"感到好奇。好奇的市民和中外记者拍下了这一奇观，国民党对共产党的种种污蔑不攻自破。我们以这样的"入城式"向上海人民交了一份合格的答卷。而我更是激动万分，浮想联翩。过去，我露宿在南京路，遭到人们的鄙视和警察的驱逐；如今，我露宿在南京路的人行道上，却受到市民们的尊敬和称赞，我感到非常自豪。被感动的市民们自发地给我们送水送饭，腾出地方让我们去住，但都被我们婉言谢绝，没有一个人违反纪律入住民宅。老百姓纷纷称赞道：解放军是好样的！

含泪离开了部队，离开了上海

很快，我们部队奉命驻守大场军用飞机场。稍事休整后，为了展示我军的威力，各部队抽调了各种火炮、坦克、装甲车以及重机枪等重型武器，集中起来在上海的各主要街道转了一遭，市民们看后无不啧啧赞叹。然而国民党的残余势力逃到台湾后并不甘心失败，经常派飞机到上海进行轰炸，暗藏的特务分子也乘机进行恐怖破坏活动，搞得人心惶惶不得安生。大场飞机场有一架被敌人丢弃的飞机，经机械师修好试车后藏入飞机仓库内。不料，第二天一大早，敌人的飞机就飞来专门轰炸那座仓库，把仓库和那架飞机一起炸毁了。这说明特务的活动十分猖狂。不过，我们很快就在群众的支持下，破获了一大批潜伏的特务，打击了敌人的嚣张气焰。

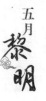

枪林弹雨的战场是对每个战士的最好考验。我虽然入伍时间不长，但在渡江之前轻伤不下火线，在忆苦思甜的思想教育活动中作典型发言，带动大家提高阶级觉悟，在渡江战役和解放上海战役中作战勇敢，班长刘国林、副班长华小林认为我完全具备了入党的条件，他们介绍我加入了中国共产党。在以后的几十年里，每当想起入党的情景，我自然就会想到上海。我与上海为此又多了一层缘分。

由于我们连驻守在上海远郊，任务又繁重，故而没有参加1949年7月6日为纪念"七七事变"和庆祝上海解放所举行的150万人的军民大游行。但我们参加了1949年10月2日庆祝新中国诞生的大游行。那天，上海也和全国各大城市一样被装扮一新，各机关、学校、工厂企业门口都挂上了五星红旗，各街道路口也都扎起了彩楼，五颜六色的彩旗在上空飘扬，条条街道都被扫得干干净净，人们的脸上挂满了笑容，整个上海充满了节日的气氛。临近中午时分，主席台的扩音器里传出了伟大领袖毛主席的声音："中国人民站起来了！中华人民共和国中央人民政府成立了！"接着就是礼炮齐鸣，万众欢呼，群情沸腾……

　　随后，上海庆祝建国军民联欢大游行开始了。由汽车拉着各种型号的重炮和坦克、装甲车缓缓行进，中间是重机枪方队，浩浩荡荡的步兵方队紧随其后，个个精神抖擞斗志昂扬。我们作为战士代表，穿着崭新的军装紧握钢枪，在连指导员的率领下雄赳赳气昂昂地通过主席台，接受陈毅市长及其他首长的检阅。站在街道两侧观看游行队伍的市民，向我们投来敬慕的目光。这使我再次想起以前我在上海流浪时曾经受到的鄙视，禁不住热泪盈眶。这次庆祝大会虽然是冒雨进行的，衣服淋湿了，脸上淌着雨水，可我们每个人都兴奋异常，谁也没有说一声冷。回到连队换掉衣服，我们一边喝姜汤一边谈着参加游行的感受，大家都很兴奋。

　　令人遗憾的是，由于我体质较弱，不能适应战斗部队的需要，当年冬季我和副班长华小林（他经常咳血）含着热泪离开了我们所热爱的部队，离开了曾经为之战斗过的上海，走上了新的工作岗位。

　　但是，几十年来，上海始终萦绕在我的心间，我注视着上海前进的每一步，衷心祝贺上海的每一个成功！

上海激战三昼夜

庄智娟

那还是1949年5月，解放大军已打响了上海的外围战，当时我们家住在北京路靠近浙江路路边上，居民逃难的逃难，储粮的储粮，南京路一带银元"黄牛"咣当着银元喊着："大头小头换进换出。"大白天，闹市会刹时变成刑场。入夜，远处间或传来隆隆的炮声，市内押着共产党员和爱国志士的警车不时呼啸而过，窗外警车的尖叫声常让我蒙着被子不敢出气。

我当时就读于湖州旅沪小学（湖州人陈果夫、陈立夫所办），隔壁是南洋女子中学。一天上学，只听老师们在议论昨夜邻校抓走了好几个学生，我们学校教我们唱"手把着锄头锄草的，锄去了野草好长苗"的一个唱歌老师也不来校了，也不知是被抓走了还是躲起来了。上学放学必经的浙江路桥的桥两头装满沙的麻袋包垒起了比人还高的工事，持枪的国民党兵在沙包上站岗。我每天走近工事时，心跳得特别厉害，还总想靠近些走还是离远些走，靠近些会害怕那杀气腾腾的士兵和他手中的长枪，靠远些走怕黑洞洞的枪口会飞出子弹射中我，每天提心吊胆地上下桥。气氛特别紧张的几天，我们都不上学了，在郊外上海中学住读的大哥也回家来了，他说那边的枪炮声远比市里大。母亲除了准备家里的口粮外，还花了一枚银元买了一百斤黄鱼，做咸鱼干，用绳子拴着晾干，屋子里东一串鱼，西一串鱼，一股鱼腥味。

这一天早晨起来，突然发现街上特别安静，大人往窗外一看：原来门前已是战场了。

我家住面街二楼，楼下是一家螺丝店，店老板姓周，他和伙计不住店，住对过弄堂里。那天上午他和伙计跑过来看看，给我们带来些消息，原来我们门前的北京路是解放军占领了，旁边浙江路还是国民党兵盘踞着，十字路口出现人影，国民党兵就开枪，而北京路却相对比较安全，偶有人从弄堂里出来，解放军就劝其退回去，免遭流弹伤害。所以他们还能过来，还说现在东西方向的马路是解放军占领，南北方向的马路是国民党兵占领，大概是因为南北方向有桥头堡吧）。

为了怕流弹飞入，母亲用裹了被子的门板来挡窗，全家退居后面厨房和三层阁楼上，哥哥们好奇，有时到前屋拉开一角看看，大人马上会把他们吆喝回来。

时间一分一秒地过去，也没更多动静，好在家中有粮，水电未停，也不觉得什么不便。前一晚上父亲滞留闸北未归，当时闸北区已解放，他打电话来问家中情况，恰好姨父母做客住在我家，父亲特别请他接电话拜托他照看。所以后来电影《战上海》中出现国共占领区在战时互通电话，有人觉得不可能，我知道这是事实。

屋外是战场，屋内的人照样吃饭睡觉。第一天对峙就这么过去了，第二天家里人胆子也大些了，拉开木板往外看的次数也多了，姨父和哥哥他们看到从芝罘路出来个解放军，可能要到北京路来，敌人一颗子弹射中了他，他倒下了，倒在芝罘路和北京路之间一家饭店门口。不一会，芝罘路又跑出个解放军，把倒下的战士背在肩上，左一下，右一下，躲开敌人子弹回芝罘路了。这位解放军同志到底是牺牲了还是仅仅负了伤，我不知道，后来每逢我回上海，路过那个地方时，我就会想起当年的那位战士。现在那家饭店已不复存在，成了一个单位的宿舍了，住在那里的人是不会知道当年有一位解放军战士曾血洒门前的。

第二天下午，只听得楼下有敲门声，一幢房子就只我们一家子，大哥虽只十六七岁，但他穿的是黄色的校服，大概是怕抓壮丁还是什么的，家里人不敢放他下去。姨父是成年男子，他和母亲下去开门，门外是解放军，他们敲门是要水喝。母亲上楼给他们拿了水，我跟下来，在楼梯口远远地偷看，他们边吃喝边和姨父交谈，后来又灌了些水走了。姨父上来告诉全家说，解放军说，大家不要出去，待在家里不会有危险的。他又说解放军吃的是麦麸，一把麦麸，一口水和着吃，只记得当时全家议论了一会儿这东西怎么能吃。至于有没有谈论仁义之师之类的话我记不得了。但后来我们亲戚中，姨父是第一个改变对共产党看法的成年人，这大概和他这一次和解放军的会面留下的印象不无关系吧。

　　听了解放军的话，全家也安心了。小孩子憋在家里很难受，为免得我们淘气，于是大人做起费事的油饼。尽管咫尺之外两军对垒，我在屋子里还是吃得很香。

　　本来是可以这样安安稳稳地等到解放的，不知怎么的第三天上午传来消息，说是泥城桥（今西藏路桥）失火了，隔不了一会儿，又说火烧到厦门路了（我家厨房后面是一家油漆店内天井，隔着窗子可讲话，现在想来消息不是他们就是楼下店里人传来的）。火势那么快，说不定很快就会烧到我们这里来了，母亲有些沉不住气了，对门的周老板也过来问我们怎么办。这时知道姨父母住的南市也已解放，于是决定逃到南市去，先全家逃过马路，到周家歇脚，后又请周老板帮我们去雇车，最终以两块银元雇了两辆黄鱼车，全家十来口人带了些细软仓促逃难。小弟弟当时因断奶正和他的乳母隔离，这时也顾不得了，还是由他的乳母抱着坐车。踏黄鱼车的人路很熟，东西向的马路解放军占领是安全的，南北向他们走的是小路或弄堂。大街上家家店门紧闭，除了偶而有一两个解放军外，见不到行人。不到两个小时就到了大东门姨父家，邻居们都来听我们逃难的经过，安慰我们，邀我们晚上去挤着住。母亲虽然很担心，但到底全家都出来了，所以还没有露出什么愁绪，倒是乳母担心她一年的血汗积累将付之一炬，在暗暗垂泪。午饭后，姨父和两个哥哥决定沿原路回去看看房子到底烧了没有。过了两个小时他们兴高采烈地回来了，说是北京路也解放了，房子好好的根本就没有失火那回事，哥哥还捡了一颗子弹壳当宝贝似的给我看，全家都很高兴，于是又雇了几辆三轮车，欢天喜地浩浩荡荡回家了。沿途看到马路上到处是笑逐颜开的人群，打烊的商店也都开了门或半开着门，跟我们上午出逃时完全不一样了。回到家里，家里什么都没动，跟我们出逃前完全一样，鱼干还到处挂着，熟悉的咸鱼味扑鼻而来。

　　一场战争过去了，没有颓垣断壁，没有尸横长街，更没有孤儿寡母，只有餐桌上的咸鱼偶而还会触发起战争的话题。

台湾归来迎解放

张盛健

1949年5月,是个"天翻地覆"的难忘时刻。我在这个历史转折关头,毅然从台湾回归,并以自己的实际行动,迎接了上海的解放。那一幕幕激动人心的情景,我至今记忆犹新。

赴台求职　结识陈兄

我于1947年秋冬之际,经亲戚介绍前往台湾,在台南一家中型糖厂工作了一年半时间。

自从震惊中外的"二二八事件"以后,台湾就一直处于白色恐怖之中。蒋介石1948年冬在军事上遭到严重失败后,感到在大陆大势已去,特委派他的心腹亲信陈诚,全面接管了台湾的军政大权。陈诚采取了一列强化统治的措施,其中在经济上实行的台币政策,由于

上海粮油业职工联合会欢庆上海解放

有从大陆劫掠来的大量黄金美元作后盾，根据物价指数不断调整台币与金圆券的汇率，所以尽管台湾物价上涨也较快，但比之大陆则要稳定得多。然而，在席卷全国的解放巨浪猛烈冲击下，台湾人民的思想并未沉寂，人们私下议论纷纷。

我当时是个离校不久的青年职工，在厂里交结的一些朋友，也大多是对现实不满的青年人。其中有一位我称之为"陈兄"的安徽人，与我感情最好。他在自己家乡参加了新四军，后不幸在皖南事变中被俘，在上饶集中营囚禁了一年多。敌人因其年幼位低，将他释放了。他获释后与组织失去了联系，1947年秋经友人介绍前来糖厂。我与他同在一个科里工作。他懂得的革命道理较多，常为我讲解，还不时借些进步书刊给我看。通过陈兄，我还熟识了他的另几位密友。我时常参加他们对时局的讨论，有时还冒着风险在深夜一起收听延安新华电台的广播。

认清大局　决意返沪

1949年5月4日上午，陈兄又找我谈论当前形势。一系列振奋人心的消息使我们很受鼓舞。尽管国民党报纸上仍在吹嘘上海的立体防线"固若金汤""半年之内决不会让共军占领"云云，但我与陈兄都认为：上海的解放就在眼前这一两个星期之内。

"要是上海和大陆全解放了，我们仍困留在台湾怎么办？"陈兄向我提出了这个问题。当时，我们这几个人言论过激，早已引起有关部门的注意，据说，我们被称作是"左倾分子"。我还发觉自己收到大陆寄来的信件有被检查过的迹象。

陈兄早就有离台之心，便对我说："我们一同回上海去，如何？"

"回上海？"我有点犹豫。

陈兄见我沉默不语，就说："你顾虑什么？怕回上海后找不到工作吗？今后新中国的建设需要大量的人才，根本不用担心！"

其实，我也很想离台返沪。我二哥来信不止一次劝我早日回去，只是我有些舍不得抛弃眼下这份工作，因台糖公司是当时台湾最大的企业，待遇福利相对来说是比较好的。我还担心目前要离台也很有风险，听说台湾和上海口岸的国民党宪警盘查很严，要是他们认为你有"投敌"嫌疑，你就会被捕，甚至会遭杀身之祸。对于这点，陈兄认为我们只能冒点风险，见机行事。要是现在不走，等到上海解放就更难成行了。

决心一下，便翻开当天报纸，见到"中兴轮于5月5日晚由基隆开赴上海"的船期公告，据我们估计，这也许是台沪之间公开售票的最后一班客轮了。机不可失，时不再来。我们赶紧拟写了一份签呈，以回沪探亲为由，要求请假，呈送给我们的主管课长。出乎意料的顺利，该签呈立即获得批准，那位课长还同意我们预支当月工资，并给我们每人出具了一张盖有糖厂公章的"职工差假证"。原来，当时来台"避难"的人实在太多，不仅国民党的达官贵人、巨商富贾，甚至连在台工作的一般职工的家眷、亲友也纷纷来台，致使宝岛人满为患。当时要想在台湾找到一份工作是十分不易的，像我们这两个小小的职位，也很被人看重。那位课长见我们在此时请假返沪，知道是肯定不会再回厂了，这两个空缺名额便可由他们几个当权的用来安插自己亲友了，所以就非常爽快，立即放行。

告别台岛　依依不舍

我们匆忙地收拾行李。朋友们获悉我们将乘当夜火车去基隆，再乘次日轮船回上海，就在食堂备了些酒菜，为我们送行。这些朋友大多来自大陆，大家同住一个宿舍，朝夕相处，彼此均很融洽，如今一旦分离真有些依依难舍；尤其是当时台湾前景黯淡，他们眼见我们即将回到自己故乡投入新的生活，更是流露出羡慕的目光。

晚上，一位同事还特地安排了一辆"摩托卡"（在糖厂专用小铁路上快速行驶的机动车辆），直送我们去火车站。我们乘上北去的夜行列车，于次日早上到达基隆，找个地方寄放了行李。购买船票的旅客不多，我们很容易购得了两张去上海的二等客票。离当晚开船还有大半天时间，我们便游览了基隆市容，用身边多余的台币购买了一些当地土特产纪念品，还在风景名胜处摄了几张照片作留念。说真的，我们在台生活了一年多时间，对宝岛实在是很喜爱的。此地风景优美，气候宜人，物产丰富，交通建设和工作环境均很不错，要不是"形势逼人"，我们还真不愿意离开呢！

晚上，我们登上了中兴轮。偌大的一艘近万吨巨轮，每次来台时均满载着数以千计的旅客，回程时旅客却不很多，有好些客舱空关着。开船前有几个宪兵登轮检查，他们在工作人员陪同下走遍了全船各个角落，到处搜寻可疑目标。我亲眼见到有一个像是国民党逃兵模样的人，藏身在甲板缆绳圈中，被他们搜查了出来。那人尽管跪地苦苦哀求也无济于事，结果还是被戴上手铐押解下船。

深夜，轮船鸣笛起航了。台湾5月的气候在客舱里已嫌闷热，我和陈兄走上甲板凭栏眺望。基隆港的夜景甚美，皎洁的月光下，远处的山影依稀可见，平静的水面波光粼粼，四周闪烁着点点渔火，轮船逐波前进，溅起了白色浪花。此时我脑际又浮现出几位诚挚朋友举杯向我们告别时的情景，不禁思绪万千，回顾基隆方向，在心中默默地说道："再见吧，朋友们！再见吧，台湾！"

平安抵沪　加入斗争

基隆到上海共36小时航程。一路天气晴好，风平浪静，但我与陈兄却怀着忐忑不安的心情。因为听同舱一位老旅客说：上海形势紧张，上岸检查较严，要是没有上海的身份证或当地的有关证明，上岸时就会遇到麻烦，有的被拘留，有的则被原船遣回台湾。据了解，这班航次的旅客，大部分是经常往来于台沪之间的客商，还有不少是上海来台旅游和探亲后返回的旅客，他们均持有上海的有关证明，而像我们这样从台湾回归者却是不多，上岸时究竟会不会遇到什么麻烦？

　　5月7日中午时分，轮船驶入了吴淞口，映入眼帘的是一片战时的凄凉景象。昔日巨轮云集的繁华场景不见了，只有少数几艘国民党的军舰和抢运物资的轮船在忙碌，还有一些小船在行驶，整条黄浦江竟显得静悄悄、空荡荡。后来才知道，这是当局为了不给共产党留下可用的船只，下令将所有轮船强行劫往舟山和南方各港口去了。中兴轮终于停靠在提篮桥附近的上海港码头。从甲板上望去，见有十多名全副武装的宪兵，气势汹汹地站在那里。旅客们陆续下船，宪兵守候在舷梯旁逐个进行检查，而持有上海当地证明的旅客果然不经什么检查便顺利地放行了。轮到我们时，一个军官验看了我和陈兄出示的盖有"资源委员会台湾糖业公司××糖厂"公章的职工差假证，再约略翻看了我们的行李，也没盘问什么便放我们出去了。及至我们走出码头，坐上了回家的三轮车，才放下了心。

　　回到了离别一年半的家中，父母兄妹们均很高兴。我母亲还特地感谢次日来访的陈兄，说要不是陈兄积极动员我回上海，说不定我就会长期流落他乡了。陈兄告诉我说，他暂住在上海堂兄家，等交通恢复后，他将回到芜湖家中，并在当地参加适当的革命工作。

　　我回沪没几天，解放上海的外围战役便打响了。在市中心，整日可听见远处传来的隆隆炮声。晚上，我爬上屋顶眺望，只见四郊特别是东北方向天空，映起了一片红光。听说解放军为攻占吴淞和宝山等战略要地，在月浦、杨行等处与国民党军队展开了激战，伤亡很大。此时的市区则笼罩着一片白色恐怖，全市实行宵禁，黑色囚车不时呼啸而过，在闸北宋公园（今闸北公园），每天均有爱国志士被押解去进行集体枪决。那时，我的二哥和他的朋友们，正悄悄地以我家的一间后厢房为活动场所，秘密组织学谊社，编印一本叫《试炼》的地下刊物，热情宣传革命形势，揭露国民党的罪恶统治。我回来后，他们也吸收我加入其中。我为刊物撰写稿件，还参加他们的学习讨论。有位朋友竟带来了毛泽东著作《新民主主义论》和《论联合政府》的单行本，大家很有兴趣地认真阅读。我们还集体参加了"上海人民保安队"。

不眠之夜　上海新生

5月24日，是上海西南市区解放的前夕。是日天气晴朗，市上却演出了一幕怪剧：当局突然下令，全市沿街各商店、机关、学校和居民住宅一律要悬挂国民党的青天白日旗，说是庆祝"前线大捷"。听说在热闹的南京路上，还有穿着制服的军乐队在有气无力地吹吹打打，很是滑稽。就在当天，又有大批衣冠不整从前线溃退下来的国民党败兵涌入市区，到处乱窜。这种极不调和的怪现象，明眼人很快就领悟到，所谓"前线大捷"，是敌人逃跑前施放的烟幕弹，说明敌人要溜之大吉了。

下午，有一伙败兵约一二十人，闯入了我家所住的里弄。其中有个领头的用粉笔在各户门上依次写上"一班""二班""三班"字样，企图强入民宅住宿，引起了居民们的恐慌。各户的男人们纷纷出来交涉阻止，我则对那个

五月黎明

1949年10月，作者在华东军政大学

领头的进行了婉言警告：当官的都已逃跑了，你们应认清形势，不要再继续做损害人民利益的坏事，否则到时候是罪责难逃的！这伙败兵模样狼狈，甚是胆怯，在众人的一片反对声中，只得灰溜溜地走了。后来听说他们住进了附近一所学校。

黄昏前市上传说纷纷，气氛愈加紧张。商店均早早关上了排门，里弄的铁门也大多关闭着，马路上已很少有行人和车辆来往，一片沉寂。

这天晚上是个不眠之夜。我们全家到深更半夜也未入睡，大家怀着兴奋而又紧张的心情在等待、谈论着。拂晓时，我刚感到有些朦胧睡意，忽然，"叭、叭、叭"几声清脆的驳壳枪声在离我家很近的马路上响起。我连忙起床，跑到弄口，打开了小铁门往外探望。晨曦中，只见一队身穿黄军衣的士兵列着战斗队形，在两名手持驳壳枪的便衣的引导下，沿威海卫路由西往东搜索前进。原来是解放军的先头部队，首先从西郊方向进入了市区。"啊，解放军来了！"我从心底里发出了欢呼。天亮后，路边墙上已经贴出了由朱德总司令和毛泽东主席共同署名的中国人民解放军总部的"约法八章"安民布告，以后又贴出了"上海市军事管制委员会"的第一号通告，吸引了众多路人观看。

25日上午，二哥和他的朋友传来了上海人民保安队总部的通知，命全体队员上街执勤。我们戴上了人民保安队白底红字的袖章，上街协助解放军维持社会秩序。因此时国民党的警察已经逃跑，而解放军的军管会的公安人员尚来不及进行全面接管，这样，人民保安队员就要临时负起责任。我想起某学校里还藏着许多国民党的败兵和武器，就向附近解放军驻军报告，并带领他们前去收容。有少数不法之徒趁混乱之际，到国民党已撤离的机关大楼内，盗窃家具等公物，搬上黄鱼车往自己家中运送。我们保安队员见了，就当即予以拦截处理。

人民解放军的大部队于当天上午进入了苏州河以南的上海市区，纪律严明，秋毫无犯，全部露宿在街头。上海人民从来没有见过这样的好军队，肃然起敬，男女老少均自发地送茶水、递毛巾、敬烟，学生们则载歌载舞进行慰问。而解放军一般只接受些茶水，对其他慰问品则一概婉言谢绝。

5月26日，我们被派至四川路桥南前沿阵地执勤。听说昨天在此桥曾发生激战，尚有部分敌军盘踞在桥北邮电大楼及附近高楼内，居高临下，疯狂射击，阻止解放军过桥，而解放军为避免人民生命财产遭受重大损失，坚决不动用重武器，在桥南严阵以待，听候命令。到了27日上午，解放军看到时机已到，一举冲过桥去，桥北敌人一片慌乱，纷纷在窗口挂出白旗，缴枪投降。我们保安队员和很多市民见此情景，感到异常兴奋，大家也不怕牺牲，跟随在解放军后面一起冲过桥去。

1949年5月27日，横跨苏州河两岸的中国最大城市上海，终于全部解放了。在"中国共产党万岁""毛主席万岁"的一片欢呼声中，人们纵情地扭起了秧歌舞，唱着"解放区的天是明朗的天"……

上海解放后，我报考了华东军政大学并被录取，于1949年8月1日前往南京，从此开始了自己的革命生涯。

天亮前的小故事

葛一峰

我家早年住在西藏南路钧福里,位于金陵路与淮海路之间,属于闹市区。记得1949年上海解放前夕,我正在上小学六年级。由于当时社会上一片混乱,物价一天涨几次,还怕打仗时流弹伤人,所以学校在5月上旬就停课放假了。这次放假既非暑假又非寒假,所以留下较深刻的印象,有的事相隔近六十年至今记忆犹新。

吃和玩是小孩的两件大事。放假在家就想吃爆米花,在当时生活水平低下的阶层中,这也可算是中高档食品了。有对老年夫妇,老大爷挑副担子,一头是乌黑的爆米花机器和木炭,另一头是小炉子和手拉风箱;老大娘在后跟着,爆了几炉后替下老大爷,让他歇着抽锅旱烟。他俩是每天或隔天必来我们里弄的,深受小孩们欢迎。放假后我每天盼着,有时还到弄堂口

国民党军队在上海街头筑起工事

去张望，奇怪的是，他俩再也不来了。听家里大人说，街上已经贴出了布告，禁止爆米花，原因是"轰"的一声要扰乱民心、动摇军心的。后来上了中学，学到"风声鹤唳，草木皆兵"的成语，联想到全副美式装备的国民党军队，居然会害怕爆米花的声音，这在兵败如山倒的形势下，也就不难理解了。

小孩喜欢看热闹。那年5月，上海很多老式里弄都装上了大铁门，我就在弄堂口装铁门时看了一天热闹。当时挨家挨户凑钱装铁门，并不是赶什么"装修热"，而是怕国民党的残兵败将临走时趁火打劫或浑水摸鱼，到老百姓家里来抢一把。装好铁门后，只要天一黑，就用很粗的铁门再加把大锁来锁门，以防"意外"。这个"意外"，大家心中都有数，因为国民党军队纪律之坏是尽人皆知的。解放后铁门就再没用过，锈迹斑斑地靠在两边墙上，直到1958年大炼钢铁时才拆下送走了。

解放前夕物价飞涨，当时的货币金圆券还不如手纸值钱，老百姓转而相信银元，因为它是硬通货，随物价同步上涨不易贬值。于是街头出现了不少买进卖出银元的贩子，称为"黄牛"。我家弄堂内有位失业工人叫李阿根，因迫于生计也干上了这一行，不久被抓了进去。眼见他的妻子呼天抢地放声大哭，众邻居于心不忍，大家凑钱设法把她丈夫"保"了出来。李阿根出狱后，向众邻居讲述了他死里逃生的骇人一幕。

原来，两天前在上海最热闹的南京路西藏路口，警察枪杀了四名"黄牛"，而李阿根当时就在刑车上作"陪绑"。杀害了四名"黄牛"后，另外四名"陪绑"又被拉回去关了起来，直到家属用钱"保"出来。李阿根说，他被警察捆绑后拉出来，上了一辆会发出怪声尖叫的闷罐车——"飞行堡垒"，后面一辆卡车装了八具白皮棺材，当时他吓得魂飞魄散。为了威吓老百姓，警车故意开得很慢。李阿根说，车中有几个囚犯穿白衬衫黄军裤讲外地口音，根本不像"黄牛"，后来就是这几人被杀害了，另外四个"黄牛"虽留了命，但吓得几天睡不着觉。解放了好几年后，才见报上披露，当年在大街上被杀害的是国民党高级将领张权和他的副官等人。他们筹划在上海组织国民党军队起义，打算封锁吴淞口活捉蒋介石。由于内部出了叛徒，起义计划落空，张权等人被捕遭到杀害。因当时的形势所迫，国民党反动派不敢公布事实真相，只能以"银元贩子"的可笑罪名来处决。解放后不久，李阿根就到江南造船厂工作，若他健在的话，当有90岁高龄了。

随着上海外围战的迅速进展，风声越来越紧。一天，国民党军队拉来一卡车装满黄沙的麻袋，在西藏路淮海路的路中央围成一个工事。这可急坏了附近临街的商家和居民：万一打起仗来，不要说子弹不认人，哪怕打碎几块大玻璃橱窗，也是无妄之灾呀！于是，商店老板和居民们凑钱给军队的小头目，请他行个方便挪个地方。起先那小头目一口咬定是上司的命令，是"坚决保卫大上海"的需要，可待到金条、银元凑够数后，就把那工事向北挪了五六十米，移到了西藏路金陵路中央。这么一来，那周围的商店和居民又叫苦不迭，只得再凑钱求他们行方便，于是那头目和手下又发了笔横财。但是这回没有地方挪了，因为上面划定给他的地盘只有这么大，所以只能答应"抵抗"时手下留情。后来他们果然"信守诺言"，上海解放前几天就溜之大吉，根本没有"抵抗"过。解放头两天，那些麻袋就给人拿走了，把黄沙倒在地上，我和小伙伴还去玩过几回呢。

5月25日清晨，开始有大队解放军从西藏路上通过。中午时马路上就热闹起来，一些大学生身穿白衬衫蓝布裤，腰上扎条红绸带，在西藏路金陵路口扭秧歌。我跑去看热闹，还看见很多标语，给我留下印象最深的是三个大字：天亮了！

参加学生运动迎接上海解放

奚渭明

我的一生中,经历过许多动人心魄的事件,而最令我激动的,要首推参加学生运动、迎接上海解放了。每每想起这段往事,总会在我心海中掀起万丈波涛,久久不能平静。

秘密阅读《论联合政府》

1949年1月10日,中国人民解放军在淮海战役中取得了决定性的胜利,兵临长江北岸,准备渡江南下解放南京、上海等地。此时,沪上地下党领导

上海市民欢迎解放军入城

的学生运动，正在向纵深发展。

是年上半年，我就读于民治新闻专科学校。校长顾执中是著名老报人、新闻教育家，学校师资力量雄厚，特别是校内的民主气氛浓厚，思想颇为活跃。以授课老师而言，焦敏之教授政治经济学，笪移今教授经济学，盛叙功教授经济地理，许杰教授文学知识，亚伟速记学校校长唐亚伟教速记，顾用中教俄文（这在反苏的国统区，是极为刺眼的），而校长顾执中亲自教英语、摄影。有一天，上政治经济学课时，一位同学提问："现在，苏联的革命与建设情况怎样？"在那个年月，这位同学的提问内容可算大胆的了，谁知焦敏之教授的回答，更是振聋发聩："这在斯大林的《列宁主义问题》一书中，有详细、生动的论述。我可以介绍大家到时代出版社去购买，六折优待。"

在课堂上，师生中已流露出亲苏亲共的观点，而在课外的传阅图书中，则带有更明显更强烈的政治倾向。一位圆圆脸蛋、戴着眼镜的女同学钟敏（地下党员），主动把《列宁主义问题》送到我的手上。这是一本厚厚的大书，我用报纸把它包好后挟了回家。入夜，我借着灯光阅读此书，书中讲述了苏联已经发生或正在发生的一切。我还向邻座的同学借来赵树理的《李有才板话》、康濯的《我的两家房东》。翻开这两本小说，一股清新的气息扑面而来，解放区的新人新事新生活，深深感染了我，使我情不自禁轻轻地哼唱起《山那边呀好地方》。

更让我激动得心旌飞扬的是，一位有满头卷发的欧阳恢绪同学（地下团员）约我到他家去。他住在一间亭子间里，室内仅一床一桌一凳而已。四周的板壁上，全糊着印花纸。他从板壁上取下一只图钉，揭开印花纸的一角，从夹墙中取出一册32开的油印本。我接过来一看，封面上刻印着"论联合政府毛泽东著"等字样。我的心立刻狂跳不已，这是喜悦，也是激动。作为一个景仰共产党、追求共产党的学生来说，怎能不感激他对我的信任和引导？这实在是一本求之不得、千金难觅的著作啊！然而，我也明白：如果被国民党特务发觉的话，那准要坐大牢、上大刑。怎样才能神不知鬼不觉、安安全全地把它带走呢？我灵机一动，把这本书竖折了一下，塞在我的皮鞋内的鞋垫下,怀着惴惴不安的心情,带了出去。一回到家,我立刻关起房门,取出这部著作阅读起来。

创办《工作》半月刊

在革命思想的熏陶和影响下,我与四位密友陈安康(陈丹晨)、张关鸿、朱广源(朱行)、朱绍新(朱兆醒)在校外创建工作社,创办《工作》半月刊,以此宣传革命,揭露和抨击国民党当局的反动本质,迎接新时代的到来。

办油印刊物,我们有一定经验,但首先要有经费。尽管办的是一份32开套红印刷的小本本,印数也不过几十份,但也得有一笔钱。张关鸿是个爽快人,他慷慨解囊,把珍藏的一只银锭贡献出来,变卖后买来蜡纸、红蓝油墨和白报纸。刻印地点不固定,有时在张关鸿家的楼上,有时在新城隍庙内朱行父亲开的小店阁楼上。根据发稿的要求,大家把所写的稿件交陈丹晨统审后,由我刻蜡纸,然后全体动手印刷。《工作》于1949年3月1日创刊,发表了《新民主主义基本认识》《认识自己,改造自己,来迎接新时代》《新人生观讲话》《斥反动剧艺》等文章,第二期刊载了《征兵征粮》《复趋紧张的大局》等时评,第三期选登了《和平与扫荡》《土地、农民、地主》《生存与和平——记交大的讨论会》等稿件。像这样一份立场坚定、观点鲜明、思想激进的刊物,要是落到特务手中,后果不堪设想,所以,我们只能小心翼翼地在同学中秘密发行。

进步学生创办的油印刊物《工作》第三期封面

《工作》很快得到了所在学校地下党、团组织的重视,以及进步同学的欢迎和喜爱。我们在集体亮相后不久,除朱兆醒离沪去家乡外,其余四人分别在所在学校加入了中国共产党或党的外围组织。

有一天,陈丹晨怀着喜悦的心情,悄悄地对我说:"我入党了。"他还说:"我把你的情况,向沪新中学党组织作了汇报,请他们转告民治新专的地下党,吸收你入党。"

到了4月份,张关鸿也兴奋地告诉我,他也入党了。我在日记中写了一句话:"关鸿,张开翅膀飞了。"

过了几天,民治新专的屠基诒同学(中共地下党员)交给我一个任务,刻印一份党的秘密刊物《你我他》,宣传革命。这是我梦寐以求的愿望。我为能靠拢党而激奋。我在日记上,仍用曲笔写下了这样一段话:"我找到了恋爱对象。从此以后,我要用理智武装我的一身,但也是最感情的。今天是

1949年春,奚渭明和朱兆醒(右)骑车游玩

1950年初,奚渭明和陈丹晨(中)、张关鸿等在复兴公园游玩

我值得纪念的一天。"

参加市区各地段情况调查

4月21日，人民解放军突破长江天堑。23日，南京解放，我军继续向南挺进，直逼上海。

此时的上海，正处于冲破黎明前黑暗的关键时刻。5月3日，我哥伦比亚路（今番禺路）的老家被国民党的军官侵占。13日，听到远方传来的隆隆炮声，那是解放军进攻上海的炮声。这对于渴望新生的广大民众来说，是鼓动的号角声，是解放的礼炮声。

我根据中共地下组织的布置，立刻投身于迎接上海解放的斗争中。

5月初，我参加了地区调查，尽力摸清市区内各地段的情况，以配合解放军入城、维持秩序和接管工作。那些天，我骑着一辆自行车，到指定地段——杜美路（今东湖路）调查，我把观察到的地形、主要标志默记于心，然后到行人稀少的地方，掏出一叠金圆券，在金圆券夹层的白纸上，绘上简图，记录要点。正在此时，一名警察大概发现我的异常活动，向我走来。我预感大事不妙，迅速骑上自行车跑了。

5月19日，我负责秘密文件的印刷工作，准时赶到吕班路（今重庆南路）的一家时装店去。店主是朱同学的姐夫。我与班上的女同学江焕如（民治新专临时地下党支部书记）、朱同学一起在三楼的房间里油印《把战斗的号角响彻全上海》等密件。我们商定，把底楼通往二楼、三楼的过道，全都关闭起来，插上门闩。一旦发现敌情，立刻划火柴，把蜡纸、宣传纸烧毁，决不暴露身份。谁知，这一天上海的国民党当局组织了一次所谓"保卫东方列宁格勒"的游行。当游行队伍路过时装店时，我们跑到阳台上去，凭栏俯视。只见数十辆卡车组成的队伍，在高音喇叭的配合下，声嘶力竭地叫嚷：保卫大上海，就是保卫东方的列宁格勒。真是可笑至极，他们竟然把国民党军队在上海的负隅顽抗，比作第二次世界大战中苏联保卫列宁格勒的战役。

而宣传车内，只有稀稀拉拉几个人在助威，甚至有的车内仅有驾驶员。看着这场自导自演的丑剧，我们不禁哑然失笑。我真想把印好的宣传品，从高楼上撒下去，让它像漫天飞舞的雪花飘落大地，在全市造成大震动。这是多么的浪漫，多么的刺激，多么的有劲呀！可是，理智在告诫我：越是在胜利的前夕，越是要保持镇静，千万不能鲁莽……秘密文件印好后，我们就把它连同油印机一起装在一只崭新的时装盒中。江焕如与一位男青年像情人般的拎上这只时装箱，坐着一辆三轮车，渐渐地远去。

地下党员隐藏在我家

过了几天，我被通知到静安寺附近的一幢别墅去参加秘密会议。在一楼的会客厅里，安放着一架钢琴。我们十多人围坐在一张长桌边，装模作样地打着扑克牌，其实是在聚精会神地听取一位地下党同志的发言。他说，上海快要解放了。上海解放时，可能出现三种情况：一是解放军进攻市区，国民党军队负隅顽抗，形成激战；二是解放军进入市区时，国民党军队只作一般性的对抗；三是解放军尚未进入市区，国民党军队就溜之大吉，这是"真空"阶段。接着，他根据不同的情况，要求人民保安队采取不同的措施，来迎接解放，保卫上海。

拂晓前的夜色更浓。临近解放时的国民党当局，以更残忍的手段对付革命者。淞沪警备司令部出动大批军警逮捕了三百多名进步学生，我校有四位同学被抓走后下落不明。不仅如此，国民党当局还派出大批特务，采取盯梢等卑劣手段，妄图暗害进步青年，以实施其"宁可错杀一千，绝不放走一个共党"的反革命策略。上学途中，我在南洋模范中学附近遇到了多日不见的张关鸿。他见到我，就说："我要飞啊！拿着枪的特务，在追捕我。"我立即从口袋里掏出仅有的一块银元，给他作路费。与我保持直接联系的丁德润同学（地下党员），找到我家来，告诉我：有人盯着他，他想住过来。我二话未说，就让他隐藏下来，摆脱特务的盯梢。之后，我寄住到吕班路的小姑母家去。

有一天,我看到警察局派人来挨家逐户地通知:"谁窝藏共匪,要坐牢。"

然而,所有这一切,都已不能挽回反动势力被粉碎的命运。

5月21日以后,炮声越来越近了。24日早晨,从十六铺通往徐家汇的电车,只开到福开森路(今武康路);到了下午,又缩短至善钟路(今常熟路)。入夜,带着火光的子弹呼啸着飞过高楼的上空。看来,进攻市区的战斗正在激烈进行。25日早晨6点钟,小姑母从菜市场买菜回来,惊喜地说:"嵩山路警察局挂白旗了,解放军昨夜进城了!"我听到这个盼望已久的天大喜讯,从床上一跃而起,抱着七岁的表弟欢呼起来。

刻印宣传上海解放的《快报》

我刚漱洗完,丁德润来了。这位文质彬彬的中共地下党员,仍然显得那样沉着。他笑眯眯地说:"解放了!"这句话出自他的口中,不仅完全证实了上海的形势,而且使我骤然感到了肩上的分量。我顾不上吃早餐,拉着丁德润的手,飞奔出大门。

一到马路上,就看见穿着黄军装、持枪站岗的解放军。热情的市民们早在他们的胸前挂上了大红花,这使威武雄壮的解放军战士更加英姿勃发了。一辆辆大卡车满载着工人老大哥从路上驶过,他们高唱《解放区的天是明朗的天》《山那边呀好地方》等歌曲,歌声回荡在天空。一群青年学生穿红着绿,打着腰鼓,在大路上尽情地扭着秧歌舞,喜悦挂在每个人的脸上。

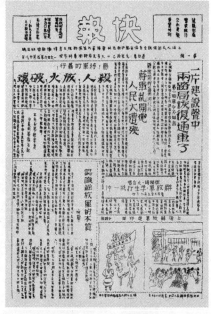

上海解放后,同学们出版的油印《快报》

当我跨进校门，只见许多同学已在忙碌了，有些平时比较沉默的同学也活跃起来了。我意识到，新时代的到来，使许多人跳出小圈子，投进了大洪流。我感到无比的幸福和自豪。

在刚解放的一个多星期里，我基本吃住在学校中。

那段日子，我根据分工，废寝忘食地刻印着宣传品，其中有同学们自采自编的《快报》（八开二版）两期，报道了上海的解放、列车的恢复通车、军民的联欢，揭露了国民党军警特务溃退时的暴行，并发表《认识解放军的本质》等文章。我们还将印好的材料，及时张贴到马路边的墙上，它立刻吸引了许多市民的围观。

那段日子，我还骑着自行车，把女同学送到宣传站去。头两天，呼啸的子弹，一次次掠过楼顶。那时，国民党残余部队还在苏州河北岸作垂死的挣扎，战斗还在进行。

那段日子，我佩戴着上海市沪南区纠察队的臂章，握着手电筒，在暗淡的路灯灯光下，与同伴巡逻在人迹稀少的马路上，用警惕的目光注视着周围的动静……

我和我的同学们用战斗迎来了上海的新生。

上海市民走上街头欢庆解放

蒋介石在上海的最后十天

陆茂清

悄然来沪布置战守

1949年4月21日,人民解放军百万雄师横渡长江,23日南京解放。消息传到奉化溪口,退而未休的下野总统蒋介石忧心如焚。形势紧张,家园虽好未可久居了。24日那天,他叮嘱蒋经国:"把船只准备好,明天我们要走了。"

25日下午,蒋介石凄凄惨惨永别老家,至象山港口外登上"泰康"号兵舰。舰长黎玉玺请示:"请总裁指示航行目的地。"蒋介石被逼下野不当总统后,还保留着国民党总裁之职,故下属都以"总裁"称呼他。

"到上海去。"蒋介石告诉黎舰长。他要赶去沪上布置上海战守。

蒋介石所以如此重视上海这一仗,一则上海是他的发迹之地,系蒋家王朝赖以维持的经济支柱,不可轻易弃守;二则须争取时间,将上海的战略物资抢运至台湾;三则妄图把美英拖下水,因美英在沪上有巨大投资,战事拖长,有望得到他们的援助乃至直接军事介入。

4月26日午后1时,"泰康"号驶抵复兴岛。为安全起见,蒋介石在途中就已决定住在岛上。接到通知的京沪杭警备总司令汤恩伯等高级将领上舰问候后,恭请蒋介石上岸。

蒋介石一上岛就成了大忙人,接连召见奉命来岛的参谋总长顾祝同、海军司令桂永清、空军司令周至柔以及汤恩伯、上海警备司令陈大庆、上海防守司令石觉、市警察局长毛森等,听取汇报。他最关心的当然是军事,要汤恩伯详细报告,边听边不时插话,末了问:"能守多少时间?"

汤恩伯夸下海口:"外围阵地、主阵地、核心阵地建造了永久性主堡近4 000个,半永久性工事1万多个,配备有40万大军,少则6个月,多则1年绝无问题。"

"能守半年就可以了。"蒋介石清癯的脸上泛起一丝笑容,"起码得守三个月,我的良苦用心你是知道的。"

"卑职明白,决不辜负总裁重托。"汤恩伯说得斩钉截铁,"肝脑涂地在所不惜!"

蒋经国点点头:"汤司令有把握就好,要把上海变成中国的斯大林格勒。"

蒋介石在上海发表的《告全国同胞》

当毛森讲到沪上反蒋势力频频"捣乱"时,蒋介石恶狠狠地说:"凡是有嫌疑的人都抓起来,非常时期不可手软,以免他们造谣滋事,破坏战守大计。"他特别提到了两个人:"对张澜、罗隆基要严密监视,不能让他们跑到共党那边去,必要时加以制裁!"

蒋介石在下野前,就已将台湾定为"复兴基地",并作了人事上、军事上、经济上的安排。为增强"复兴基地"的资本,他指示汤恩伯及市党政头目,把尚未运完的金银外汇及战略物资,包括重要机器、车辆,甚至棉纱、布匹、纸张、暖气设备迅速运往台湾。为此下令上海市政府征用所有能驶往台湾的轮船、帆船,并监视上海的资本家,勿使他们向香港等地转移物资。

冒险移住市区,声言"与上海共存亡"

当时的上海已是风声鹤唳,士气涣散,社会秩序混乱,达官贵人纷纷逃离。为安定人心，蒋介石踌躇再三，决意公开亮相，他在27日提出说："住在岛上离市区太远，要见的人又太多，诸多不便，迁去市区住。"

蒋经国急忙劝阻："时局严重，共党地下分子随处出没，市区内万分危险，父亲万万不可搬去。"

蒋介石故作一副无畏气概，厉声训斥："你知道危险，我难道不晓得？此时，我若避居岛上，谁还肯舍命向前？"

就在当天下午，蒋介石在重兵保护下离岛进入市区，下榻在今瑞金二路上的励志社。

于是，蒋介石更忙了。且看蒋经国的日记：父亲整天处理有关保卫上海的许多问题，时或召集地方人士会商，时或召集黄埔军校同学训话，几无一刻休息。每谈话时，总少不了这几句："成败在此一举，我们必须用全力来应付危难。"

国共和谈是蒋介石一手破坏的，是他宣称中共提出的《国内和平协定》最后修正案"真是无条件的投降处分之条件"；随即操纵国民党中常委作出决议，逼李宗仁不能在和平协议上签字。他始料不及的是，苦心经营的"江防"被一举摧毁，江南溃败已成不可收拾之势，由此引来各方责难。为推卸责任，到上海后的第三天，他在《申报》上发布了《告全国同

蒋介石宣布下野，返回故里

胞》文告。

文告开头，蒋介石先作慷慨表示："中正虽然引退在野，为国民一分子，而对于国家的危难、同胞的灾祸，仍自觉负有重大的责任。际此忧危震撼之时，中正重申，誓与全国同胞共患难，同生死。"接着，他回顾了"严重局势演成"的经过，自我标榜"以最大的诚意，不惜忍让一切，以促进和平解决的成功"，大肆诬蔑中共"毫无谋和的诚意"。末了，作自欺欺人的号召："渡江是共匪发展的最高峰，同时就是共匪失败的开始。我在抗战胜利后曾对上海大众说，用过去八年抗战一样的精神，方能获得真正的胜利和成功。这句话就是为今日而说的。""不出三年，最后胜利必然是我们的。"

4月30日，蒋介石在龙华机场召开军事会议，与会者有汤恩伯、陈大庆、石觉及上海战区空军司令毛瀛初等。他对淞沪防务作了周密部署，并训示："坚守上海，等待第三次世界大战爆发，届时将可得到美国全力支持保护，我们亦会重新光复党国。淞沪之战，事关党国存亡的决战，务须打好。"

为诱使官兵卖命到底，蒋介石于5月1日召集在沪的中央军校毕业生谈话，以老校长的身份大谈"黄埔精神"："黄埔精神攻无不克，战无不胜，这早已证明了的，现在更需要恢复与发扬黄埔精神，接受教训，坚定救国救民的信念，保卫大上海。"根据他的授意，"中央军校同学会非常委员会"成立，并发布行动纲领。

令蒋介石扫兴的是，不少黄埔系军官接到了通知却借故未到。

也是在5月1日，蒋介石在京沪杭警备总司令部召见团以上军官，训话打气后，信誓旦旦地保证说："我这次来了上海，就留下不走了，亲自指挥战事，与官兵共艰苦，与上海共存亡。"为表明他"与上海共存亡"的决心，他把两个儿子都押上了，当众宣布："保卫上海政工方面的事，交由经国负责；并命令装甲兵副司令蒋纬国带领装甲兵部队来上海，以增强上海的防务。"

拒绝李宗仁出国劝告，保证"遁世远引，不再过问政治"

蒋介石到上海的消息本是保密的，他的《告全国同胞》也注明"中央社溪口电"。为了显示"亲自指挥战事"以及"与上海共存亡"的决心，他索性再来个招摇过市。请看蒋经国的日记：父亲又亲巡上海街市，一般市民暨陆海空军将士精神为之振奋，上海之混乱局势亦稍趋安定。

然而，令蒋介石烦恼的事接踵而来。5月3日，阎锡山衔李宗仁之命，自桂林飞来上海见蒋介石，呈交了一份《谈话记录》，并转达李宗仁的话："总裁如不答应谈话记录中的意见，我就不去广州主持政府。"

李宗仁逃出南京后，因恨蒋介石幕后掣肘，使自己成了徒有空名的假总统，所以不去临时"首都"广州而去了桂林。等在广州的何应钦、阎锡山等又是电报又是派人催请，蒋介石也电示海南军政长官陈济棠等去桂林劝驾。李宗仁表示：总裁若不彻底放手，我辞职，让他复职。

经由行政院副院长朱家骅等说合，最后根据李宗仁的意见，拟就了六条意见，以《谈话记录》的形式，推阎锡山飞沪。大意谓：蒋介石不得在幕后指挥军事、干预人事、控制政府；运往台湾的金银外汇运回大陆，供军政费用；蒋介石应暂时出国，赴欧美访问，争取外援，免碍军政改革。

看完《谈话记录》，蒋介石大发脾气："德邻（李宗仁字德邻）太过分了，对我竟隔膜至此，诚非料之所及！"

但他担心李宗仁真的躺倒不干，自己复出的时机又未成熟，所以仍复函，假意表示对前五条原则上接受：总统职权既由德邻行使，则关于军政、人事各项，德邻可依据宪法有自由调整之权，我当然不能违反。

对于要他出国一项，蒋介石列举理由婉拒："若复迫我出国亡命，不能忍受此悲惨境遇，今强我出国，并赋予我对外求援之责，如果外援不至，我又将负妨害外交、牵制政府之咎。"他可怜兮兮地说："国内不许立足，国外亦无法容身，中正为民主国家之自由国民，不意国尚未亡，而置身无所，至于此极！"

蒋介石对阎锡山说："转告德邻，我一定支持他，决不敢有任何逾越干涉政治之行动，唯有遁世远引，对于政治一切不复过问。"

李宗仁再次轻信了蒋介石的谎言，飞赴广州主持政府。

黯然告别大上海

5月3日杭州解放的消息传来，京沪杭三角只剩下上海一角了，且已处于解放大军的三面包围之中。蒋介石早已领教过解放军神出鬼没、进兵神速的战术，据报已有大批便衣进入上海，又沪上屡有国民党部队弃暗投明，如"重庆"号起义、伞兵3团南调福州出长江口后北投解放区。他想想害怕，担心再在上海待下去，恐会成为瓮中之鳖，便决计开溜了，遂于5月5日向蒋经国交代："去准备好出发的轮船。"他指明要吨位大些的。他有预感，是最终撤离上海的时候了，要将沪上行宫的东西全部搬走。

蒋经国冒着滂沱大雨去招商局，选要了4 600吨的大型客货轮"江静"号。

6日，蒋介石约见汤恩伯，就上海战守作了谆谆叮嘱："要尽力坚守，能守多少时间就坚守多少时间。实在守不住时就撤往舟山，相机去台湾，有台湾在，就有希望，所以一定要保存军队。"

有了蒋介石这几句交底的话，汤恩伯算是心中有数了，只战守了半个月就逃之夭夭，当然更谈不上"肝脑涂地"了。

当日午后，蒋介石去中山医院，看望了"民意代表"颜惠庆，实是劝说颜去台湾。颜虚与委蛇，后投奔光明，出任华东军政委员会副主席。

傍晚5时许，蒋氏父子悄然上了停泊在复兴岛边的"江静"轮，当夜宿在船上。船上原有的电台被封闭，架起专用通信设备，上下通道都有荷枪实弹的士兵巡逻守卫，不许船上任何人随意走动。轮船大小舱房塞满各式物品，包括蒋介石专用的轻便轿子、大铜床、红木三联橱、银箱。

为航行安全起见,蒋介石命令船长:"天亮未亮时开船,天黑未黑时到舟山。"

7日早上6点钟,"江静"轮拔锚离岸。蒋介石透过玻璃窗,依恋地望着渐渐远逝的大上海,悲从中来,喟然长叹。他在当天的日记中毫不掩饰内心的痛楚:"今日的仇敌,是坚强恶毒凶险的共产党,我旧的创痕还未愈,新的创痕又深了,我们今天要前进,莫退,莫退,前进!今天黑暗重重,危险艰苦,但我凭着一线光明的希望,一定要不屈不挠地奋斗下去。"

为防动摇军心士气,蒋介石严令对他的离沪秘而不宣。

5月9日,国民党军方在威海卫路新生活俱乐部,举行追悼"永兴"号海军将士大会,场上悬有蒋介石亲书的"气壮山河"挽词。同日,《申报》刊登《蒋总裁的近况》一文,按语中注明,是蒋的侍从秘书周宏涛以"奉化故乡友人函询总裁近况乃复函答之"为由头发表的。文章介绍蒋介石到沪后如何夜以继日听取汇报、巡视阵地、接待来访、召集会议,并称"蒋先生舍不得离开上海民众"。

"戏"实在唱得好!莫说市民,即使国民党三军官兵,还都以为蒋介石果真留在上海不走了,"亲自指挥战事,与官兵共艰苦,与上海共存亡"。他们哪里知道,蒋介石早已神不知鬼不觉渡海而遁了。

"别时容易见时难",此后直至走到人生尽头,蒋介石再也没有回到上海。1949年5月7日,是他与大上海的生离死别。

后记

中国有句俗话叫"酒香不怕巷子深"。这句话作为经营理念，在商品稀少、信息闭塞的年代里是有道理的。经营者光凭自己产品的上乘质量和消费者的口口相传，就能保证自己的销量和赢利。

但是，当世界进入信息时代，每天海量的商品信息铺天盖地而来时，当一个产品出现数十上百个品种时，消费者一时无所适从，不知孰优孰劣。这时，大量的商品广告宣传，就对消费者产生了巨大影响。当然，广告宣传难免会有鱼龙混杂、泥沙俱下之虞，但如果你是优质商品，却死抱着"酒香不怕巷子深"的陈旧想法，时间一长，你的优质商品就必然会被淹没在汹涌的商品大潮中。

一般商品如此，书报刊作为一种特殊的商品，应当怎么办呢？依据书报刊市场的实际情况来看，也必须大力进行宣传推广工作，尤其是大量互联网新媒体的出现，使书报刊市场的竞争更加激烈。记得去年上海市委书记李强在上海市作协第十次会员大会上的讲话中就着重指出，必须要破除"酒香不怕巷子深"的陈旧理念，而要做到"好酒也要勤吆喝"，对上海作家创作的优秀作品要大力宣传推广，要让好作品深入人心，家喻户晓。唯有如此，才能真正做到大力弘扬红色文化，宣传和发扬中华优秀传统文化。

上海大学出版社的领导和编辑正是这样做的。

2018年5月《上海滩》丛书的第一本《海上潮涌——纪念上海改革开放40周年》问世前，责任编辑陈强就已经和我们商讨这套丛书的宣传推广方案，积极组织在传统媒体与新媒体刊发新书介绍和书评文章以及其他宣传活动。

果然不久,《新民晚报》"读书版"发表了《改革开放的纪录者》的书评文章,引起人们的广泛关注。紧接着,《新民晚报》"社区版"又先后两次以整版篇幅转载了《海上潮涌——纪念上海改革开放40周年》一书中的两篇文章,引起广大读者和市民对告别过去蜗居与倒马桶生活的无限感慨,从内心感谢党的改革开放政策带来的生活巨变。

紧接着,上海大学出版社又抓紧出版了《上海滩》丛书的其他三种,即《申江赤魂——中国共产党诞生地纪事》《楼藏风云——上海老洋房往事》和《年味乡愁——上海滩民俗记趣》,连同《海上潮涌——纪念上海改革开放40周年》一起在8月举行的上海书展上隆重推出,吸引了许多市民阅读购买。

书展结束不久,陈强又告诉我,上海大学出版社还将于10月2日即国庆长假期间,在上海书城举行《上海滩》丛书部分作者与读者见面会,进一步宣传推广这套丛书,并需要我帮忙邀请三位作者。我十分高兴,邀请了上海市文史研究馆副馆长、《世纪》杂志主编沈飞德,上海史研究专家薛理勇,和专写隐蔽战线无名英雄斗争事迹的作家姚华飞参加见面会。10月2日下午,在上海书城里,观众席上坐满了读者,还有许多没有座位的读者则站在后面,围成几道圆弧形的人墙。在见面会上,沈飞德副馆长因曾经为《上海滩》杂志写了许多篇上海洋楼故事,所以他着重讲述了居住在上海洋楼中的张元济、梅兰芳、张学良等历史名人从事抗日及其他进步活动的动人故事;薛理勇先生主要讲解了上海民俗文化在形成和发展中的许多趣闻;姚华飞先生则生动地讲述了他采写沈安娜、华克之、吴克坚等中共情报人员如何奉党之命,长期潜入敌营传送情报的传奇故事。他们的讲述不断引起读者们的阵阵掌声和欢笑声。其间,他们还一一解答了读者们提出的问题。这次读者见面会大大地增强了《上海滩》丛书的影响,不少读者走到柜台前买下了这套丛书。其中既有老上海人,也有青年学生,更有不少新上海人。

今年1月,我从出版社方面得知,据统计,去年的这套《上海滩》丛书在全国销售情况不错,所以,我们决定抓紧出版2019年的《上海滩》丛书,并计划先后于今年5月和8月面世,以满足广大读者了解上海红色文化、海派文化、江南文化的需求。同时我还获悉，中共一大会址纪念馆也收藏了《上海滩》丛书中的《海上潮涌——纪念上海改革开放40周年》和《申江赤魂——中国共产党诞生地纪事》两书，作为馆藏和研究之用。

更令人感慨的是，今年3月初，2019年的《上海滩》丛书（一套四册）还处在审定和发排阶段，责任编辑陈强就发微信告诉我，他已同一家书店经理商量好，待丛书的前两本《五月黎明——纪念上海解放70周年》《丰碑无名——上海隐蔽战线斗争纪实》于今年5月中旬出版后，就在这家书店举办这两本书的新书分享讲座，届时邀请有关专家、作者、亲历者向读者讲述这两本书中的动人故事。同时，在相关媒体上进行大力宣传推广，让更多的读者了解和喜爱《上海滩》丛书。至于后面两本书的宣传推广计划，他们也已经在心中酝酿了。

听到这些好消息，我们《上海滩》杂志的同仁都感到十分欣慰，非常振奋。大家都说一定要感谢上海大学出版社的领导和编辑及其他相关人员为《上海滩》丛书出版所作的努力，并要我为他们点个赞！

葛昆元　《上海滩》杂志原执行副主编